(社) 한국어문회 주관 / 교육급수

'섞음漢字'를 이용한 특수 암기법!

이 한권의 책으로 합격이 충만!!

배정漢字를 끝냈어도 암기가 제대로 되는것은 아닙니다.
다시 섞인 상태에서 가끔 읽어보고 모르는 글자만 쏙쏙 뽑아서 훈음표
외워 버리니 재미가 절로나고 완벽하게 암기가 됨으로서 문제도 매우

—한국어문회시행—

한자능력검정시험

4Ⅱ

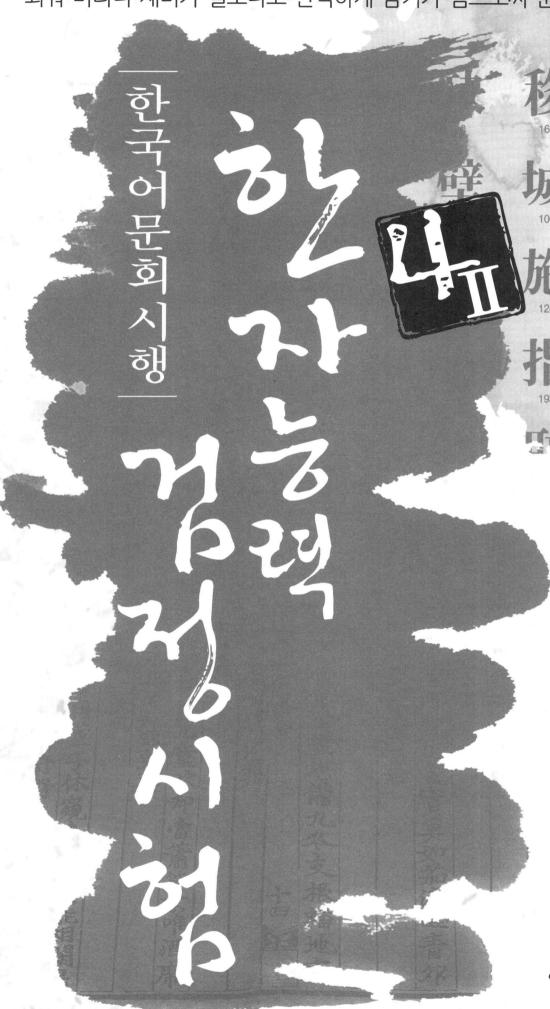

기본서 + 문제집

◈ 각 유형별 상세정리 14P
◈ 섞음漢字 12P
◈ 각 유형별 연습문제 10P
◈ 쓰기 겸 단어활용 9P
◈ 예상 문제 13회
◈ 기출 문제 11회

'섞음漢字' 특허 : 제10-0636034호

백상빈 · 김금초 엮음

能率 능률원

머리말

우리나라 말(한국어) 어휘의 70% 정도가 한자어로 구성되어 있는 현실에서 한글전용만으로는 상호간의 의사소통이 모호할 뿐만 아니라 학생들의 학습능력을 감소시킴으로써 국민의 국어능력을 전면적으로 저하시키는 결과가 과거 30여 년간의 한글 전용 교육에서 명백히 드러났음을 우리는 보아왔습니다.

이는 우리 선조들이 약 2000년 전에 중국의 한자와 대륙문화를 받아들이고 중국 사람들과 많이 교통하면서 한자로 이루어진 어휘를 많이 빌려쓰게 되었으며, 그후 계속해서 오늘날에 이르기까지 계속 한자어를 사용해 오던 것을 갑자기 이런 큰 틀을 뒤엎고 한글 전용만을 주장한다면 우리말을 이해하고 표현하는데 큰 어려움이 따르기 때문입니다.

우리는 이제 한글과 한자를 혼용함으로써 우리말 어휘력 향상에 공헌하고 한국어를 제대로 이해해야 할 것입니다.

다행히도 1990년대에 들어서 한국어문회 산하인 한국한자능력검정회에서 각 급수별 자격시험을 실시하여 수험생들에게 국어의 이해력과 어휘력 향상을 크게 높여 오고 있는 것은 매우 고무적이고 다행스런 일이라 하겠습니다.

때에 맞춰 한자학습에 대한 이런 관심이 사회 각계에서 반영되고 있는데 한자능력에 따라 인사, 승진 등 인사고과의 혜택과 대학수시모집 및 특기자 전형에서 그 실례를 찾을 수 있습니다.

이에 따라 본 학습서가 전국한자능력시험을 준비하는 학생들에게 훌륭한 길잡이가 되어 최선의 학습방법으로 합격의 기쁨을 누리기 바랍니다.

차례

학습지침서

1 　본 교재는 급수시험에 대비한 수험생들의 합격률을 높이기 위하여 '섞음漢字' 사용과 基本학습과정, 각 유형별문제 익히기, 예상문제, 기출·예상문제를 단계적으로 거치면서 충분한 실력을 쌓게 되어 충분히 합격할 수 있도록 편성하였다.

2 　본 교재는 급수별 시험에 대비한 수험생들의 합격률을 높이기 위하여 섞음한자 사용, 연습분야와 문제풀이 분야를 나누어서 수록하였다. 19쪽 '섞음漢字' 과정을 하기 전 17쪽 '섞음漢字 사용법'을 필히 참조하기 바란다.

3 　예상문제와 기출·예상문제는 그 이전의 과정을 충실히 익힌 다음에 풀기 바라며 예상문제 총 13회 가운데 1~7회까지 푸는 동안에 70점대에 진입하지 못하면 다시 기본학습과정의 필요한 부분을 익힌 뒤에 나머지 예상문제와 기출·예상문제를 풀기 바란다. 예상문제를 푸는 기간에도 기출·예상문제 시험지를 몇 차례 풀어보면서 자기 점수대를 가늠해 보는 것도 좋다. 예상문제는 기출·예상문제 보다 어려울 수 있다.

4 　기출·예상문제집 4~7회 까지의 문제는 실제 시험일짜 10일 전부터 풀어서 마지막 자신의 합격점수대를 예측할 수 있어야 한다. 기출·예상문제 점수대는 실제급수 시험 점수대와 거의 같다.

(사)한국어문회 한자능력검정시험 출제기준

◆급수별 합격기준

구 분	1급	2급	3급	3급Ⅱ	4급	4급Ⅱ	5급	6급	6급Ⅱ	7급	8급
출제문항수	200	150	150	150	100	100	100	90	80	70	50
합격문항수	160	105	105	105	70	70	70	63	56	49	35
시 험 시 간	90	60	60	60	50	50	50	50	50	50	50

◆급수별 출제유형

구 분	1급	2급	3급	3급Ⅱ	4급	4급Ⅱ	5급	6급	6급Ⅱ	7급	8급
읽기배정한자	3500	2350	1817	1500	1000	750	500	300	300	150	50
쓰기배정한자	2005	1817	1000	750	500	400	300	150	50	0	0
독 음	50	45	45	45	30	35	35	33	32	32	25
훈 음	32	27	27	27	22	22	23	23	30	30	25
장 단 음	10	5	5	5	5	0	0	0	0	0	0
반 의 어	10	10	10	10	3	3	4	4	3	3	0
완 성 형	15	10	10	10	5	5	5	4	3	3	0
부 수	10	5	5	5	3	3	0	0	0	0	0
동 의 어	10	5	5	5	3	3	3	2	0	0	0
동 음 이 의 어	10	5	5	5	3	3	3	2	0	0	0
뜻 풀 이	10	5	5	5	3	3	3	2	2	2	0
약 자	3	3	3	3	3	3	3	0	0	0	0
한 자 쓰 기	40	30	30	30	20	20	20	20	10	0	0

◆대학 수시모집 및 특별전형에 반영   ※본회는 한국어문회임

대 학	학 과
경북대학교	특기자특별전형 (한자/한문 분야)
경상대학교	특기자특별전형 – 본회 2급 이상
경성대학교	외국어 우수자 선발 (한문학과) – 본회 3급 이상
공주대학교	특기자특별전형 (한자/한문 분야) – 본회 3급 이상
계명대학교	대학독자적 기준에 의한 특별전형 (학교장 또는 교사 추천자) – 한문교육
국민대학교	특기자특별전형 (중어중문학과) – 본회 1급 이상
단국대학교	특기자특별전형 (한문 분야)
동아대학교	특기자특별전형 (국어/한문 분야) – 본회 3급 이상
동의대학교	특기자특별전형 (어학 특기자) – 본회 1급 이상
대구대학교	특기자특별전형 (한자우수자) – 본회 3급 이상
명지대학교	특기자특별전형 (어학분야) – 본회 2급 이상
부산외국어대학교	대학독자적 기준에 의한 특별전형 (외국어능력우수자) – 본회 3급 이상
성균관대학교	특기자전형 : 인문과학계열 (유학동양학부) – 본회 2급 이상
아주대학교	특기자특별전형 (문학 및 한문 분야)
영남대학교	특기자특별전형 (어학) – 본회 2급 이상
원광대학교	특기자특별전형 (한문 분야)
중앙대학교	특기자특별전형 (국제화특기분야) – 본회 2급 이상
충남대학교	특기자특별전형 (문학·어학분야) – 본회 3급 이상

◆기업체 입사·승진·인사고과 반영   ※본회는 한국어문회임

구 분	내 용	비 고
육 군	부사관 5급 이상/위관장교 4급 이상/영관장교 3급 이상(본회)	인사고과
조 선 일 보	기자채용시 3급 이상 우대 (본회)	입 사
삼 성 그 룹 외	중요기업체들 입사시 한문 비중있게 출제 3급 이상 가산점 (본회) 삼성의 경우 1급=20점, 2급=15점, 3급=10점 가산 (본회)	입 사

한자능력검정 시험안내

⊠ 한자능력시험 (http://www.hanja.re.kr) 〉 기출문제 출력가능
(※ 네이버에 한글로 "한국어문회" 쓰고 클릭)

▶ 주   관 : (사)한국어문회(☎ 02-6003-1400), (☎ 1566-1400)

▶ 시험일시 : 연 4회 ┌ 교육급수 : 2, 4, 8, 11월 오전 11시
            └ 공인급수 : 2, 4, 8, 11월 오후 3시

　※ 공인급수, 교육급수 분리시행

　　공인급수는 특급·특급Ⅱ·1급·2급·3급·3급Ⅱ이며, 교육급수는 4급·4급Ⅱ·5급·6급·6급Ⅱ·7급·8급입니다.

▶ 접수방법

　1. 방문접수
　　● 접수급수 : 특급 ~ 8급
　　● 접 수 처 : 각 시·도 지정 접수처 ※ (02)6003-1400, 1566-1400, 또는 인터넷(네이버에 "한국어문회" 치고
　　　　　　　　들어가서 다시 "한자검정" 클릭
　　● 접수방법 : 먼저 스스로에게 맞는 급수를 정한 후, 반명함판사진(3×4㎝) 3매, 급수증 수령주조, 주민등록번
　　　　　　　　호, 한자이름을 메모해서 해당접수처로 가서 급수에 해당하는 응시료를 현금으로 납부한 후 원서
　　　　　　　　를 작성하여 접수처에 제출하면 됩니다.

　2. 인터넷접수
　　● 접수급수 : 특급 ~ 8급
　　● 접 수 처 : www.hangum.re.kr
　　● 접수방법 : 인터넷 접수처 게시

　3. 우편접수
　　● 접수급수 : 특급, 특급Ⅱ
　　● 접 수 처 : 한국한자능력검정회(서울특별시 서초구 서초1동 1627-1 교대벤처타워 401호)
　　● 접수방법 : 해당 회차 인터넷 또는 청구접수기간내 발송한 우편물에 한하여 접수가능(접수마감일 소인 유효)

▶ 검 정 료

급수/검정료	특 급	특급Ⅱ	1 급	2급~3급Ⅱ	4 급	4급Ⅱ	5 급	5급Ⅱ	6 급	6급Ⅱ	7 급	8 급
	40,000	40,000	40,000	20,000	15,000							

　※ 인터넷으로 접수하실 경우 위 검정료에 접수수수료가 추가됩니다.

▶ 접수시 준비물

　반명함판사진 3매 / 응시료(현금) / 이름(한글·한자) / 주민등록번호 / 급수증 수령주소

▶ 응시자격 :

　　● 제한없음, 능력에 맞게 급수를 선택하여 응시하면 됩니다.
　　● 1급은 서울, 부산, 대구, 광주, 대전, 전주, 청주, 제주에서만 실시하고, 특급과 특급Ⅱ는 서울에서만 실시합니다.

▶ 합격자발표 : 인터넷접수 사이트(www.hangum.re.kr) 및 ARS(060-800-1100), 1566-1400

漢字의 構成原理

六書 (육서) 漢字가 만들어지는 6가지 原理 : (1)象形(상형) (2)指事(지사) (3)會意(회의) (4)形聲(형성) (5)轉注(전주) (6)假借(가차)

① 象形文字

물체의 모양을 본떠 만들어진 그림같은 문자로써 기초부수의 대부분의 글자가 이에 속한다.

[보기] 川 · 日 · 月 · 人 · 耳 · 女 · 馬 · 鳥 · 牛 · 目…

⊙ ⇒ ⊟ ⇒ 日　(날일)　해의 모양을 보고 '날일'이라고 하였음.

⥜ ⇒ 米 ⇒ 木　(나무목) 나무의 모양을 본떠 '나무목'이라고 하였음.

⛰ ⇒ 山 ⇒ 山　(메산)　산의 모양을 본떠 '메산'이라고 하였음.

⫴ ⇒ 川 ⇒ 川　(내천)　냇물이 흘러가는 것을 보고 '내천'이라고 하였음.

② 指事文字

지사란 상형으로 나타낼수 없는 문자를 점(·)이나 선(-) 또는 부호를 써서 만든 文字이다.

[보기] 一 · 二 · 三 · 上 · 下 · 中 · 十 · 寸 · 母 · 未…

③ 會意文字

두개 이상의 글자가 뜻으로 결합하여 새로운 글자를 만드는데 이를 '회의문자'라고 하며 '林'字처럼 같은 글자가 합하는 경우와 '明'字처럼 다른글자끼리 합한것도 있다.

[보기] 男 · 好 · 明 · 林 · 絲 · 品 · 炎 · 休 · 囚 · 信…

木＋木 ＝ 林(수풀림), 火＋火 ＝ 炎(불꽃염), 日＋明 ＝ 明(밝을명), 女＋子 ＝ 好(좋을호)

④ 形聲文字

뜻(訓)을 나타내는 부분과 음(音)을 나타내는 부분이 결합되어 만들어짐. 이때 音이 정확하게 이음(移音)되는것과 비슷한 성조[聲調]로 전음(轉音)되는 것들이 있다.

※ 육서(六書)中에서 형성문자에 속한 글자가 가장 많음.

[보기1] 問 · 聞 · 簡 · 盛 · 城 · 味 · 基 · 群 · 校…

土＋成 ＝ 城(성), 口＋未 ＝ 味(미), 言＋己 ＝ 記(기), 君＋羊 ＝ 群(군)

[보기2] 비슷한 聲調(비슷한 목소리의 가락) : 江 · 河 · 松 · 結 · 終…

氵＋工 ＝ 江(강), 氵＋可＝ 河(하), 木＋公 ＝ 松(송), 糸＋冬 ＝ 終(종)

⑤ 轉注文字

글자 본래의 의미가 확대되어 전혀 다른 음(音)과 뜻(訓)을 나타나는 글자를 '전주문자'라고 함.

[보기]

更　다시 갱 / 고칠 경

度　법도 도 / 헤아릴 탁

說　말씀 설 / 기쁠 열 / 달랠 세

洞　골 동 / 꿰뚫을 통

樂　풍류 악 / 즐길 락 / 좋아할 요

⑥ 假借文字

漢字는 뜻글자이므로 소리글자인 한글과는 달리 여러나라들의 글자를 漢字로 표현할수가 없다. 따라서 이러한 불편한점을 해결하기 위해 원래의 뜻과 상관없이 音만을 빌려쓰는데 이러한 문자를 '가차문자'라고 한다.

[보기1] (外來語를 표기할때) : 美國 · 伊太利 · 佛蘭西 · 巴利 · 亞細亞…

[보기2] (일반적으로 유사한 音을 빌려쓸때) : 弗(아니불) → 달러($)를 표기할때

燕(제비연) → 잔치연(宴)으로,

女(계집녀) → 汝(너여)로 빌려쓰는 경우

漢字語(單語)의 짜임

漢字語(단어)를 뜻풀이(해석)하는데 쉽게 하기 위해서 漢字語의 짜임에 대해서 알아둘 필요가 있다.

漢字語(단어)의 짜임은 보통 두 글자로 구성되지만 세 자, 네 자로 되어있는 것도 많다. 이렇게 세 글자, 네 글자로 구성된 漢字語는 원래 두 글자로 구성된 漢字語에 또 다른 漢字語를 합하거나 확장시킨 것들이다.

원래 두 글자로 이루어진 漢字語는 처음부터 차례대로 풀이하는 것과 뒤에 글자를 먼저 풀고 앞글자를 나중에 푸는 경우가 있는데 이런 것들은 형식상 일정한 문법상의 용어(用語)를 갖추고 있다.

♣ 차례대로 푸는 경우

[보기] ① 鳥飛(새가 날다)　② 花開(꽃이 피다) ─────── 주·술관계 [주어+서술어(술어)]

　　　① 寢室(잠자는 방)　② 招待(초청하여 대접함) ─ 수식관계(앞 글자가 뒷글자를 꾸밈)

　　　① 得失(얻음과 잃음)　② 手足(손과 발) ─────── 대립관계(서로 반대되는 글자로 짜여짐)

　　　① 家屋(사람이 사는 집) ② 年歲(나이) ─────── 유사관계(서로 비슷한 글자로 짜여짐)

♣ 뒷글자를 먼저 푸는 경우

[보기] ① 讀書(책을 읽음)　② 納稅(세금을 냄) ─── 술·목관계 [서술어+목적어(명사)]

　　　① 入學(학교에 들어감)　② 有別(분별이 있음) ── 술·보관계 [서술어+보어(명사)]

※ 위의 용어(用語)에 대한 설명

ㄱ. 주어(主語) : 문장의 주체가 되는 말

ㄴ. 서술어(술어) : 주어의 행동이나 상황을 설명하는 말로써 동사, 형용사에 해당하는 말

ㄷ. 목적어(目的語) : ～을(를) 어떠하다에서 ～을(를)에 속한 말

ㄹ. 보어(輔語) : 서술어 뒤에 와서 서술어의 구실을 도와주는 말.(～에, ～에게, ～이, ～으로 등에 해당하는 말)

ㅁ. 관형어(수식어) : 뒷글자를 수식(꾸밈)하는 앞글자─주로 체언(명사)를 수식함

ㅂ. 부사어(수식어) : 뒷글자를 수식(꾸밈)하는 앞글자─주로 용언(서술어)를 수식함

ㅅ. 대립관계 : 서로 반대 또는 상대되는 字끼리 결합된 말(반의결합어)

ㅇ. 유사관계 : 서로 같거나 비슷한 字끼리 결합된 말(유의결합어)

※위와 같은 漢字語의 짜임들이 서로 이동하고 합해지면서 문장이 형성된다.

(이런 경우 문장전체를 풀어가는 순서는 문장의 형식에 의해 되는데 문장의 형식에 대해서는 여기서는 다루는 과제가 아니므로 생략함.)

[보기] ① 無 子息 上 八字 ② 刻 舟 求 劍 ③ 人 無 遠 慮 必 有 近 憂
　　　　술　보　술　보　　　술　보　술　목　　주　술　관　보　부　술　관　보

※다음 漢字語를 순서에 따라 말이 되도록 뜻을 말하시오. 또 여러분이 공부하는 독음(讀音)도 이런식으로 풀어보세요.

　　2 1　　2 1　　1 2　　1 2　　2 1　　1 2　　2 1　　1 2　　2 1　　1 2
① 勸農 ② 勉學 ③ 祝辭 ④ 豫測 ⑤ 登山 ⑥ 天上 ⑦ 易老 ⑧ 離陸 ⑨ 約婚 ⑩ 晝夜

　　1 2　　1 2 3 4　　1 2 3 4　　1 2　　1 2　　1 2
⑪ 堅固 ⑫ 正正堂堂 ⑬ 明明白白 ⑭ 苦樂 ⑮ 歌曲 ⑯ 父母

4급Ⅱ 배정 한자 (750字)

4급Ⅱ 배정漢字는 5급 500字에 새로운 250字를 추가해서 모두 750字입니다.
사각형이 두 개(□□) 있는 글자는 4급Ⅱ에 속한 글자입니다.
※ 4급Ⅱ 쓰기문제는 5급(500字) 중에서 뽑은 400字내에서 출제됩니다. (16쪽 참조)
※ 배정漢字의 漢字語(단어) 활용은 33쪽~41쪽 사이에 쓰기와 병행해서 수록하였습니다.

家 집 가 / 갓머리[宀]부/총10획	□□潔 깨끗할 결 / 삼수변[氵(水)]부/총15획	關 관계할 관 / 문문[門]부/총19획	急 급할 급 / 마음심[心]부/총9획
歌 노래 가 / 하품흠[欠]부/총14획	□□缺 이지러질 결 / 장군부[缶]부/총10획	□□官 벼슬 관 / 갓머리[宀]부/총8획	級 등급 급 / 실사[糸]부/총10획
價 값 가 / 사람인변[亻(人)]부/총15획	京 서울 경 / 돼지해머리[亠]부/총8획	光 빛 광 / 어진사람인[儿]부/총6획	給 줄 급 / 실사[糸]부/총12획
加 더할 가 / 힘력[力]부/총5획	敬 공경할 경 / 등글월문방[攵(攴)]부/총12획	廣 넓을 광 / 집엄[广]부/총14획	旗 기 기 / 모방[方]부/총14획
可 옳을 가 / 입구[口]부/총5획	景 볕 경 / 날일[日]부/총12획	教 가르칠 교 / 등글월문방[攵(攴)]부/총11획	氣 기운 기 / 기운기[气]부/총10획
□□假 거짓 가 / 사람인변[亻(人)]부/총11획	競 다툴 경 / 설립[立]부/총20획	校 학교 교 / 나무목[木]부/총10획	記 기록할 기 / 말씀언[言]부/총10획
□□街 거리 가 / 다닐행[行]부/총12획	輕 가벼울 경 / 수레거[車]부/총14획	交 사귈 교 / 돼지해머리[亠]부/총6획	基 터 기 / 흙토[土]부/총11획
各 각각 각 / 입구[口]부/총6획	□□境 지경 경 / 흙토[土]부/총14획	橋 다리 교 / 나무목[木]부/총16획	己 몸 기 / 몸기[己]부/총3획
角 뿔 각 / 뿔각[角]부/총7획	□□慶 경사 경 / 마음심[心]부/총15획	九 아홉 구 / 새을[乙]부/총2획	技 재주 기 / 재방변[扌(手)]부/총7획
間 사이 간 / 문문[門]부/총12획	□□經 지날/글 경 / 실사[糸]부/총13획	口 입 구 / 입구[口]부/총3획	期 기약할 기 / 달월[月]부/총12획
感 느낄 감 / 마음심[心]부/총13획	□□警 깨우칠 경 / 말씀언[言]부/총19획	區 구분할/지경 구 / 상자방[匸]부/총11획	汽 물끓는김 기 / 삼수변[氵(水)]부/총7획
□□減 덜 감 / 삼수변[氵(水)]부/총12획	界 지경 계 / 밭전[田]부/총9획	球 공 구 / 임금왕[王(玉)]부/총11획	□□器 그릇 기 / 입구[口]부/총16획
□□監 볼 감 / 그릇명[皿]부/총14획	計 셀 계 / 말씀언[言]부/총9획	具 갖출 구 / 여덟팔[八]부/총8획	□□起 일어날 기 / 달릴주[走]부/총10획
江 강 강 / 삼수변[氵(水)]부/총6획	□□係 맬 계 / 사람인변[亻(人)]부/총9획	救 구원할 구 / 등글월문방[攵(攴)]부/총11획	吉 길할 길 / 입구[口]부/총6획
強 강할 강 / 활궁[弓]부/총12획	古 예 고 / 입구[口]부/총5획	舊 옛 구 / 절구구[臼]부/총17획	□□暖 따뜻할 난 / 날일[日]부/총13획
□□康 편안할 강 / 집엄[广]부/총11획	苦 쓸 고 / 초두[++(艸)]부/총8획	□□句 글귀 구 / 입구[口]부/총5획	□□難 어려울 난 / 새추[隹]부/총19획
□□講 욀 강 / 말씀언[言]부/총17획	高 높을 고 / 높을고[高]부/총10획	□□求 구할 구 / 물수변[氺(水)]부/총7획	南 남녘 남 / 열십[十]부/총9획
開 열 개 / 문문[門]부/총12획	告 고할 고 / 입구[口]부/총7획	□□究 연구할 구 / 구멍혈[穴]부/총7획	男 사내 남 / 밭전[田]부/총7획
改 고칠 개 / 등글월문방[攵(攴)]부/총7획	考 생각할 고 / 늙을로[耂(老)]부/총6획	國 나라 국 / 큰입구[口]부/총11획	內 안 내 / 들입[入]부/총4획
□□個 낱 개 / 사람인변[亻(人)]부/총10획	固 굳을 고 / 큰입구[口]부/총8획	局 판 국 / 주검시[尸]부/총7획	女 계집 녀·여 / 계집녀[女]부/총3획
客 손님 객 / 갓머리[宀]부/총9획	□□故 연고 고 / 등글월문방[攵(攴)]부/총9획	軍 군사 군 / 수레거[車]부/총9획	年 해 년(연) / 방패간[干]부/총6획
車 수레 거·차 / 수레차[車]부/총7획	曲 굽을 곡 / 가로왈[曰]부/총6획	郡 고을 군 / 우부방[阝(邑)]부/총10획	念 생각할 념(염) / 마음심[心]부/총8획
去 갈 거 / 마늘모[厶]부/총5획	工 장인 공 / 장인공[工]부/총3획	□□宮 집 궁 / 갓머리[宀]부/총10획	努 힘쓸 노 / 힘력[力]부/총7획
擧 들 거 / 손수[手]부/총17획	空 빌 공 / 구멍혈[穴]부/총8획	□□權 권세 권 / 나무목[木]부/총21획	□□怒 성낼 노 / 마음심[心]부/총9획
件 물건 건 / 사람인변[亻(人)]부/총6획	公 공평할 공 / 여덟팔[八]부/총4획	貴 귀할 귀 / 조개패[貝]부/총12획	農 농사 농 / 별진[辰]부/총13획
健 굳셀 건 / 사람인변[亻(人)]부/총11획	共 한가지 공 / 여덟팔[八]부/총6획	規 법 규 / 볼견[見]부/총11획	能 능할 능 / 육달월[月(肉)]부/총10획
建 세울 건 / 민받침변[廴]부/총9획	功 공 공 / 힘력[力]부/총5획	□□極 극진할/다할 극 / 나무목[木]부/총12획	多 많을 다 / 저녁석[夕]부/총6획
□□檢 검사할 검 / 나무목[木]부/총17획	果 실과 과 / 나무목[木]부/총8획	□□根 뿌리 근 / 나무목[木]부/총10획	短 짧을 단 / 화살시[矢]부/총12획
格 격식 격 / 나무목[木]부/총10획	科 과목 과 / 벼화[禾]부/총9획	近 가까울 근 / 책받침[辶(辵)]부/총8획	團 둥글 단 / 큰입구몸[囗]부/총14획
見 볼 견/뵈올 현 / 볼견[見]부/총7획	課 공부할/과정 과 / 말씀언[言]부/총15획	金 쇠 금/성 김 / 쇠금[金]부/총8획	壇 단 단 / 흙토[土]부/총16획
決 결단할 결 / 삼수변[氵(水)]부/총7획	過 지날 과 / 책받침[辶(辵)]부/총13획	今 이제 금 / 사람인[人]부/총4획	□□單 홑 단 / 입구[口]부/총12획
結 맺을 결 / 실사[糸]부/총12획	觀 볼 관 / 볼견[見]부/총24획	□□禁 금할 금 / 보일시[示]부/총13획	□□斷 끊을 단 / 날근[斤]부/총18획

한자	훈·음 / 부수·획수	한자	훈·음 / 부수·획수	한자	훈·음 / 부수·획수	한자	훈·음 / 부수·획수
檀	박달나무 단 / 나무목[木]부/총17획	斗	말 두 / 말두[斗]부/총4획	留	머무를 류(유) / 밭전[田]부/총10획	聞	들을 문 / 귀이[耳]부/총14획
端	끝 단 / 설립[立]부/총14획	豆	콩 두 / 콩두[豆]부/총7획	六	여섯 륙(육) / 여덟팔[八]부/총4획	物	물건 물 / 소우[牛]부/총8획
達	통달할 달 / 책받침[辶(辵)]부/총13획	得	얻을 득 / 두인변[彳]부/총11획	陸	뭍 륙(육) / 좌부변[阝(阜)]부/총11획	米	쌀 미 / 쌀미[米]부/총6획
談	말씀 담 / 말씀언[言]부/총15획	登	오를 등 / 필발머리[癶]부/총12획	律	법 률(율) / 두인변[彳]부/총9획	美	아름다울 미 / 양양[羊]부/총9획
擔	멜 담 / 재방변[扌(手)]부/총16획	等	무리 등 / 대죽머리[竹]부/총12획	里	마을 리(이) / 마을리[里]부/총7획	味	맛 미 / 입구[口]부/총8획
答	대답할 답 / 대죽머리[竹]부/총12획	燈	등 등 / 불화[火]부/총16획	利	이할 리(이) / 선칼도방[刂(刀)]부/총7획	未	아닐 미 / 나무목[木]부/총5획
堂	집 당 / 흙토[土]부/총11획	羅	벌일 라(나) / 그물망[罒(网)]부/총19획	李	오얏/성 리(이) / 나무목[木]부/총7획	民	백성 민 / 성씨씨[氏]부/총5획
當	마땅할 당 / 밭전[田]부/총13획	樂	즐길락(낙)/노래악 / 나무목[木]부/총15획	理	다스릴 리(이) / 구슬옥변[王(玉)]부/총11획	密	빽빽할 밀 / 갓머리[宀]부/총11획
黨	무리 당 / 검을흑[黑]부/총20획	落	떨어질 락(낙) / 초두[++(艸)]부/총12획	林	수풀 림(임) / 나무목[木]부/총8획	朴	성 박 / 나무목[木]부/총6획
大	큰 대 / 큰대[大]부/총3획	朗	밝을 랑(낭) / 달월[月]부/총10획	立	설 립(입) / 설립[立]부/총5획	博	넓을 박 / 열십[十]부/총12획
代	대신할 대 / 사람인변[亻(人)]부/총5획	來	올 래(내) / 사람인[人]부/총8획	馬	말 마 / 말마[馬]부/총10획	半	반 반 / 열십[十]부/총5획
對	대할 대 / 마디촌[寸]부/총14획	冷	찰 랭(냉) / 이수변[冫]부/총7획	萬	일만 만 / 초두[++(艸)]부/총12획	反	돌이킬 반 / 또우[又]부/총4획
待	기다릴 대 / 두인변[彳]부/총9획	良	어질 량(양) / 그칠간[艮]부/총7획	滿	찰 만 / 삼수변[氵(水)]부/총14획	班	나눌 반 / 구슬옥변[王(玉)]부/총10획
帶	띠 대 / 수건건[巾]부/총10획	量	헤아릴 량(양) / 마을리[里]부/총12획	末	끝 말 / 나무목[木]부/총5획	發	필 발 / 필발머리[癶]부/총12획
隊	무리(떼) 대 / 좌부변[阝(阜)]부/총12획	兩	두 량(양) / 들입[入]부/총8획	亡	망할 망 / 돼지해머리[亠]부/총3획	方	모 방 / 모방[方]부/총4획
德	큰 덕 / 두인변[彳]부/총15획	旅	나그네 려(여) / 모방[方]부/총10획	望	바랄 망 / 달월[月]부/총11획	放	놓을 방 / 등글월문[攵(攴)]부/총8획
道	길 도 / 책받침[辶(辵)]부/총13획	麗	고울 려(여) / 사슴록[鹿]부/총19획	每	매양 매 / 말무[母]부/총7획	房	방 방 / 지게호[戶]부/총8획
圖	그림 도 / 큰입구몸[囗]부/총14획	力	힘 력(역) / 힘력[力]부/총2획	買	살 매 / 조개패[貝]부/총12획	訪	찾을 방 / 말씀언[言]부/총11획
度	법도 도/헤아릴 탁 / 집엄[广]부/총9획	歷	지날 력(역) / 그칠지[止]부/총16획	賣	팔 매 / 조개패[貝]부/총15획	防	막을 방 / 좌부변[阝(阜)]부/총7획
到	이를 도 / 선칼도방[刂(刀)]부/총8획	練	익힐 련(연) / 실사[糸]부/총15획	脈	줄기 맥 / 육달월[月(肉)]부/총10획	倍	곱 배 / 사람인변[亻(人)]부/총10획
島	섬 도 / 뫼산[山]부/총10획	連	이을 련(연) / 책받침[辶(辵)]부/총11획	面	낯 면 / 낯면[面]부/총9획	拜	절 배 / 손수[手]부/총9획
都	도읍 도 / 우부방[阝(邑)]부/총12획	列	벌일 렬(열) / 선칼도방[刂(刀)]부/총6획	名	이름 명 / 입구[口]부/총6획	背	등 배 / 육달월[月(肉)]부/총9획
導	인도할 도 / 마디촌[寸]부/총16획	令	하여금 령(영) / 사람인[人]부/총5획	命	목숨 명 / 입구[口]부/총8획	配	나눌/짝 배 / 닭유[酉]부/총10획
讀	읽을 독 / 말씀언[言]부/총22획	領	거느릴 령(영) / 머리혈[頁]부/총14획	明	밝을 명 / 날일[日]부/총8획	白	흰 백 / 흰백[白]부/총5획
獨	홀로 독 / 개사슴록변[犭(犬)]부/총16획	例	법식 례(예) / 사람인변[亻(人)]부/총8획	母	어미 모 / 말무[母]부/총5획	百	일백 백 / 흰백[白]부/총6획
毒	독 독 / 말무[毋]부/총9획	禮	예도 례(예) / 보일시[示]부/총18획	毛	털 모 / 털모[毛]부/총4획	番	차례 번 / 밭전[田]부/총12획
督	감독할 독 / 눈목[目]부/총13획	老	늙을 로(노) / 늙을로[老]부/총6획	木	나무 목 / 나무목[木]부/총4획	伐	칠 벌 / 사람인변[亻(人)]부/총6획
東	동녘 동 / 나무목[木]부/총8획	路	길 로(노) / 발족[足]부/총13획	目	눈 목 / 눈목[目]부/총5획	罰	벌할 벌 / 그물망[罒(网)]부/총14획
冬	겨울 동 / 이수변[冫]부/총5획	勞	일할 로(노) / 힘력[力]부/총12획	牧	칠 목 / 소우[牜(牛)]부/총8획	法	법 법 / 삼수변[氵(水)]부/총8획
動	움직일 동 / 힘력[力]부/총11획	綠	푸를 록(녹) / 실사[糸]부/총14획	無	없을 무 / 연하발[灬(火)]부/총12획	壁	벽 벽 / 흙토[土]부/총16획
同	한가지 동 / 입구[口]부/총6획	錄	기록할 록(녹) / 쇠금[金]부/총16획	務	힘쓸 무 / 힘력[力]부/총11획	變	변할 변 / 말씀언[言]부/총22획
洞	골 동/밝을 통 / 삼수변[氵(水)]부/총9획	論	논할 론(논) / 말씀언[言]부/총15획	武	호반(무관) 무 / 그칠지[止]부/총8획	邊	가 변 / 책받침[辶(辵)]부/총19획
童	아이 동 / 설립[立]부/총12획	料	헤아릴 료(요) / 말두[斗]부/총10획	門	문 문 / 문문[門]부/총8획	別	다를/나눌 별 / 선칼도방[刂(刀)]부/총7획
銅	구리 동 / 쇠금[金]부/총14획	流	흐를 류(유) / 삼수변[氵(水)]부/총10획	問	물을 문 / 입구[口]부/총11획	病	병 병 / 병들녁[疒]부/총10획
頭	머리 두 / 머리혈[頁]부/총16획	類	무리 류(유) / 머리혈[頁]부/총19획	文	글월 문 / 글월문[文]부/총4획	兵	병사 병 / 여덟팔[八]부/총7획

한자	훈·음 / 부수·획수	한자	훈·음 / 부수·획수	한자	훈·음 / 부수·획수	한자	훈·음 / 부수·획수
保	지킬 보 / 사람인변[亻(人)]부/총9획	史	사기(역사) 사 / 입구[口]부/총5획	選	가릴 선 / 책받침[辶(辵)]부/총16획	手	손 수 / 손수[手]부/총4획
報	갚을/알릴 보 / 흙토[土]부/총12획	士	선비 사 / 선비사[士]부/총3획	鮮	고울 선 / 고기어[魚]부/총17획	數	셈 수 / 등글월문[攵(支)]부/총15획
寶	보배 보 / 갓머리[宀]부/총20획	寫	베낄 사 / 갓머리[宀]부/총15획	雪	눈 설 / 비우[雨]부/총11획	樹	나무 수 / 나무목[木]부/총16획
步	걸음 보 / 그칠지[止]부/총7획	思	생각할 사 / 마음심[心]부/총9획	說	말씀 설 / 말씀언[言]부/총14획	首	머리 수 / 머리수[首]부/총9획
服	옷 복 / 달월[月]부/총8획	査	조사할 사 / 나무목[木]부/총9획	設	베풀 설 / 말씀언[言]부/총11획	修	닦을 수 / 사람인변[亻(人)]부/총10획
福	복 복 / 보일시[示]부/총14획	寺	절 사 / 마디촌[寸]부/총6획	姓	성 성 / 계집녀[女]부/총8획	受	받을 수 / 또우[又]부/총8획
復	회복할 복/다시 부 / 두인변[彳]부/총12획	師	스승 사 / 수건건[巾]부/총10획	成	이룰 성 / 창과[戈]부/총7획	守	지킬 수 / 갓머리[宀]부/총6획
本	근본 본 / 나무목[木]부/총5획	舍	집 사 / 혀설[舌]부/총8획	省	살필 성/덜 생 / 눈목[目]부/총9획	授	줄 수 / 재방변[扌(手)]부/총11획
奉	받들 봉 / 큰대[大]부/총8획	謝	사례할 사 / 말씀언[言]부/총17획	性	성품 성 / 심방변[忄(心)]부/총8획	收	거둘 수 / 등글월문[攵(支)]부/총6획
父	아비 부 / 아비부[父]부/총4획	山	뫼 산 / 뫼산[山]부/총3획	城	재 성 / 흙토[土]부/총10획	宿	잘 숙 / 갓머리[宀]부/총11획
夫	지아비 부 / 큰대[大]부/총4획	算	셈 산 / 대죽[竹]부/총14획	星	별 성 / 날일[日]부/총9획	順	순할 순 / 머리혈[頁]부/총12획
部	떼 부 / 우부방[阝(邑)]부/총11획	産	낳을 산 / 날생[生]부/총11획	盛	성할 성 / 그릇명[皿]부/총12획	純	순수할 순 / 실사[糸]부/총10획
副	버금 부 / 선칼도방[刂(刀)]부/총11획	殺	죽일 살/감할 쇄 / 갖은등글월문[殳]부/총11획	聖	성인 성 / 귀이[耳]부/총13획	術	재주 술 / 다닐행[行]부/총11획
婦	며느리 부 / 계집녀[女]부/총11획	三	석 삼 / 한일[一]부/총3획	聲	소리 성 / 귀이[耳]부/총17획	習	익힐 습 / 깃우[羽]부/총11획
富	부자 부 / 갓머리[宀]부/총12획	上	윗 상 / 한일[一]부/총3획	誠	정성 성 / 말씀언[言]부/총14획	勝	이길 승 / 힘력[力]부/총12획
府	마을(官廳) 부 / 집엄[广]부/총8획	商	장사 상 / 입구[口]부/총11획	世	인간 세 / 한일[一]부/총5획	承	이을 승 / 손수[手]부/총8획
北	북녘 북/달아날 배 / 비수비[匕]부/총5획	相	서로 상 / 눈목[目]부/총9획	歲	해 세 / 그칠지[止]부/총13획	市	저자 시 / 수건건[巾]부/총5획
分	나눌 분 / 칼도[刀]부/총4획	賞	상줄 상 / 조개패[貝]부/총15획	洗	씻을 세 / 삼수변[氵(水)]부/총9획	時	때 시 / 날일[日]부/총10획
不	아닐 불 / 한일[一]부/총4획	常	떳떳할 상 / 수건건[巾]부/총11획	勢	형세 세 / 힘력[力]부/총13획	始	비로소 시 / 계집녀[女]부/총9획
佛	부처 불 / 사람인변[亻(人)]부/총7획	床	상 상 / 집엄[广]부/총7획	稅	세금 세 / 벼화[禾]부/총12획	示	보일 시 / 보일시[示]부/총5획
比	견줄 비 / 견줄비[比]부/총4획	想	생각할 상 / 마음심[心]부/총13획	細	가늘 세 / 실사[糸]부/총11획	施	베풀 시 / 모방[方]부/총9획
費	쓸 비 / 조개패[貝]부/총12획	狀	형상 상/문서 장 / 개견[犬]부/총8획	小	작을 소 / 작을소[小]부/총3획	是	옳을/이 시 / 날일[日]부/총9획
鼻	코 비 / 코비[鼻]부/총14획	色	빛 색 / 빛색[色]부/총6획	少	적을 소 / 작을소[小]부/총4획	視	볼 시 / 볼견[見]부/총12획
備	갖출 비 / 사람인변[亻(人)]부/총12획	生	날 생 / 날생[生]부/총5획	所	바 소 / 집호[戶]부/총8획	試	시험할 시 / 말씀언[言]부/총13획
悲	슬플 비 / 마음심[心]부/총12획	西	서녘 서 / 덮을아[襾]부/총6획	消	사라질 소 / 삼수변[氵(水)]부/총10획	詩	시 시 / 말씀언[言]부/총13획
非	아닐 비 / 아닐비[非]부/총8획	書	글 서 / 가로왈[曰]부/총10획	掃	쓸 소 / 재방변[扌(手)]부/총11획	食	밥/먹을 식 / 밥식[食]부/총9획
飛	날 비 / 날비[飛]부/총9획	序	차례 서 / 집엄[广]부/총7획	笑	웃을 소 / 대죽머리[竹]부/총10획	植	심을 식 / 나무목[木]부/총12획
貧	가난할 빈 / 조개패[貝]부/총11획	夕	저녁 석 / 저녁석[夕]부/총3획	素	본디/흴(白) 소 / 실사[糸]부/총10획	式	법 식 / 주살익[弋]부/총6획
氷	얼음 빙 / 물수[水]부/총5획	席	자리 석 / 수건건[巾]부/총10획	速	빠를 속 / 책받침[辶(辵)]부/총11획	識	알 식 / 말씀언[言]부/총19획
四	넉 사 / 큰입구몸[口]부/총5획	石	돌 석 / 돌석[石]부/총5획	束	묶을 속 / 나무목[木]부/총7획	息	쉴 식 / 마음심[心]부/총10획
事	일 사 / 갈고리궐[亅]부/총8획	先	먼저 선 / 어진사람인[儿]부/총6획	俗	풍속 속 / 사람인변[亻(人)]부/총9획	信	믿을 신 / 사람인변[亻(人)]부/총9획
使	하여금/부릴 사 / 사람인변[亻(人)]부/총8획	線	줄 선 / 실사[糸]부/총15획	續	이을 속 / 실사[糸]부/총21획	新	새 신 / 도끼근[斤]부/총13획
死	죽을 사 / 죽을사변[歹]부/총6획	仙	신선 선 / 사람인변[亻(人)]부/총5획	孫	손자 손 / 아들자[子]부/총10획	神	귀신 신 / 보일시[示]부/총10획
社	모일 사 / 보일시[示]부/총8획	善	착할 선 / 입구[口]부/총12획	送	보낼 송 / 책받침[辶(辵)]부/총10획	身	몸 신 / 몸신[身]부/총7획
仕	섬길 사 / 사람인변[亻(人)]부/총5획	船	배 선 / 배주[舟]부/총11획	水	물 수 / 물수[水]부/총4획	臣	신하 신 / 신하신[臣]부/총6획

한자	훈음	부수/획수	한자	훈음	부수/획수	한자	훈음	부수/획수	한자	훈음	부수/획수
申	납(원숭이) 신	밭전[田]부/총5획	演	펼 연	삼수변[氵(水)]부/총14획	元	으뜸 원	어진사람인[儿]부/총4획	印	도장 인	병부절[卩]부/총6획
室	집 실	갓머리[宀]부/총9획	煙	연기 연	불화[火]부/총13획	原	언덕 원	굴바위엄[厂]부/총10획	引	끌 인	활궁[弓]부/총4획
失	잃을 실	큰대[大]부/총5획	研	갈 연	돌석[石]부/총11획	院	집 원	좌부변[阝(阜)]부/총10획	認	알 인	말씀언[言]부/총14획
實	열매 실	갓머리[宀]부/총14획	熱	더울 열	연화발[灬(火)]부/총15획	願	원할 원	머리혈[頁]부/총19획	一	한 일	한일[一]부/총1획
心	마음 심	마음심[心]부/총4획	葉	잎 엽	초두[++(艸)]부/총12획	員	인원 원	입구[口]부/총10획	日	날 일	날일[日]부/총4획
深	깊을 심	삼수변[氵(水)]부/총11획	永	길 영	물수[水]부/총5획	圓	둥글 원	큰입구몸[口]부/총13획	任	맡길 임	사람인변[亻(人)]부/총6획
十	열 십	열십[十]부/총2획	英	꽃부리 영	초두[++(艸)]부/총8획	月	달 월	달월[月]부/총4획	入	들 입	들입[入]부/총2획
兒	아이 아	어진사람인[儿]부/총8획	榮	영화 영	나무목[木]부/총14획	位	자리 위	사람인변[亻(人)]부/총7획	子	아들 자	아들자[子]부/총3획
惡	악할 악/미워할 오	마음심[心]부/총12획	藝	재주 예	초두[++(艸)]부/총18획	偉	클 위	사람인변[亻(人)]부/총11획	字	글자 자	아들자[子]부/총6획
安	편안할 안	갓머리[宀]부/총6획	五	다섯 오	두이[二]부/총4획	爲	할 위	손톱조[爪]부/총12획	自	스스로 자	스스로자[自]부/총6획
案	책상 안	나무목[木]부/총10획	午	낮 오	열십[十]부/총4획	衛	지킬 위	다닐행[行]부/총15획	者	놈 자	늙을로[耂(老)]부/총9획
眼	눈 안	눈목[目]부/총11획	誤	그르칠 오	말씀언[言]부/총14획	有	있을 유	달월[月]부/총6획	作	지을 작	사람인변[亻(人)]부/총7획
暗	어두울 암	날일[日]부/총13획	屋	집 옥	주검시[尸]부/총9획	油	기름 유	삼수변[氵(水)]부/총8획	昨	어제 작	날일[日]부/총9획
壓	누를 압	흙토[土]부/총17획	玉	구슬 옥	구슬옥[玉]부/총5획	由	말미암을 유	밭전[田]부/총5획	長	긴 장	길장[長]부/총8획
愛	사랑 애	마음심[心]부/총13획	溫	따뜻할 온	삼수변[氵(水)]부/총13획	育	기를 육	육달월[月(肉)]부/총8획	場	마당 장	흙토[土]부/총12획
液	진 액	삼수변[氵(水)]부/총11획	完	완전할 완	갓머리[宀]부/총7획	肉	고기 육	고기육[肉]부/총6획	章	글 장	설립[立]부/총11획
夜	밤 야	저녁석[夕]부/총8획	王	임금 왕	구슬옥[玉]부/총4획	銀	은 은	쇠금[金]부/총14획	將	장수 장	마디촌[寸]부/총11획
野	들 야	마을리[里]부/총11획	往	갈 왕	두인변[彳]부/총8획	恩	은혜 은	마음심[心]부/총10획	障	막을 장	좌부변[阝(阜)]부/총14획
弱	약할 약	활궁[弓]부/총10획	外	밖 외	저녁석[夕]부/총5획	音	소리 음	소리음[音]부/총9획	在	있을 재	흙토[土]부/총6획
藥	약 약	초두[++(艸)]부/총18획	曜	빛날 요	날일[日]부/총18획	飲	마실 음	밥식[食]부/총13획	才	재주 재	재방변[扌(手)]부/총3획
約	맺을 약	실사[糸]부/총9획	要	요긴할 요	덮을아[两]부/총9획	陰	그늘 음	좌부변[阝(阜)]부/총11획	再	두 재	멀경[冂]부/총6획
洋	바다 양	삼수변[氵(水)]부/총9획	謠	노래 요	말씀언[言]부/총17획	邑	고을 읍	고을읍[邑]부/총7획	材	재목 재	나무목[木]부/총7획
陽	볕 양	좌부변[阝(阜)]부/총12획	浴	목욕할 욕	삼수변[氵(水)]부/총10획	應	응할 응	마음심[心]부/총17획	災	재앙 재	불화[火]부/총7획
養	기를 양	밥식[食]부/총15획	勇	날랠 용	힘력[力]부/총9획	意	뜻 의	마음심[心]부/총13획	財	재물 재	조개패[貝]부/총10획
羊	양 양	양양[羊]부/총6획	用	쓸 용	쓸용[用]부/총5획	衣	옷 의	옷의[衣]부/총6획	爭	다툴 쟁	손톱조[爪]부/총8획
語	말씀 어	말씀언[言]부/총14획	容	얼굴 용	갓머리[宀]부/총10획	醫	의원 의	닭유[酉]부/총18획	貯	쌓을 저	조개패[貝]부/총12획
漁	고기잡을 어	삼수변[氵(水)]부/총14획	右	오를/오른(쪽) 우	입구[口]부/총5획	義	옳을 의	양양[羊]부/총13획	低	낮을 저	사람인변[亻(人)]부/총7획
魚	물고기 어	물고기어[魚]부/총11획	友	벗 우	또우[又]부/총4획	議	의논할 의	말씀언[言]부/총20획	的	과녁 적	흰백[白]부/총8획
億	억 억	사람인변[亻(人)]부/총15획	牛	소 우	소우[牛]부/총4획	二	두 이	두이[二]부/총2획	赤	붉을 적	붉을적[赤]부/총7획
言	말씀 언	말씀언[言]부/총7획	雨	비 우	비우[雨]부/총8획	以	써 이	사람인[人]부/총5획	敵	대적할 적	등글월문[攵(攴)]부/총15획
業	업 업	나무목[木]부/총13획	運	옮길 운	책받침[辶(辵)]부/총13획	耳	귀 이	귀이[耳]부/총6획	全	온전할 전	들입[入]부/총6획
如	같을 여	계집녀[女]부/총6획	雲	구름 운	비우[雨]부/총12획	移	옮길 이	벼화[禾]부/총11획	前	앞 전	선칼도방[刂(刀)]부/총9획
餘	남을 여	밥식[食]부/총16획	雄	수컷 웅	새추[隹]부/총12획	益	더할 익	그릇명[皿]부/총10획	電	번개 전	비우[雨]부/총13획
逆	거스를 역	책받침[辶(辵)]부/총10획	園	동산 원	큰입구몸[口]부/총13획	人	사람 인	사람인[人]부/총2획	戰	싸울 전	창과[戈]부/총16획
然	그러할 연	연화발[灬(火)]부/총12획	遠	멀 원	책받침[辶(辵)]부/총14획	因	인할 인	큰입구몸[口]부/총6획	傳	전할 전	사람인변[亻(人)]부/총13획

典 법 전 여덟팔[八]부/총8획	族 겨레 족 모방[方]부/총11획	次 버금 차 하품흠[欠]부/총6획	致 이를 치 이를지[至]부/총10획
展 펼 전 주검시[尸]부/총10획	尊 높을 존 마디촌[寸]부/총12획	着 붙을 착 눈목[目]부/총12획	治 다스릴 치 삼수변[氵(水)]부/총8획
田 밭 전 밭전[田]부/총5획	卒 마칠 졸 열십[十]부/총8획	察 살필 찰 갓머리[宀]부/총14획	置 둘 치 그물망[罒(网)]부/총13획
切 끊을 절/온통 체 칼도[刀]부/총4획	種 씨 종 벼화[禾]부/총14획	參 참여할 참 마늘모[厶]부/총11획	齒 이 치 이치[齒]부/총15획
節 마디 절 대죽[竹]부/총15획	終 마칠 종 실사[糸]부/총11획	窓 창 창 구멍혈[穴]부/총11획	則 법칙 칙 선칼도방[刂(刀)]부/총9획
絶 끊을 절 실사[糸]부/총12획	宗 마루 종 갓머리[宀]부/총8획	唱 부를 창 입구[口]부/총11획	親 친할 친 볼견[見]부/총16획
店 가게 점 집엄[广]부/총8획	左 왼 좌 장인공[工]부/총5획	創 비롯할 창 선칼도방[刂(刀)]부/총12획	七 일곱 칠 한일[一]부/총2획
接 이을 접 재방변[扌(手)]부/총11획	罪 허물 죄 그물망[罒(网)]부/총13획	責 꾸짖을 책 조개패[貝]부/총11획	侵 침노할 침 사람인변[亻(人)]부/총9획
正 바를 정 그칠지[止]부/총5획	主 임금/주인 주 불똥주[丶]부/총5획	處 곳 처 범호밑[虍]부/총11획	快 쾌할 쾌 심방변[忄(心)]부/총7획
定 정할 정 갓머리[宀]부/총8획	住 살 주 사람인변[亻(人)]부/총7획	千 일천 천 열십[十]부/총3획	他 다를 타 사람인변[亻(人)]부/총5획
庭 뜰 정 집엄[广]부/총10획	晝 낮 주 날일[日]부/총11획	天 하늘 천 큰대[大]부/총4획	打 칠 타 재방변[扌(手)]부/총5획
停 머무를 정 사람인변[亻(人)]부/총11획	注 부을 주 삼수변[氵(水)]부/총10획	川 내 천 개미허리[巛]부/총3획	卓 높을 탁 열십[十]부/총8획
情 뜻 정 심방변[忄(心)]부/총11획	州 고을 주 개미허리[巛]부/총6획	鐵 쇠 철 쇠금[金]부/총21획	炭 숯 탄 불화[火]부/총9획
政 정사 정 등글월문[攵(攴)]부/총9획	週 주일 주 책받침[辶(辵)]부/총12획	靑 푸를 청 푸를청[靑]부/총8획	太 클 태 큰대[大]부/총4획
程 한도/길 정 벼화[禾]부/총12획	走 달릴 주 달릴주[走]부/총7획	淸 맑을 청 삼수변[氵(水)]부/총11획	態 모습 태 마음심[心]부/총14획
精 정할(淨) 정 쌀미[米]부/총14획	竹 대 죽 대죽[竹]부/총6획	請 청할 청 말씀언[言]부/총15획	宅 집 택 갓머리[宀]부/총6획
弟 아우 제 활궁[弓]부/총7획	準 준할 준 삼수변[氵(水)]부/총13획	體 몸 체 뼈골[骨]부/총23획	土 흙 토 흙토[土]부/총3획
第 차례 제 대죽[竹]부/총11획	中 가운데 중 뚫을곤[丨]부/총4획	草 풀 초 초두[艹(艸)]부/총9획	通 통할 통 책받침[辶(辵)]부/총11획
題 제목 제 머리혈[頁]부/총18획	重 무거울 중 마을리[里]부/총9획	初 처음 초 칼도[刀]부/총7획	統 거느릴 통 실사[糸]부/총12획
制 절제할 제 선칼도방[刂(刀)]부/총8획	衆 무리 중 피혈[血]부/총12획	寸 마디 촌 마디촌[寸]부/총3획	退 물러날 퇴 책받침[辶(辵)]부/총10획
提 끌 제 재방변[扌(手)]부/총12획	增 더할 증 흙토[土]부/총15획	村 마을 촌 나무목[木]부/총7획	特 특별할 특 소우[牛]부/총10획
濟 건널 제 삼수변[氵(水)]부/총17획	地 따 지 흙토[土]부/총6획	總 다 총 실사[糸]부/총17획	波 물결 파 삼수변[氵(水)]부/총8획
祭 제사 제 보일시[示]부/총11획	紙 종이 지 실사[糸]부/총10획	銃 총 총 쇠금[金]부/총14획	破 깨뜨릴 파 돌석[石]부/총10획
製 지을 제 옷의[衣]부/총14획	止 그칠 지 그칠지[止]부/총4획	最 가장 최 가로왈[曰]부/총12획	板 널 판 나무목[木]부/총8획
除 덜 제 좌부변[阝(阜)]부/총10획	知 알 지 화살시[矢]부/총8획	秋 가을 추 벼화[禾]부/총9획	八 여덟 팔 여덟팔[八]부/총2획
際 즈음(때)/가(邊) 제 좌부변[阝(阜)]부/총14획	志 뜻 지 마음심[心]부/총7획	祝 빌 축 보일시[示]부/총10획	敗 패할 패 등글월문[攵(攴)]부/총11획
祖 할아비 조 보일시[示]부/총10획	指 가리킬 지 재방변[扌(手)]부/총9획	築 쌓을 축 대죽[竹]부/총16획	便 편할 편/똥오줌 변 사람인변[亻(人)]부/총9획
朝 아침 조 달월[月]부/총12획	支 지탱할 지 지탱할지[支]부/총4획	蓄 모을 축 초두[艹(艸)]부/총13획	平 평평할 평 방패간[干]부/총5획
操 잡을 조 재방변[扌(手)]부/총16획	至 이를 지 이를지[至]부/총6획	春 봄 춘 날일[日]부/총9획	包 쌀 포 쌀포[勹]부/총5획
調 고를 조 말씀언[言]부/총15획	直 곧을 직 눈목[目]부/총8획	出 날 출 입벌릴감[凵]부/총5획	布 베/펼 포/보시 보 수건건[巾]부/총5획
助 도울 조 힘력[力]부/총7획	職 직분 직 귀이[耳]부/총18획	充 채울 충 어진사람인[儿]부/총6획	砲 대포 포 돌석[石]부/총10획
早 이를 조 날일[日]부/총6획	眞 참 진 눈목[目]부/총10획	忠 충성 충 마음심[心]부/총8획	暴 사나울 폭/모질 포 날일[日]부/총15획
造 지을 조 책받침[辶(辵)]부/총11획	進 나아갈 진 책받침[辶(辵)]부/총12획	蟲 벌레 충 벌레충[虫]부/총18획	表 겉 표 옷의[衣]부/총8획
鳥 새 조 새조[鳥]부/총11획	質 바탕 질 조개패[貝]부/총15획	取 가질 취 또우[又]부/총8획	票 표 표 보일시[示]부/총11획
足 발 족 발족[足]부/총7획	集 모일 집 새추[隹]부/총12획	測 헤아릴 측 삼수변[氵(水)]부/총12획	品 물건 품 입구[口]부/총9획

風 바람 풍 바람풍[風]부/총9획	害 해할 해 갓머리[宀]부/총10획	惠 은혜 혜 마음심[心]부/총12획	活 살 활 삼수변[氵(水)]부/총9획
豊 풍년 풍 콩두[豆]부/총13획	解 풀 해 뿔각[角]부/총13획	號 이름 호 범호밑[虍]부/총13획	黃 누를 황 누를황[黃]부/총12획
必 반드시 필 마음심[心]부/총5획	幸 다행 행 방패간[干]부/총8획	湖 호수 호 삼수변[氵(水)]부/총12획	會 모일 회 날일[日]부/총13획
筆 붓 필 대죽[竹]부/총12획	行 다닐 행/항렬 항 다닐행[行]부/총6획	呼 부를 호 입구[口]부/총8획	回 돌아올 회 에울위[口]부/총6획
下 아래 하 한일[一]부/총3획	向 향할 향 입구[口]부/총6획	好 좋을 호 계집녀[女]부/총6획	孝 효도 효 아들자[子]부/총7획
夏 여름 하 뒤져올치[夂]부/총10획	鄕 시골 향 우부방[阝(邑)]부/총13획	戶 집 호 지게호[戶]부/총4획	效 본받을 효 등글월문[攵(攴)]부/총10획
河 물 하 삼수변[氵(水)]부/총8획	香 향기 향 향기향[香]부/총9획	護 도울 호 말씀언[言]부/총20획	後 뒤 후 두인변[彳]부/총9획
學 배울 학 아들자[子]부/총16획	許 허락할 허 말씀언[言]부/총11획	火 불 화 불화[火]부/총4획	訓 가르칠 훈 말씀언[言]부/총10획
韓 한국/나라 한 가죽위[韋]부/총17획	虛 빌 허 범호밑[虍]부/총12획	花 꽃 화 초두[++(艸)]부/총7획	休 쉴 휴 사람인변[亻(人)]부/총6획
漢 한나라/한수 한 삼수변[氵(水)]부/총14획	驗 시험할 험 말마[馬]부/총23획	話 말씀 화 말씀언[言]부/총13획	凶 흉할 흉 일벌임감[凵]부/총4획
寒 찰 한 갓머리[宀]부/총12획	現 나타날 현 임금왕[王(玉)]부/총11획	和 화할 화 입구[口]부/총8획	黑 검을 흑 검을흑[黑]부/총12획
限 한정 한 좌부변[阝(阜)]부/총9획	賢 어질 현 조개패[貝]부/총15획	畫 그림 화/그을 획 밭전[田]부/총12획	吸 마실 흡 입구[口]부/총7획
合 합할 합 입구[口]부/총6획	血 피 혈 피혈[血]부/총6획	化 될 화 비수비[匕]부/총4획	興 일[盛] 흥 절구구[臼]부/총16획
港 항구 항 삼수변[氵(水)]부/총12획	協 화할 협 열십[十]부/총8획	貨 재물 화 조개패[貝]부/총11획	希 바랄 희 수건건[巾]부/총7획
航 배 항 배주[舟]부/총10획	兄 맏 형 어진사람인[儿]부/총5획	確 굳을 확 돌석[石]부/총15획	
海 바다 해 삼수변[氵(水)]부/총10획	形 모양 형 터럭삼[彡]부/총7획	患 근심 환 마음심[心]부/총11획	

4級Ⅱ 쓰기 400字(5級 配定漢字 500字 中 400字)

ㄱ 家歌價角各間感江强開客車格見決結京敬界計高苦古告工公空功共科果課過關觀光廣校敎交九口球區舊具國局軍郡根近金今急級氣記旗己基

ㄴ 南男內女年念農能

ㄷ 多短團答堂當大代對待德道圖度到讀獨東動洞同冬童頭登等

ㄹ 樂朗來良旅力歷練例禮老路勞綠類流六陸里理利李林立

ㅁ 萬望每面名命明母木目門文問聞物米美民

ㅂ 朴反半班發方放白百番法變別病兵服福本奉父夫部北分不

ㅅ 四事社使仕死士史山算産三上相商色生西書夕石席先線仙鮮雪說姓成省性世歲洗小少所消速束孫水手數樹首宿順術習勝市時始食植式識信身新神臣室失實心十

ㅇ 兒惡安愛野夜弱藥約洋陽養語言業然英永五午溫王外要勇用右雨友運雲園遠元月偉有由油育銀音飮邑意醫衣二以人一日任入

ㅈ 自子字者昨作長場章才在財材的電全前戰典傳展節切店正庭定情弟第題祖朝調足族卒種左主住注晝週州中重紙地知直質集

ㅊ 着參窓責川千天靑淸體草寸村秋春出充親七

ㅌ 太宅土通特

ㅍ 八便平表品風必筆

ㅎ 下夏學韓漢合海害幸行向現兄形號火話花和晝化活黃會孝效後訓休凶

✖ 섞음한자 사용법

섞음漢字를 사용하는 목적은 배정漢字 과정을 끝냈지만, 아직 암기되지 못한 漢字들을 무작위로 섞어서 읽을 수 있게 함으로써 확실하게 머리 속에 암기하기 위한 것이다. 다시 말하자면, 배정漢字 완결판이라고 할 수 있다.

배정한자는 가, 나, 다 순으로 나열되어 있어서 입담으로 읽기는 쉽지만 그 글자들이 漢字 급수시험이나 다른 책, 신문, 기타 출판물에 실려있을 땐 읽지 못한 경우가 허다하다. 그러나 섞음漢字 과정을 끝내면 그런 일은 없을 것이다.

❖ 사용법 ❖

1
우리나라에서 사용된 漢字로 약 2만개 정도의 漢字語(單語)가 조성되고 1급 3,500 字를 기준으로 약 1만단어, 4Ⅱ 750字를 기준으로 약 일천오백단어가 造成된다고 할 수 있는데, '섞음漢字' 750字를 정확히 읽을 수 있도록 연마(훈련)함으로써 일만삼천개의 單語(漢字語)를 정확히 읽고 讀音을 쓸 수 있는 근본적인 힘(능력)이 완성될 뿐만이 아니라 漢字語 쓰기에도 지대한 영향이 미치게 됨이 오랜 세월 동안 실제 체험학습을 통해 증명되고 있습니다.

2
먼저 11쪽부터의 배정漢字 750字 과정을 적당히 써보고 읽을 줄 안 다음 섞음 漢字를 시작합니다. '섞음漢字'를 익힐 때는 가로나 세로를 통해서 잘 읽을 수 있 도록 연습합니다. 섞음漢字 속에서 모르는 글자는 번호를 확인하여 섞음漢字訓音 표에서 찾아 암기하도록 합니다. 검사할 때 틀린 글자는 세 번씩 쓰고 암기토록 합니다. 讀音쓰기와 訓·音쓰기를 할 때도 필요하다고 느낄 때는 몇 차례 더 해줌 으로써 '완전하다' 하겠습니다. 특히 시험 몇일전에는 가위로 잘라서 검사하면 그 래도 모르는 글자가 나옵니다. 이것마저 알 수 있게 된다면 완벽해지는 것입니다. 그러므로 모든 유형별 학습에 큰 영향이 미치게 되는 것입니다.

3
18쪽 '섞음漢字훈음표'에 적힌 번호와 19쪽 '섞음漢字'에 적힌 번호는 서로 같 으므로 섞음漢字속의 모르는 글자는 섞음漢字훈음표를 보고 찾아 확인할 수 있습니다.

4
'섞음漢字'를 다 끝내면 21쪽 반의결합어부터 차근차근 해 나갑니다. 모든 학생의 경우 예상문제를 풀어가는 도중에도 독음과 훈음문제를 합해서 3문제 이상 틀릴 때는 '섞음漢字' 검사를 해주면 좋습니다.

어문회 4급 II '섞음漢字' 訓·音표 (배정漢字 추가분 250字)

4급 II 배정漢字는 5급 500字에다 새로운 250字를 추가해서 750字입니다. ※5급 '섞음한자' 500자는 5급 책 속에 있음.

1 街 거리 가	26 起 일어날 기	51 連 이을 련	76 邊 가 변	101 設 베풀 설	126 詩 시 시	151 員 인원 원	176 提 끌 제	201 察 살필 찰	226 暴 사나울 폭 모질 포
2 假 거짓 가	27 暖 따뜻할 난	52 列 벌일 렬	77 報 갚을 보 알릴 보	102 星 별 성	127 試 시험 시	152 衛 지킬 위	177 制 절제할 제	202 創 비롯할 창	227 票 표 표
3 減 덜 감	28 難 어려울 난	53 錄 기록할 록	78 步 걸음 보	103 聖 성인 성	128 是 이 시 옳을 시	153 爲 할 위	178 際 즈음 제 가 제	203 處 곳 처	228 豐 풍년 풍
4 監 볼 감	29 怒 성낼 노	54 論 논할 론	79 寶 보배 보	104 盛 성할 성	129 息 쉴 식	154 肉 고기 육	179 除 덜 제	204 請 청할 청	229 限 한정 한
5 康 편안 강	30 努 힘쓸 노	55 留 머무를 류	80 保 지킬 보	105 聲 소리 성	130 申 납(원숭이) 신	155 恩 은혜 은	180 祭 제사 제	205 總 다 총	230 航 배 항
6 講 욀 강	31 斷 끊을 단	56 律 법 률	81 復 회복할 복 다시 부	106 城 재 성	131 深 깊을 심	156 陰 그늘 음	181 製 지을 제	206 銃 총 총	231 港 항구 항
7 個 낱 개	32 端 끝 단	57 滿 찰 만	82 府 마을 부	107 誠 정성 성	132 眼 눈 안	157 應 응할 응	182 助 도울 조	207 蓄 모을 축	232 解 풀 해
8 檢 검사할 검	33 檀 박달나무 단	58 脈 줄기 맥	83 婦 며느리 부	108 細 가늘 세	133 暗 어두울 암	158 義 옳을 의	183 鳥 새 조	208 築 쌓을 축	233 鄕 시골 향
9 潔 깨끗할 결	34 單 홑 단	59 毛 터럭 모	84 副 버금 부	109 稅 세금 세	134 壓 누를 압	159 議 의논할 의	184 早 이를 조	209 蟲 벌레 충	234 香 향기 향
10 缺 이지러질 결	35 達 통달할 달	60 牧 칠 목	85 富 부자 부	110 勢 형세 세	135 液 진액 액	160 移 옮길 이	185 造 지을 조	210 忠 충성 충	235 虛 빌 허
11 慶 경사 경	36 擔 멜 담	61 武 호반 무	86 佛 부처 불	111 素 본디 소 흴 소	136 羊 양 양	161 益 더할 익	186 尊 높을 존	211 取 가질 취	236 驗 시험 험
12 警 깨우칠 경	37 黨 무리 당	62 務 힘쓸 무	87 備 갖출 비	112 掃 쓸 소	137 如 같을 여	162 引 끌 인	187 宗 마루 종	212 測 헤아릴 측	237 賢 어질 현
13 境 지경 경	38 帶 띠 대	63 味 맛 미	88 飛 날 비	113 笑 웃음 소	138 餘 남을 여	163 印 도장 인	188 走 달릴 주	213 治 다스릴 치	238 血 피 혈
14 經 지날 경	39 隊 무리 대	64 未 아닐 미	89 悲 슬플 비	114 續 이을 속	139 逆 거스를 역	164 認 알 인	189 竹 대 죽	214 置 둘 치	239 協 화합할 협
15 係 맬 계	40 導 인도할 도	65 密 빽빽할 밀	90 非 아닐 비	115 俗 풍속 속	140 演 펼 연	165 障 막을 장	190 準 준할 준	215 齒 이 치	240 惠 은혜 혜
16 故 연고 고	41 督 감독할 독	66 博 넓을 박	91 貧 가난할 빈	116 送 보낼 송	141 研 갈 연	166 將 장수 장	191 衆 무리 중	216 侵 침노할 침	241 護 도울 호
17 官 벼슬 관	42 毒 독 독	67 防 막을 방	92 謝 사례할 사	117 收 거둘 수	142 煙 연기 연	167 低 낮을 저	192 增 더할 증	217 快 쾌할 쾌	242 呼 부를 호
18 求 구할 구	43 銅 구리 동	68 房 방 방	93 師 스승 사	118 修 닦을 수	143 榮 영화 영	168 敵 대적할 적	193 指 가리킬 지	218 態 모습 태	243 戶 집 호
19 句 글귀 구	44 斗 말 두	69 訪 찾을 방	94 寺 절 사	119 受 받을 수	144 藝 재주 예	169 田 밭 전	194 志 뜻 지	219 統 거느릴 통	244 好 좋을 호
20 究 연구할 구	45 豆 콩 두	70 配 나눌 배 짝 배	95 舍 집 사	120 授 줄 수	145 誤 그르칠 오	170 絶 끊을 절	195 至 이를 지	220 退 물러날 퇴	245 貨 재물 화
21 宮 집 궁	46 得 얻을 득	71 背 등 배	96 殺 죽일 살 감할 쇄	121 守 지킬 수	146 玉 구슬 옥	171 接 이을 접	196 支 지탱할 지	221 破 깨뜨릴 파	246 確 굳을 확
22 權 권세 권	47 燈 등 등	72 拜 절 배	97 狀 형상 상 문서 장	122 純 순수할 순	147 往 갈 왕	172 程 한도 정 길 정	197 職 직분 직	222 波 물결 파	247 回 돌아올 회
23 極 다할 극	48 羅 벌일 라	73 罰 벌할 벌	98 常 떳떳할 상	123 承 이을 승	148 謠 노래 요	173 政 정사 정	198 進 나아갈 진	223 砲 대포 포	248 吸 마실 흡
24 禁 금할 금	49 兩 두 량	74 伐 칠 벌	99 床 상 상	124 施 베풀 시	149 容 얼굴 용	174 精 정할(깨끗할) 정	199 眞 참 진	224 布 베 포 보시 보	249 興 일 흥
25 器 그릇 기	50 麗 고울 려	75 壁 벽 벽	100 想 생각 상	125 視 볼 시	150 圓 둥글 원	175 濟 건널 제	200 次 버금 차	225 包 쌀 포	250 希 바랄 희

怒 29	罰 73	復 81	暗 133	航 230	築 208	議 159	悲 89	律 56	師 93
房 68	製 181	續 114	血	侵 238	毛 216	障 59	收 165	申 117	深 130 131
希 250	缺 10	移 160	修 118	官 17	宮 21	忠 210	非 90	講 6	未 64
蓄 207	壁 75	城 106	故 16	素 111	尊 186	貧 91	確 246	背 71	治 213
潔 9	俗 115	施 124	將 166	務 62	牧 60	列 52	斷 31	限 229	破 221
低 167	解 232	指 193	圓 150	麗 50	細 108	置 214	伐 74	印 163	聖 103
造 185	往 147	取 211	努 30	寶 79	驗 236	早 184	端 32	認 164	擔 36
防 67	報 77	貨 245	味 63	職 197	港 231	謝 92	惠 240	導 40	息 129
受 119	總 205	黨 37	義 158	恩 155	竹 189	至 195	純 122	眞 199	減 3
達 35	志 194	布 224	衛 152	呼 242	密 65	承 123	次 200	回 247	絶 170
祭 180	富 85	步 78	演 140	程 172	戶 243	接 171	吸 248	應 157	逆 139
玉 146	設 101	銃 206	守 121	督 41	論 54	提 176	詩 126	謠 148	如 137
毒 42	誠 107	星 102	處 203	單 34	銅 43	退 220	錄 53	引 162	員 151

師 93	律 56	悲 89	議 159	築 208	航 230	暗 133	復 81	罰 73	怒 29
深 131	申 130	收 117	障 165	毛 59	侵 216	血 238	續 114	製 181	房 68
未 64	講 6	非 90	忠 210	宮 21	官 17	修 118	移 160	缺 10	希 250
治 213	背 71	確 246	貧 91	尊 186	素 111	故 16	城 106	壁 75	蓄 207
破 221	限 229	斷 31	列 52	牧 60	務 62	將 166	施 124	俗 115	潔 9
聖 103	印 163	伐 74	置 214	細 108	麗 50	圓 150	指 193	解 232	低 167
擔 36	認 164	端 32	早 184	驗 236	寶 79	努 30	取 211	往 147	造 185
息 129	導 40	惠 240	謝 92	港 231	職 197	味 63	貨 245	報 77	防 67
減 3	眞 199	純 122	至 195	竹 189	恩 155	義 158	黨 37	總 205	受 119
絶 170	回 247	次 200	承 123	密 65	呼 242	衛 152	布 224	志 194	達 35
逆 139	應 157	吸 248	接 171	戶 243	程 172	演 140	步 78	富 85	祭 180
如 137	謠 148	詩 126	提 176	論 54	督 41	守 121	銃 206	設 101	玉 146
員 151	引 162	錄 53	退 220	銅 43	單 34	處 203	星 102	誠 107	毒 42

※ 현 상태에서 가로나 세로를 좇아서 읽기를 반복하여 거의 읽을 수 있도록 합니다.
여기 '섞음漢字'에 쓰인 번호와 앞부분에 있는 '섞음漢字 訓音表'와 번호가 같으므로 틀린 글자는 확인하여 3번씩 쓰고 암기합니다.

增 192	敵 168	帶 38	起 26	街 1	統 219	常 98	備 87	砲 223	博 66
掃 112	餘 138	藝 144	檀 33	助 182	權 22	護 241	濟 175	留 55	煙 142
創 202	佛 86	求 18	態 218	婦 83	肉 154	脈 58	是 128	連 51	寺 94
勢 110	虛 235	請 204	床 99	蟲 209	府 82	係 15	精 174	副 84	快 217
香 234	測 212	經 14	陰 156	走 188	益 161	武 61	想 100	個 7	波 222
協 239	送 116	康 5	難 28	假 2	誤 145	訪 69	笑 113	稅 109	境 13
檢 8	慶 11	進 198	斗 44	衆 191	句 19	除 179	支 196	液 135	容 149
邊 76	保 80	際 178	究 20	準 190	制 177	政 173	滿 57	壓 134	飛 88
狀 97	殺 96	賢 237	舍 95	宗 187	極 23	豊 228	眼 132	隊 39	授 120
田 169	硏 141	盛 104	得 46	暖 27	包 225	警 12	兩 49	視 125	爲 153
豆 45	鄕 233	暴 226	察 201	配 70	試 127	好 244	鳥 183	監 4	燈 47
票 227	禁 24	齒 215	興 249	拜 72	羊 136	羅 48	器 25	榮 143	聲 105

博 66	砲 223	備 87	常 98	統 219	街 1	起 26	帶 38	敵 168	增 192
煙 142	留 55	濟 175	護 241	權 22	助 182	檀 33	藝 144	餘 138	掃 112
寺 94	連 51	是 128	脈 58	肉 154	婦 83	態 218	求 18	佛 86	創 202
快 217	副 84	精 174	係 15	府 82	蟲 209	床 99	請 204	虛 235	勢 110
波 222	個 7	想 100	武 61	盆 161	走 188	陰 156	經 14	測 212	香 234
境 13	稅 109	笑 113	訪 69	誤 145	假 2	難 28	康 5	送 116	協 239
容 149	液 135	支 196	除 179	句 19	衆 191	斗 44	進 198	慶 11	檢 8
飛 88	壓 134	滿 57	政 173	制 177	準 190	究 20	際 178	保 80	邊 76
授 120	隊 39	眼 132	豊 228	極 23	宗 187	舍 95	賢 237	殺 96	狀 97
爲 153	視 125	兩 49	警 12	包 225	暖 27	得 46	盛 104	研 141	田 169
燈 47	監 4	鳥 183	好 244	試 127	配 70	察 201	暴 226	鄕 233	豆 45
聲 105	榮 143	器 25	羅 48	羊 136	拜 72	興 249	齒 215	禁 24	票 227

🔰 반의결합어 (反義結合語) ━━━ 서로 반대(상대)되는 뜻을 지닌 字끼리 합해진 漢字語(單語)

※ 두 글자 中 최소한 어느 한쪽 글자는 쓰기 배정漢字 400字(16쪽) 내에서 출제됩니다.

江山(물 강, 뫼 산)	東西(동녘 동, 서녘 서)	上下(위 상, 아래 하)	自至(부터 자, 이를 지)
强弱(강할 강, 약할 약)	得失(얻을 득, 잃을 실)	善惡(착할 선, 악할 악)	長短(긴 장, 짧을 단)
去來(갈 거, 올 래)	勞使(일할 로, 부릴 사)	先後(먼저 선, 뒤 후)	將卒(장수 장, 군사 졸)
京鄕(서울 경, 시골 향)	老少(늙을 로, 젊을 소)	成敗(이룰 성, 패할 패)	將兵(장수 장, 군사 병)
輕重(가벼울 경, 무거울 중)	陸海(뭍 륙, 바다 해)	續切(이을 속, 끊을 절)	前後(앞 전, 뒤 후)
高低(높을 고, 낮을 저)	利害(이로울 리, 해로울 해)	手足(손 수, 발 족)	正誤(바를 정, 잘못 오)
古今(예 고, 이제 금)	明暗(밝을 명, 어두울 암)	順逆(좇을 순, 거스릴 역)	朝夕(아침 조, 저녁 석)
苦樂(쓸 고, 즐길 락)	問答(물을 문, 대답할 답)	勝負(이길 승, 질 부)	祖孫(할아비 조, 손자 손)
曲直(굽을 곡, 곧을 직)	文武(글월 문, 호반 무)	始終(처음 시, 끝 종)	左右(왼 좌, 오른 우)
骨肉(뼈 골, 살 육)	物心(물건 물, 마음 심)	始末(처음 시, 끝 말)	主客(주인 주, 손 객)
功過(공 공, 허물 과)	班常(양반 반, 상사람 상)	新舊(새 신, 옛 구)	晝夜(낮 주, 밤 야)
官民(벼슬 관, 백성 민)	發着(떠날 발, 다다를 착)	心身(마음 심, 몸 신)	集配(모을 집, 나눌 배)
敎學(가르칠 교, 배울 학)	方圓(모 방, 둥글 원)	言行(말씀 언, 행실 행)	春秋(봄 춘, 가을 추)
君臣(임금 군, 신하 신)	本末(밑 본, 끝 말)	與野(참여할 여, 민간 야)	出入(나갈 출, 들 입)
吉凶(길할 길, 흉할 흉)	夫婦(남편 부, 아내 부)	溫冷(따뜻할 온, 찰 랭)	虛實(헛될 허, 참될 실)
男女(사내 남, 계집 녀)	分合(나눌 분, 합할 합)	往來(갈 왕, 올 래)	好惡(좋을 호, 나쁠 악)
南北(남녘 남, 북녘 북)	死生(죽을 사, 살 생)	遠近(멀 원, 가까울 근)	和戰(화할 화, 싸울 전)
多少(많을 다, 적을 소)	師弟(스승 사, 제자 제)	有無(있을 유, 없을 무)	黑白(검을 흑, 흰 백)
當落(마땅할 당, 떨어질 락)	死活(죽을 사, 살 활)	陰陽(그늘 음, 볕 양)	
大小(큰 대, 작을 소)	山河(뫼 산, 물 하)	因果(인할 인, 실과 과)	
都農(도읍 도, 농사 농)	殺生(죽일 살, 살 생)	自他(스스로 자, 남 타)	

※ 다음 漢字와 뜻이 反對, 또는 相對되는 漢字를 ( )에 적어 漢字語를 완성하시오. (정답은 27쪽)

1. 大 ↔ (　　)
2. 輕 ↔ (　　)
3. 將 ↔ (　　)
4. 得 ↔ (　　)
5. 善 ↔ (　　)
6. 先 ↔ (　　)
7. 春 ↔ (　　)
8. 上 ↔ (　　)
9. 左 ↔ (　　)
10. 男 ↔ (　　)
11. 手 ↔ (　　)
12. 敎 ↔ (　　)
13. 功 ↔ (　　)
14. 主 ↔ (　　)
15. 晝 ↔ (　　)
16. 死 ↔ (　　)
17. 殺 ↔ (　　)
18. 老 ↔ (　　)
19. 冷 ↔ (　　)
20. 學 ↔ (　　)
21. 江 ↔ (　　)
22. 利 ↔ (　　)
23. 往 ↔ (　　)
24. 分 ↔ (　　)
25. (　　) ↔ 使
26. (　　) ↔ 近
27. 本 ↔ (　　)
28. (　　) ↔ 落
29. (　　) ↔ 低
30. (　　) ↔ 敗
31. (　　) ↔ 誤
32. (　　) ↔ 武
33. (　　) ↔ 逆
34. (　　) ↔ 終
35. (　　) ↔ 末
36. (　　) ↔ 鄕

37. 問 ↔ (　　)
38. 師 ↔ (　　)
39. 死 ↔ (　　)
40. 南 ↔ (　　)
41. 水 ↔ (　　)
42. 遠 ↔ (　　)
43. 前 ↔ (　　)
44. 官 ↔ (　　)
45. 古 ↔ (　　)
46. 東 ↔ (　　)
47. 朝 ↔ (　　)
48. (　　) ↔ 至
49. 和 ↔ (　　)
50. 出 ↔ (　　)
51. 曲 ↔ (　　)
52. 冬 ↔ (　　)
53. 陸 ↔ (　　)
54. 物 ↔ (　　)
55. 吉 ↔ (　　)
56. (　　) ↔ 敗
57. (　　) ↔ 冷
58. (　　) ↔ 往
59. (　　) ↔ 配
60. (　　) ↔ 孫
61. (　　) ↔ 來
62. (　　) ↔ 他
63. (　　) ↔ 着
64. (　　) ↔ 暗
65. (　　) ↔ 終
66. (　　) ↔ 婦
67. (　　) ↔ 弱
68. (　　) ↔ 樂
69. (　　) ↔ 臣
70. (　　) ↔ 負
71. 都 ↔ (　　)
72. (　　) ↔ 常
73. 新 ↔ (　　)
74. (　　) ↔ 圓
75. 心 ↔ (　　)
76. (　　) ↔ 白
77. 與 ↔ (　　)
78. 長 ↔ (　　)
79. 好 ↔ (　　)
80. 朝 ↔ (　　)
81. 陰 ↔ (　　)
82. 虛 ↔ (　　)

27쪽의 정답

① 算 ② 別 ③ 邑 ④ 品 ⑤ 書, 過, 歷 ⑥ 里 ⑦ 大 ⑧ 在 ⑨ 典, 式 ⑩ 童 ⑪ 王 ⑫ 術 ⑬ 望 ⑭ 立 ⑮ 體
⑯ 良 ⑰ 順 ⑱ 獨 ⑲ 章 ⑳ 和 ㉑ 別 ㉒ 識 ㉓ 歲 ㉔ 直 ㉕ 識 ㉖ 術 ㉗ 戰 ㉘ 變 ㉙ 休 ㉚ 具 ㉛ 樹 ㉜ 歌
㉝ 空 ㉞ 養 ㉟ 溫 ㊱ 家 ㊲ 音 ㊳ 心 ㊴ 歌 ㊵ 士, 卒 ㊶ 習 ㊷ 遠 ㊸ 宅 ㊹ 本 ㊺ 洋 ㊻ 冷 ㊼ 福 ㊽ 同 ㊾ 目
㊿ 話 �51 用 �52 木, 林 �53 兵, 士, 卒 �54 實 �55 道, 路 �56 告 �57 界 �58 仕 �59 訓 �60 任 �61 名 �62 數 �63 會
�64 作 �65 記 �66 文, 書 �67 軍, 士 �68 道 �69 過 �70 過 �71 衣 �72 偉 �73 發 �74 具 �75 圖

✖ 유의결합어 (類義結合語) ──────── 유의(유사)字끼리 합해진 單語

※ 두 글자 중 최소한 어느 한쪽 글자는 4II 쓰기 배정漢字(5급 배정漢字中 400字) 내에서 출제됨 (16쪽)

家屋(집 가, 집 옥)	談話(말씀 담, 말씀 화)	書寫(쓸 서, 베낄 사)
家宅(집 가, 집 택)	道路(길 도, 길 로)	善良(착할 선, 어질 량)
歌曲(노래 가, 가락 곡)	都市(도읍 도, 저자 시)	設立(세울 설, 설 립)
歌謠(노래 가, 노래 요)	都邑(도읍 도, 고을 읍)	授與(줄 수, 줄 여)
歌唱(노래 가, 노래 창)	到達(이를 도, 이를 달)	樹林(나무 수, 수풀 림)
街路(거리 가, 길 로)	到着(이를 도, 다다를 착)	樹木(나무 수, 나무 목)
街道(거리 가, 길 도)	圖畵(그림 도, 그림 화)	順序(차례 순, 차례 서)
强健(굳셀 강, 굳셀 건)	洞里(마을 동, 마을 리)	身體(몸 신, 몸 체)
建立(세울 건, 설 립)	旅客(나그네 려, 손님 객)	心情(마음 심, 뜻 정)
結果(맺을 결, 열매 과)	練習(익힐 련, 익힐 습)	實果(열매 실, 열매 과)
結實(맺을 결, 열매 실)	利益(이로울 리, 더할 익)	眼目(눈 안, 눈 목)
境界(지경 경, 지경 계)	文句(글월 문, 글귀 구)	言語(말씀 언, 말씀 어)
競爭(다툴 경, 다툴 쟁)	文章(글월 문, 글월 장)	硏究(갈 연, 궁리할 구)
計量(셀 계, 헤아릴 량)	文書(글월 문, 글 서)	永遠(길 영, 멀 원)
計算(셀 계, 셀 산)	門戶(문 문, 문 호)	完全(완전할 완, 온전할 전)
過去(지날 과, 갈 거)	物件(물건 물, 물건 건)	要求(구할 요, 구할 구)
過失(허물 과, 잘못 실)	法規(법 법, 법 규)	要望(구할 요, 바랄 망)
果實(열매 과, 열매 실)	法則(법 법, 법칙 칙)	運動(움직일 운, 움직일 동)
光明(빛 광, 밝을 명)	法律(법 법, 법칙 률)	偉大(클 위, 클 대)
交代(주고받을 교, 바꿀 대)	變改(변할 변, 고칠 개)	肉身(몸 육, 몸 신)
交際(사귈 교, 사귈 제)	變化(변할 변, 될 화)	肉體(몸 육, 몸 체)
敎訓(가르칠 교, 가르칠 훈)	兵士(군사 병, 군사 사)	衣服(옷 의, 옷 복)
區分(구분할 구, 나눌 분)	兵卒(군사 병, 군사 졸)	音樂(노래 음, 노래 악)
根本(뿌리 근, 근본 본)	奉仕(받들 봉, 섬길 사)	音聲(소리 음, 소리 성)
急速(급할 급, 빠를 속)	思考(생각할 사, 생각할 고)	子息(아들 자, 아들 식)
技術(재주 기, 재주 술)	事務(일 사, 일 무)	場所(마당 장, 곳 소)
年歲(해 년, 해 세)	事業(일 사, 업 업)	災害(재앙 재, 해할 해)
單獨(홑 단, 홀로 독)	生産(날 생, 낳을 산)	財貨(재물 재, 재물 화)
單一(홑 단, 한 일)	生活(살 생, 살 활)	戰爭(싸울 전, 싸울 쟁)

切斷(끊을 절, 끊을 단) 唱歌(노래 창, 노래 가) 河川(물 하, 내 천)

停留(머무를 정, 머무를 류) 責任(맡을 책, 맡을 임) 河海(물 하, 바다 해)

停止(머무를 정, 그칠 지) 淸潔(깨끗할 청, 깨끗할 결) 限界(한정 한, 지경 계)

正直(바를 정, 바를 직) 靑綠(푸를 청, 푸를 록) 寒冷(찰 한, 찰 랭)

調和(고를 조, 화할 화) 村落(마을 촌, 마을 락) 解放(풀 해, 놓을 방)

終末(끝 종, 끝 말) 出産(날 출, 낳을 산) 海洋(바다 해, 큰바다 양)

種子(씨 종, 씨 자) 出生(날 출, 날 생) 幸福(다행 행, 복 복)

知識(알 지, 알 식) 充滿(찰 충, 찰 만) 虛空(빌 허, 빌 공)

眞實(참 진, 참 실) 快樂(쾌할 쾌, 즐거울 락) 形狀(형상 형, 형상 상)

質問(물을 질, 물을 문) 快速(빠를 쾌, 빠를 속) 確固(굳을 확, 굳을 고)

集團(모을 집, 모을 단) 平和(화친할 평, 화목할 화) 休息(쉴 휴, 쉴 식)

參與(참여할 참, 더불 여) 敗北(패할 패, 달아날 배) 希望(바랄 희, 바랄 망)

※ 다음 漢字와 뜻이 같거나 비슷한 漢字를 (   )에 적어 漢字語를 완성하시오. (정답은 27쪽에 있음)

1. 運 [　]　　2. 結 [　]　　3. 境 [　]　　4. [　] 益　　5. [　] 謠

6. 偉 [　]　　7. 果 [　]　　8. 希 [　]　　9. [　] 聲　　10. [　] 宅

11. 肉 [　]　　12. 都 [　]　　13. 村 [　]　　14. [　] 樂　　15. [　] 失

16. 災 [　]　　17. 敎 [　]　　18. 解 [　]　　19. [　] 息　　20. [　] 達

21. 眞 [　]　　22. 單 [　]　　23. 虛 [　]　　24. [　] 貨　　25. [　] 際

26. 質 [　]　　27. 眼 [　]　　28. [　] 活　　29. [　] 留　　30. [　] 代

31. 唱 [　]　　32. 樹 [　]　　33. [　] 律　　34. [　] 戶　　35. [　] 務

36. 出 [　]　　37. 設 [　]　　38. [　] 規　　39. [　] 識　　40. [　] 語

41. 快 [　]　　42. 兵 [　]　　43. [　] 洋　　44. [　] 團　　45. [　] 序

46. 敗 [　]　　47. 文 [　]　　48. [　] 狀　　49. [　] 仕　　50. [　] 産

51. 限 [　]　　52. 要 [　]　　53. [　] 斷　　54. [　] 綠　　55. [　] 求

56. 練 [　]　　57. [　] 潔

유의결합어 문제 익히기

※ 다음 漢字와 뜻이 같거나 비슷한 漢字를 ( )에 적어 漢字語를 완성하시오.(정답은 24쪽에 있음)

1. 計 － (　　)
2. 分 － (　　)
3. 郡 － (　　)
4. 物 － (　　)
5. 經 － (　　)
6. 村 － (　　)
7. 偉 － (　　)
8. 存 － (　　)
9. 法 － (　　)
10. 兒 － (　　)
11. 君 － (　　)
12. 技 － (　　)
13. 希 － (　　)
14. 建 － (　　)
15. 身 － (　　)
16. 賢 － (　　)
17. (　　) － 序
18. 單 － (　　)
19. 文 － (　　)
20. 調 － (　　)
21. 分 － (　　)
22. 認 － (　　)
23. 年 － (　　)
24. 正 － (　　)
25. 知 － (　　)
26. 藝 － (　　)
27. (　　) － 爭
28. (　　) － 化
29. (　　) － 息
30. (　　) － 備
31. (　　) － 林
32. (　　) － 謠
33. (　　) － 虛
34. (　　) － 育
35. (　　) － 暖
36. (　　) － 屋
37. (　　) － 聲
38. (　　) － 情
39. (　　) － 曲

※ 다음 漢字와 같은 뜻의 漢字를 (　　)에 적어 單語를 만드시오.(정답은 24쪽에 있음)

40. 兵 (　　)
41. 練 (　　)
42. 永 (　　)
43. 家 (　　)
44. 根 (　　)
45. 海 (　　)
46. 寒 (　　)
47. 幸 (　　)
48. 共 (　　)
49. 眼 (　　)
50. 談 (　　)
51. 費 (　　)
52. 樹 (　　)
53. 軍 (　　)
54. 果 (　　)
55. 街 (　　)
56. 報 (　　)
57. 境 (　　)
58. 奉 (　　)
59. 敎 (　　)
60. 擔 (　　)
61. 號 (　　)
62. 算 (　　)
63. 社 (　　)
64. 製 (　　)
65. (　　) 錄
66. (　　) 句
67. (　　) 兵
68. (　　) 路
69. (　　) 失
70. (　　) 去
71. (　　) 服
72. (　　) 大
73. (　　) 展
74. (　　) 備
75. (　　) 畫

24쪽의 정답

① 小 ② 重 ③ 卒, 兵 ④ 失 ⑤ 惡 ⑥ 後 ⑦ 秋 ⑧ 下 ⑨ 右 ⑩ 女 ⑪ 足 ⑫ 學 ⑬ 過 ⑭ 客 ⑮ 夜 ⑯ 活, 生
⑰ 生 ⑱ 少 ⑲ 溫 ⑳ 訓 ㉑ 山 ㉒ 害 ㉓ 來 ㉔ 合 ㉕ 勞 ㉖ 遠 ㉗ 末 ㉘ 當 ㉙ 高 ㉚ 勝, 成 ㉛ 正 ㉜ 文 ㉝ 順
㉞ 始 ㉟ 本, 始 ㊱ 京 ㊲ 答 ㊳ 弟 ㊴ 生, 活 ㊵ 北 ㊶ 火 ㊷ 近 ㊸ 後 ㊹ 民 ㊺ 今 ㊻ 西 ㊼ 夕 ㊽ 自 ㊾ 戰 ㊿ 入
51 直 52 夏 53 海 54 心 55 凶 56 成, 勝 57 溫 58 來 59 集 60 祖 61 去 62 自 63 發 64 明 65 始 66 夫 67 强
68 苦 69 君 70 勝 71 農 72 班 73 舊 74 方 75 身 76 黑 77 野 78 短 79 惡 80 夕 81 陽 82 實

26쪽의 정답

① 動 ② 果, 實 ③ 界 ④ 利 ⑤ 歌 ⑥ 大 ⑦ 實 ⑧ 望 ⑨ 音 ⑩ 家 ⑪ 體, 身 ⑫ 邑, 市 ⑬ 落 ⑭ 音
⑮ 過 ⑯ 害 ⑰ 訓 ⑱ 放 ⑲ 休, 子 ⑳ 到, 通 ㉑ 實 ㉒ 一, 獨 ㉓ 空 ㉔ 財 ㉕ 交 ㉖ 問 ㉗ 目 ㉘ 生
㉙ 停 ㉚ 交 ㉛ 歌 ㉜ 林, 木 ㉝ 法 ㉞ 門 ㉟ 事, 業 ㊱ 生 ㊲ 立 ㊳ 法 ㊴ 知 ㊵ 言 ㊶ 樂, 速
㊷ 卒, 士 ㊸ 海 ㊹ 集 ㊺ 順 ㊻ 北 ㊼ 章, 句, 書 ㊽ 形 ㊾ 奉 ㊿ 生 51 界 52 望 53 切 54 靑 55 要
56 習 57 淸

활음조현상(滑音調現象)

미끄러질 활(滑), 소리 음(音), 고를 조(調)

'활음조'는, 소리를 미끄러지듯 부드럽게 골라주는 현상이란 뜻입니다.

활음조현상은 발음하기가 어렵고 듣기 거슬리는 소리에 어떤 소리를 더하거나 바꾸어, 발음하기가 쉽고 듣기 부드러운 소리로 되게 하는 음운 현상입니다.

음조를 부드럽게 하기 위하여 ㄴ음이 ㄹ로 바뀌거나, 발음을 쉽게 하기 위하여 ㄹ음이 ㄴ따위로 바뀌는 현상이 활음조현상입니다.

두음법칙(頭音法則)도 활음조현상의 일종입니다.(6, 5, 4Ⅱ, 4급에 수록)

활음조현상은 'ㄴ, ㄹ'이 '모음이나 유성자음(주로 'ㄴ')' 뒤에 연결될 때 이루어집니다.

大怒(대노) ― 대로	寒暖(한난) ― 한란	龜裂(균렬) ― 균열
困難(곤난) ― 곤란	喜怒(희노) ― 희로	優劣(우렬) ― 우열
受諾(수낙) ― 수락	六月(육월) ― 유월	先烈(선렬) ― 선열
許諾(허낙) ― 허락	十月(십월) ― 시월	系列(계렬) ― 계열
議論(의론) ― 의논	智異山(지이산) ― 지리산	陳列(진렬) ― 진열
論難(논난) ― 논란	漢拏山(한나산) ― 한라산	
千兩(천량) ― 천냥	規律(규률) ― 규율	

◆이체자(異體字) ― 모양만 다를 뿐 서로 같은 글자

裡(속 리) ― 裏	煙(연기 연) ― 烟	針(바늘 침) ― 鍼
糧(양식 량) ― 粮	研(갈 연) ― 硏	恥(부끄러울 치) ― 耻
免(면할 면) ― 免	映(비칠 영) ― 暎	歎(탄식할 탄) ― 嘆
幷(합할 병) ― 并	豫(미리 예) ― 預	兎(토끼 토) ― 兔
祕(숨길 비) ― 秘	吊(조상할 조) ― 弔	效(본받을 효) ― 効
盃(잔 배) ― 杯	讚(기릴 찬) ― 讃	
疏(소통할 소) ― 疎		

家具 — [家口] : 주거와 생계를 같이 하는 단위

街道 — [家道] : 집안 살림을 하여가는 방도

加法 — [家法] : 한 집안의 법도

假死 — [家事] : 살림을 꾸려나가는 일

加產 — [家產] : 한 집안의 재산

假數 — [歌手] : 노래 부르는 것을 업으로 삼는 사람

家電 — [家傳] : 집안 대대로 내려옴

假定 — [家庭] : 한 가족을 단위로 하여 이루어진 생활공동체

各計 — [各界] : 사회의 각 분야

角者 — [各者] : 제각기

感傳 — [感電] : 전기가 통하고 있는 물체에 몸이 닿아 충격을 받음

强飮 — [强音] : 강한 소리

强風 — [江風] : 강바람

改敎 — [開校] : 새로 세운 학교에서 처음으로 수업을 시작함

開房 — [開放] : 열어 놓음

開市 — [開始] : 처음으로 시작함

開化 — [開花] : 꽃이 핌

結義 — 決議 — [決意] : 굳게 뜻을 정함

古家 — 古歌 — [高價] : 높은 가격

古代 — [苦待] : 몹시 기다림

古都 — [高度] : 높은 정도

古寺 — 故事 — [古史] : 오래된 역사

古俗 — [高速] : 고속도의 준말

古詩 — 考試 — [告示] : 글로써 널리 알림

固守 — [高手] : 바둑이나 장기에서 수가 높음

故人 — [古人] : 옛사람

工高 — [公告] : 세상에 널리 알림

工科 — [功過] : 공로와 허물

公使 — [工事] : 토목·건축 등의 일

國家 — [國歌] : 한 국가를 대표하는 노래

國師 — 國史 — [國事] : 나라에 관한 일

給水 — [級數] : 일정한 차례로 늘어 놓은 수열

農歌 — [農家] : 농업으로 생계를 꾸려가는 가정

農功 — [農工] : 농업과 공업

農器 — [農期] : 농사철

農婦 — [農夫] : 농사를 짓는 사람

農舍 — [農事] : 농사를 짓는 일

單身 — [短身] : 작은 키의 몸

當局 — [當國] : 이 나라, 그 나라

當職 — [當直] : 숙직, 일직 등의 당번이 됨

大家 — [代價] : 물건 값으로 치르는 돈

對局 — [大國] : 국력이 강하거나 국토가 넓은 나라

待期 — 大器 — [大氣] : 지구 주위를 둘러싸고 있는 기체

大都 — [大道] : 큰 길

大利 — [代理] : 남을 대신하여 일을 처리함

大寒 — [對韓] : 한국에 대한 일

同文 — [東門] : 동쪽에 있는 문

童詩 — [同時] : 같은 때나 시기

萬古 — [萬苦] : 온갖 괴로움

明明 — [命名] : 이름을 붙임

名文 — 明文 — [名門] : 뼈대 있는 가문

名詩 — [明示] : 분명하게 나태내 보임

武器 — [無期] : 기한이 없음

美式 — [美食] : 좋은 음식을 먹음

半感 — [反感] : 반대하거나 반항하는 감정

半身 — [半信] : 반쪽 믿음

防衛 — [方位] : 어떠한 쪽의 위치

百花 — [白花] : 흰꽃

變通 — [便通] : 변비로 잘 나오지 아니하던 똥이 잘 나오게 함

兵士 — 兵舍 — [病死] : 병으로 죽음

不定 — [不正] : 바르지 아니함

思考 — 事故 — [四苦] : 인생의 네가지 고통

死記 — 士氣 — [史記] : 역사적인 사실을 적어놓은 책

社名 — [使命] : 맡겨진 임무

謝絶 — [使節] : 나라를 대표하여 외국에 파견된 사람

上告 — [上古] : 오랜 옛날

相議 — [上衣] : 윗옷

商戶 — [商號] : 상인이 영업상 자기를 나타내는 데 쓰는 이름

消火 — [消化] : 음식물의 삭힘

續行 — [速行] : 빨리감

首都 — [水道] : 상수도의 준말, 뱃길 또는 물길

受動 — [手動] : 손으로 움직임

受賞 — 水上 — [首相] : 국무총리

詩歌 — [市價] : 시장의 가격

試寫 — [時事] : 그 당시에 일어난 세상의 여러 가지 일

時調 — [始祖] : 한겨레의 가장 처음이 되는 조상

神藥 — 新約 — [新藥] : 새로이 제조 판매되는 약

實査 — [實事] : 사실로 있는 일

實數 — [失手] : 부주의로 잘못을 저지름

實業 — [失業] : 생업을 잃음

洋式 — [良識] : 올바른 판단력을 갖춘 높은 식견

兩者 — [養子] : 입양에 의해서 자식의 자격을 얻은 사람

力士 — [歷史] : 인류사회의 변천과 흥망의 과정

禮文 — [例文] : 예로써 드는 문장

誤傳 — [午前] : 상오(上午)

容器 — [勇氣] : 씩씩하고 굳센 기운

右手 — [雨水] : 빗물

肉聲 — [育成] : 양성

理解 — [利害] : 이익과 손해

字母 — [子母] : 아들과 어머니

自手 — [自首] : 자진하여 수사기관에 자기의 범죄사실을 알림

低俗 — [低速] : 낮은 속도

戰果 — [前科] : 전에 형벌을 받은 사실

前期 — [電氣] : 전자의 이동으로 생기는 에너지의 한 형태

全道 — [傳道] : 불신자에게 신앙을 가지도록 인도하는 일

電線 — [戰線] : 전시에 배치한 전투 부대의 배치선

戰時 — [展示] : 벌이어 보임

停職 — [正直] : 마음이 바르고 곧음

造船 — [朝鮮] : 우리나라 상고시대의 국명

地區 — [地球] : 인류가 살고 있는 천체

靑山 — [淸算] : 셈하여 깨끗이 정리함

初夜 — [草野] : 궁벽한 시골 땅

通貨 — [通話] : 말을 서로 주고 받음

風俗 — [風速] : 바람이 부는 속도

寒食 — 韓式 — [韓食] : 한국식의 음식

化工 — [畫工] : 직업적으로 그림을 그리는 사람

化合 — [和合] : 화목하게 합함

會長 — [會場] : 회의를 하는 장소

※ 다음 漢字語와 讀音은 같으나 뜻이 다른 漢字語(同音異義語)를 쓰시오.(정답은 32쪽에 있음)

1. 街道 － (　　　　) : 집안 살림을 하여가는 방도

2. 謝絶 － (　　　　)節 : 나라를 대표하여 외국에 파견한 사람

3. 古家 － (　　　) : 높은 가격

4. 開房 － 開(　　　) : 열어 놓음

5. 詩歌 － 市(　　　) : 시장의 가격

6. 各計 － (　　　) : 사회의 각 분야

7. 假死 － 家(　　　) : 살림을 꾸려 나가는 일

8. 通貨 － (　　　) : 말을 서로 주고 받음

9. 開市 － 開(　　　) : 처음으로 시작함

10. 工高 － (　　　) : 세상에 널리 알림

11. 理解 － (　　　) : 이익과 손해

12. 半減 － 反(　　　) : 반대하거나 반항하는 감정

13. 農婦 － (　　　) : 농사를 짓는 사람

14. 首都 － (　　　) : 상수도의 준말, 뱃길 또는 물길

15. 初夜 － 草(　　　) : 궁벽한 시골땅

16. 童詩 － (　　　) : 같은 때나 시기

17. 禮文 － (　　　) : 예로써 드는 문장

18. 同文 － (　　　) : 동쪽에 있는 문

19. 待期 － 大(　　　) : 지구 주위를 둘러싸고 있는 기체

20. 武器 － 無(　　　) : 기한이 없음

21. 社名 － (　　　)命 : 맡겨진 임무

22. 工科 － (　　　) : 공로와 허물

23. 改敎 － (　　　)校 : 새로 세운 학교에서 처음으로 수업을 시작함

24. 古代 － (　　　) : 몹시 기다림

25. 大寒 － (　　　)韓 : 한국에 대한 일

26. 開化 － (　　　) : 꽃이 핌

27. 電線 － (　　　) : 전시에 배치한 전투 부대의 배치선

28. 造船 － (　　　)鮮 : 우리나라 상고시대의 국명

29. 前期 － (　　　) : 전자의 이동으로 생기는 에너지의 한 형태

30. 假數 － (　　　) : 노래 부르는 것을 업으로 삼는 사람

31. 明文 － (　　　) : 뼈대있는 가문

32. 事故 － (　　　) : 인생의 네가지 고통

33. 水上 － (　　　) : 국무총리

34. 會長 － 會(　　　) : 회의를 하는 장소

35. 上告 － (　　　) : 오랜 옛날

36. 實數 － (　　　)手 : 부주의로 잘못을 저지름

37. 全道 － (　　　)道 : 불신자에게 신앙을 가지도록 인도하는 일

38. 寒食 － (　　　)食 : 한국식의 음식

39. 古都 － (　　　) : 높은 정도

※ 다음 漢字語와 讀音은 같으나 뜻이 다른 漢字語(同音異義語)를 쓰시오.(정답은 31쪽에 있음)

1. 加産 － (　　　)産 : 한 집안의 재산

2. 半身 － (　　　) : 반쪽 믿음

3. 受動 － (　　　) : 손으로 움직임

4. 容器 － (　　　)氣 : 씩씩하고 굳센 기운

5. 時調 － (　　　)祖 : 한겨레의 가장 처음이 되는 조상

6. 固守 － (　　　) : 바둑이나 장기에서 수가 높음

7. 兩者 － (　　　)子 : 입양에 의해서 자식의 자격을 얻은 사람

8. 對局 － (　　　) : 국력이 강하거나 국토가 넓은 나라

9. 感傳 － (　　　) : 전기가 통하고 있는 물체에 몸이 닿아 충격을 받음

10. 農歌 － (　　　) : 농업으로 생계를 꾸려가는 가정

11. 士氣 － 史(　　　) : 역사적인 사실을 적어 놓은 책

12. 誤傳 － (　　　) : 상오(上午)

13. 大家 － 代(　　　) : 물건 값으로 치르는 돈

14. 給水 － 級(　　　) : 일정한 차례로 늘어놓은 수열

15. 力士 － (　　　) : 인류사회의 변천과 흥망의 과정

16. 大利 － (　　　) : 남을 대신하여 일을 처리함

17. 化合 － (　　　) : 화목하게 합함

18. 實業 － (　　　)業 : 생업을 잃음

19. 國家 － (　　　) : 한 국가를 대표하는 노래

20. 精氣 － (　　　)期 : 일정하게 정하여진 시기

21. 考試 － (　　　)示 : 글로써 널리 알림

22. 單身 － (　　　) : 작은 키의 몸

23. 私利 － (　　　) : 사물의 이치

24. 古俗 － 高(　　　) : 고속도의 준말

25. 洋式 － 良(　　　) : 올바른 판단력을 갖춘 높은 식견

26. 地區 － 地(　　　) : 인류가 살고 있는 천체

27. 風俗 － (　　　) : 바람이 부는 속도

28. 萬古 － (　　　) : 온갖 괴로움

29. 停職 － (　　　) : 마음이 바르고 곧음

30. 農功 － (　　　) : 농업과 공업

31. 强飮 － (　　　) : 강한 소리

32. 强風 － (　　　) : 강바람

33. 美式 － (　　　) : 좋은 음식을 먹음

34. 靑山 － 淸(　　　) : 셈하여 깨끗이 정리함

35. 右手 － (　　　) : 빗물

36. 防衛 － 方(　　　) : 어떠한 쪽의 위치

37. 農舍 － 農(　　　) : 농사를 짓는 일

38. 戰時 － (　　　) : 벌이어 보임

39. 消火 － (　　　) : 음식물을 삭힘

31쪽의 정답

① 家道 ② 使 ③ 高價 ④ 放 ⑤ 價 ⑥ 各界 ⑦ 事 ⑧ 通話 ⑨ 始 ⑩ 公告 ⑪ 利害 ⑫ 感 ⑬ 農夫 ⑭ 水道 ⑮ 草野 ⑯ 同時 ⑰ 例文 ⑱ 東門 ⑲ 氣 ⑳ 期 ㉑ 使 ㉒ 功過 ㉓ 開 ㉔ 苦待 ㉕ 對 ㉖ 開花 ㉗ 戰線 ㉘ 朝 ㉙ 電氣 ㉚ 歌手 ㉛ 名門 ㉜ 四苦 ㉝ 首相 ㉞ 場 ㉟ 上古 ㊱ 失 ㊲ 傳 ㊳ 韓 ㊴ 高度

四級Ⅱ 漢字語(단어) 쓰기 겸 활용 Ⅰ

※ 4급Ⅱ 쓰기문제는 5급 배정漢字中 400字內에서 출제됩니다.

※ 4급Ⅱ 쓰기범위내에서 Ⅰ·Ⅱ차로 중복되지 않게 나누어서 300단어 정도 수록하였습니다. 잘 쓸 수 있도록 되도록 많이 써 보면서 학습하시고, 또 이 단어들을 여러분의 언어생활에서 잘 활용할 수 있도록 뜻을 파악하며 익히세요.

※ 다음 단어들은 여러분이 흔히 듣고 사용한 말들입니다. 먼저 네모안에 들어 있는 단어들을 자주 읽어보고 이것들을 漢字로 쓸수 있도록 5회 이상 쓰고 익히세요.

◆ 가정에서 사용하는 말(단어)

> 가정, 가문, 가족, 조부모, 부친, 모친, 동생,
> 성명, 손자, 손녀, 남편, 형제, 친족, 삼촌,
> 입주, 초가, 후손, 신문, 외식, 동화, 정원,
> 대문

1. 家庭(가정)
   가족이 모여사는 집안

2. 家門(가문)
   대대로 이어져 내려온 집안

3. 家族(가족)
   집안 식구

4. 祖父(조부)
   할아버지

5. 父親(부친)
   아버지

6. 母親(모친)
   어머니

7. 同生(동생)
   아우나 손아래 누이

8. 姓名(성명)
   성과 이름

9. 孫子(손자)
   자녀의 아들

10. 孫女(손녀)
    자녀의 딸

11. 男便(남편)
    결혼하여 여자의 짝이 된 남자

12. 兄弟(형제)
    형과 아우

13. 親族(친족)
    촌수가 가까운 일가

14. 三寸(삼촌)
    아버지의 형제

15. 入住(입주)
    새로 지은 집에 들어가 삶

16. 草家(초가)
    볏짚, 밀짚 등으로 지붕을 이은 집

17. 後孫(후손)
    뒤의 자손

18. 新聞(신문)
    새로운 소식을 전달하는 간행물

19. 外食(외식)
    가정밖에서 음식을 사먹음

20. 童話(동화)
    어린이를 위하여 지은 이야기

21. 庭園(정원)
    집안의 뜰

22. 大門(대문)
    집의 정문

◆ 학교생활에서 사용하는 말(단어)

> 초등, 중등, 고등, 교육, 대학, 국어, 영어,
> 수학, 과학, 음악, 미술, 한자, 실과, 체육,
> 교훈, 정직, 애국, 교장, 선생, 여자, 남자,
> 전교, 교내, 학교, 학년, 재학, 독서, 미래,
> 발명, 등산, 운동, 작년, 야구, 금상, 반장,
> 국가, 대표, 출전, 지리, 생물, 학자, 과목,
> 공장, 견학, 자습, 문제, 화가, 학습, 교문

23. 初等(초등)
    맨 처음의 등급

24. 中等(중등)
    가운데 등급

25. 高等(고등)
    높은 등급

26. 教育(교육)
    가르치고 지도하는 일

27. 大學(대학)
    최고 교육기관

28. 國語(국어)
    어떤 나라의 국민 전체가 쓰는 말

29. 英語(영어)
    영국, 미국 등의 언어

30. 數學(수학)
    숫자와 기호를 다루는 학문

31. 科學(과학)
    확고한 경험적 사실을 근거로 하는 학문

32. 音樂(음악)
    노래에 관한 학문

33. 美術(미술)
    미를 조형적으로 형상화하는 예술

34. 漢字(한자)
    중국의 글자

35. 體育(체육)
    신체운동에 의한 교육

※ 다음 漢字語를 5회 이상 쓰고 익히세요.

36. 實科 (실과)
실지로 필요한것을 주로 한 과목

37. 敎訓 (교훈)
가르치고 타이름

38. 正直 (정직)
마음이 바르고 곧음

39. 愛國 (애국)
나라를 사랑함

40. 校長 (교장)
학교의 우두머리

41. 先生 (선생)
학생을 가르치는 사람

42. 女子 (여자)
여성인 사람

43. 男子 (남자)
남성인 사람

44. 全校 (전교)
한 학교의 전체

45. 校內 (교내)
학교의 안

46. 學校 (학교)
학생들이 공부하기 위해 만들어진 교육기관

47. 學年 (학년)
1년간의 학습과정의 단위

48. 在學 (재학)
학교에 적을 두고 공부함

49. 讀書 (독서)
책을 읽음

50. 未來 (미래)
장차 올 앞날

51. 發明 (발명)
아직까지 없던 새로운 것을 만들어냄

52. 父母 (부모)
아버지와 어머니

53. 登山 (등산)
산에 오름

54. 運動 (운동)
보건을 위하여 신체를 움직이는 일

55. 昨年 (작년)
지난해

56. 野球 (야구)
공을 가지고 9명씩 이루어진 두 팀이 각각 9회씩 공격과 수비를 하는 경기

57. 金賞 (금상)
금, 은, 동중의 1등상

58. 班長 (반장)
반의 일을 책임져 맡아보는 사람

59. 國家 (국가)
어떤 나라

60. 代表 (대표)
단체를 대신하여 일을 처리할수 있는 사람

61. 出戰 (출전)
싸우러 나감

62. 地理 (지리)
땅의 생긴 모양과 형편

63. 生物 (생물)
생명을 가진 동물과 식물 등

64. 學者 (학자)
학문을 연구하는 사람

65. 科目 (과목)
학문의 구분

66. 工場 (공장)
상품을 계속적으로 생산하는 곳

67. 見學 (견학)
실지로 보고 배움

68. 自習 (자습)
혼자의 힘으로 배워 익힘

69. 問題 (문제)
해답을 요구하는 질문

70. 畵家 (화가)
그림 그리는것을 직업으로 하는 사람

71. 學習 (학습)
배워서 익힘

72. 校門 (교문)
학교의 정문

◆ 자연(自然)에 관한 말

자연, 태양, 생명, 강, 하천, 해양, 산림, 식물, 동물, 지구, 유전, 전기, 광선, 토지, 천재, 정오, 오후, 천연, 식수, 백설, 동풍, 임야, 요산, 대기, 실과, 춘분, 하지, 추분, 동지, 태초, 산촌, 공기

73. 太陽 (태양)
해

74. 生命 (생명)
목숨

75. 江 (강)
넓고 길게 흐르는 큰 내

76. 河川 (하천)
시내, 강

77. 海洋 (해양)
큰바다

78. 山林 (산림)
산과 숲

79. 植物 (식물)
꽃, 풀, 나무 등

80. 動物 (동물)
움직이며 살아가는 생명체

81. 地球 (지구)
인류가 살고 있는 천체

82. 油田 (유전)
석유가 나는 곳

83. 電氣 (전기)
전자의 이동으로 생기는 에너지의 한 형태

84. 光線 (광선)
빛의 줄기

85. 土地 (토지)
땅이나 흙

86. 天災 (천재)
태풍, 지진, 홍수 따위

87. 正午 (정오)
낮의 12시

88. 午後 (오후)
낮 12시부터 밤 12시까지

89. 天然 (천연)
사람의 힘을 가하지 않고 저절로 된 상태

90. 植樹 (식수)
나무를 심음

91. 白雪 (백설)
흰 눈

92. 東風 (동풍)
동쪽에서 불어오는 바람

93. 林野 (임야)
숲과 들

94. 樂山 (요산)
산을 좋아함

95. 大氣 (대기)
지구 주위를 둘러싸고 있는 기체

96. 實果 (실과)
먹을 수 있는 초목의 열매

97. 春分 (춘분)
3월 21일경으로 밤낮의 길이가 같은 날

98. 夏至 (하지)
6월 21일경으로 낮의 길이가 가장 긴 날

99. 秋分 (추분)
9월 20일경으로 밤낮의 길이가 같은 날

100. 冬至 (동지)
12월 22일경으로 밤의 길이가 가장 긴 날

101. 太初 (태초)
우주의 시초

102. 空氣 (공기)
생물이 살아가는데 꼭 필요한 기체

103. 山村 (산촌)
산속에 있는 마을

◆ 국가에 관한 말

국가, 대한민국, 한국, 국민, 애국, 민족, 사신, 외교, 국군, 군인, 군기, 공군, 해군, 시민, 주민, 도민, 군민, 여군, 외국, 입국, 전쟁, 전사, 평화, 강군, 시장, 동장, 백성

104. 國家 (국가)
어느 한 나라

105. 國歌 (국가)
나라를 대표하는 노래

106. 大韓 (대한)
우리나라

107. 韓國 (한국)
우리나라

108. 國民 (국민)
나라의 백성

109. 民族 (민족)
오랜 세월동안 역사를 함께 이루고 살아온 백성

110. 外交 (외교)
다른나라와 사귀는 일

111. 使臣 (사신)
나라의 명을 받고 외국에 파견된 신하

112. 國軍 (국군)
나라의 군대

113. 軍人 (군인)
군사

114. 軍旗 (군기)
군대의 깃발

115. 空軍 (공군)
하늘을 지키는 군대

116. 海軍 (해군)
바다를 지키는 군대

117. 市民 (시민)
도시의 주민

118. 住民 (주민)
그 땅에 사는 백성

119. 道民 (도민)
그 도안에서 사는 사람

120. 郡民 (군민)
그 군안에서 사는 사람

121. 女軍 (여군)
여자 군인

122. 外國 (외국)
다른나라

123. 入國 (입국)
국경 안으로 들어옴

124. 戰爭 (전쟁)
국가와 국가사이의 무력에 의한 투쟁

125. 戰死 (전사)
전장에서 싸우다가 죽음

126. 平和 (평화)
평온하고 화목함

127. 强國 (강국)
경제력과 군사력이 뛰어난 나라

128. 市場 (시장)
상품을 사고 파는 장소

129. 市長 (시장)
시의 행정을 맡은 우두머리

130. 洞長 (동장)
동사무소의 우두머리

131. 百姓 (백성)
국민의 예스러운 말

◆ 교통, 건강에 관한 말

> 도로, 교통, 자동차, 신호, 운행, 녹색, 노상, 급속, 주유, 직립, 병자, 기운, 병석, 체력, 체중, 활력, 신장, 휴일, 노인, 노병, 병실, 약품, 자유, 영원, 편안

132. **道路** (도로)
사람, 자동차 등이 다니는 넓은 길

133. **交通** (교통)
사람이나 자동차 등이 이동하는 일

134. **自動車** (자동차)
동력에 의해 바퀴를 움직이는 차

135. **信號** (신호)
일정한 부호를 써서 의사를 통하는 방법

136. **運行** (운행)
운전하며 진행함

137. **綠色** (녹색)
초록색

138. **路上** (노상)
길 위

139. **急速** (급속)
매우 빠름

140. **注油** (주유)
자동차 등에 기름을 넣어줌

141. **直立** (직립)
꼿꼿이 바로 섬

142. **病者** (병자)
병에 걸린 사람

143. **氣運** (기운)
몸을 지탱하는 힘

144. **病席** (병석)
병자가 앓아누워 있는 자리

145. **體力** (체력)
몸의 힘

146. **體重** (체중)
몸의 무게

147. **活力** (활력)
살아움직이는 힘

148. **身長** (신장)
키

149. **休日** (휴일)
쉬는 날

150. **老人** (노인)
늙은이

151. **老病** (노병)
늙어서 병이 생김

152. **病室** (병실)
환자가 치료받는 방

153. **藥品** (약품)
약으로 만들어 놓은 것

154. **自由** (자유)
남에게 구속을 받거나 무엇에 얽매이지 않음

155. **永遠** (영원)
미래를 향하여 한없이 계속되는 일

156. **便安** (편안)
편하고 좋음

四級Ⅱ 漢字語(단어) 쓰기 겸 활용Ⅱ

※ 4급Ⅱ 쓰기문제는 5급 배정漢字 中 400字內에서 출제됩니다.

※ 4급Ⅱ 쓰기범위내에서 Ⅰ·Ⅱ차로 중복되지 않게 나누어서 300단어 정도 수록하였습니다. 따라서 틀린 문제는 여러 차례 써보면서 학습하시고 이 단어(漢字語)들의 뜻을 잘 파악하여 숙지하므로써 여러분의 언어능력에 잘 활용될 수 있도록 하세요.

※ 다음 漢字語를 漢字로 쓰시오.(정답은 38쪽에 있음) *틀린문제는 몇차례 써보고 쓰기 검사를 하세요.
   ☞ 쓰기검사방법 – 틀린문제의 讀音을 10개 이상 써놓고 그 밑에 漢字로 틀리지 않게 써야함.

1. **간식** : 끼니와 끼니 사이에 음식을 먹음 ─── (   )

2. **감기** : 바이러스로 말미암아 걸리는 호흡기 계통의 병 ─ (   )

3. **감동** : 깊이 느끼어 마음이 움직임 ─── (   )

4. **성공** : 뜻을 이룸 ─── (   )

5. **전공** : 싸움에서의 공로 ─── (   )

6. **국기** : 국가의 상징으로 정하여진 기 ─── (   )

7. **백기** : 항복의 표시로 쓰는 흰 기 ─── (   )

8. **다독** : 책을 많이 읽음 ─── (   )

9. **다재** : 재주가 많음 ─── (   )

10. **단신** : 키가 작음 ─── (   )

11. **단명** : 목숨이 짧음 ─── (   )

12. **대립** : 의견이나 처지 따위가 서로 반대됨 ─ (   )

13. **대면** : 서로 얼굴을 마주보고 대함 ─── (   )

14. **도화** : 그림과 도안 ─── (   )

15. **도서** : 글씨·그림·책 등의 총칭 ─── (   )

16. **도수** : 거듭하는 횟수 ─── (   )

17. **온도** : 따뜻함과 차가움의 정도 ─── (   )

18. **등급** : 위, 아래를 구별하는 등수 ─── (   )

19. **내세** : 죽은 후에 다시 태어나 산다는 미래의 세계 - (   )

20. **예문** : 예를 들어 보임 ─── (   )

※ 다음 漢字語를 漢字로 쓰시오.(정답은 38쪽에 있음)   * 틀린문제는 몇차례 써보고 쓰기검사를 하세요.

21. **예시** : 예를 들어 보임 ───── (   )
22. **이유** : 구실이나 변명 ───── (   )
23. **이자** : 화폐이용의 대가로서 지급하는 금전 (   )
24. **이용** : 이롭게 씀 ───── (   )
25. **입국** : 나라를 세움 ───── (   )
26. **입장** : 당하고 있는 처지 ───── (   )
27. **명명** : 이름을 지어 붙임 ───── (   )
28. **명중** : 겨냥한 곳에 바로 맞음 ───── (   )
29. **목전** : 눈 앞 ───── (   )
30. **문인** : 제자 ───── (   )
31. **물심** : 물질적인 것과 정신적인 것 ─── (   )
32. **미작** : 벼를 심고 가꾸고 거두는 일 ─── (   )
33. **반구** : 구의 절반 ───── (   )
34. **반백** : 흑백이 서로 반씩 섞인 머리털 ── (   )
35. **방식** : 일정한 방식이나 형식 ───── (   )
36. **방위** : 어떠한 쪽의 위치 ───── (   )
37. **방전** : 축전지에 저장된 전기를 방출하는 현상── (   )
38. **방심** : 마음을 다잡지 못하고 풀어 놓아 버림 (   )
39. **백설** : 흰 눈 ───── (   )
40. **대설** : 많은 눈 ───── (   )
41. **복약** : 약을 먹음 ───── (   )
42. **동복** : 겨울에 입는 옷 ───── (   )
43. **본국** : 자기의 국적이 있는 나라 ──── (   )
44. **본가** : 친정 ───── (   )
45. **부문** : 갈라 놓은 부류 ───── (   )
46. **부분** : 전체를 몇개로 나눈 것의 하나 ── (   )
47. **북한** : 남북으로 갈린 우리나라의 북쪽 ── (   )
48. **북창** : 북쪽으로 난 창 ───── (   )
49. **분명** : 흐리지 않고 똑똑함 ───── (   )
50. **분가** : 가족의 한 부분이 딴집에 나가 딴 살림을 차림 ─ (   )

51. **사업** : 일정한 목적과 계획을 이루기 위한 경제활동 (   )
52. **사회** : 같은 무리끼리 모여 이루는 집단── (   )
53. **사교** : 여러 사람이 모여 서로 교제함 ── (   )
54. **사별** : 여의어 이별함 ───── (   )
55. **사체** : 사람 또는 동물 따위의 죽은 몸뚱이 ── (   )
56. **석양** : 저녁 때의 햇빛 ───── (   )
57. **조석** : 아침과 저녁 ───── (   )
58. **성공** : 목적을 이룸 ───── (   )
59. **삼성** : 매일 세번 자신을 반성함 ──── (   )
60. **병석** : 병자가 눕는 자리 ───── (   )
61. **성장** : 자라서 점점 커짐 ───── (   )
62. **반성** : 자기의 과거 행위에 대하여 스스로 뉘우침 ─ (   )
63. **세계** : 지구상의 모든 나라 ───── (   )
64. **세상** : 사람이 살고있는 온누리 ──── (   )
65. **소국** : 작은 나라 ───── (   )
66. **소녀** : 키나 몸이 작은 여자 아이 ─── (   )
67. **수기** : 손수 적은 기록 ───── (   )
68. **수공** : 손으로 만든 공예 ───── (   )
69. **수림** : 나무가 우거진 숲 ───── (   )
70. **수목** : 살아 있는 나무 ───── (   )
71. **승리** : 겨루어 이김 ───── (   )
72. **승전** : 싸움에서 이김 ───── (   )
73. **미술** : 공간 및 시각의 미를 표현하는 예술 ── (   )
74. **도술** : 도가나 도사의 조화를 부리는 술 ── (   )
75. **학습** : 배워서 익힘 ───── (   )
76. **견습** : 남의 하는 일을 보고 익힘 ─── (   )
77. **시간** : 세월의 흐름 ───── (   )
78. **시방** : 지금 ───── (   )
79. **시동** : 처음으로 움직임 ───── (   )
80. **시작** : 처음으로 함 ───── (   )

38쪽의 정답

1.食口 2.過食 3.式場 4.神藥 5.神通 6.室外 7.室內 8.夜行 9.夜光 10.弱體 11.強弱 12.洋式 13.陽地 14.太陽 15.言語 16.言動 17.業體 18.業主 19.然後 20.王國 21.王命 22.用度 23.用語 24.右軍 25.右面 26.遠洋 27.遠近 28.公園 29.樂園 30.銀行 31.由來 32.理由 33.油田 34.石油 35.育成 36.意圖 37.意外 38.習字 39.活字 40.國章 41.旗章 42.天才 43.英才 44.題目 45.題號 46.族長 47.左右 48.左手 49.主體 50.主動 51.窓口 52.同窓 53.幸運 54.不幸 55.號室 56.號名 57.和親 58.和平 59.活動 60.活用

※ 다음 漢字語를 漢字로 쓰시오.(정답은 37쪽에 있음)　＊ 틀린문제는 몇차례 써보고 쓰기검사를 하세요.

1. 식구 : 한집안에서 같이 살며 끼니를 함께하는 사람 – (　　　)
2. 과식 : 지나치게 많이 먹음 ────── (　　　)
3. 식장 : 식을 올리는 장소 ────── (　　　)
4. 신약 : 신기하게 효험이 있는 약 ─── (　　　)
5. 신통 : 모든 일에 신기하게 통달함 ── (　　　)
6. 실외 : 건물 따위의 밖 ────── (　　　)
7. 실내 : 건물 따위의 안 ────── (　　　)
8. 야행 : 밤에 길을 감 ─────── (　　　)
9. 야광 : 밤에 빛나는 빛 ────── (　　　)
10. 약체 : 약한 몸 ──────── (　　　)
11. 강약 : 강함과 약함 ────── (　　　)
12. 양식 : 서양식 ──────── (　　　)
13. 양지 : 햇볕이 바로 드는 곳 ──── (　　　)
14. 태양 : 해 ───────── (　　　)
15. 언어 : 생각 느낌 따위를 소통하기 위한 음성 문자 따위의 수단 ─ (　　　)
16. 언동 : 언어와 행동 ────── (　　　)
17. 업체 : 사업이나 기업의 주체 ─── (　　　)
18. 업주 : 영업의 책임이나 권한을 가진 주인 ─ (　　　)
19. 연후 : 그러한 뒤 ─────── (　　　)
20. 왕국 : 왕을 통치자로 하는 나라 ── (　　　)
21. 왕명 : 왕의 명령 ─────── (　　　)
22. 용도 : 쓰임새 ──────── (　　　)
23. 용어 : 일정한 전문 분야에서 주로 사용하는 말 ─ (　　　)
24. 우군 : 자기와 같은 편인 군대 ─── (　　　)
25. 우면 : 오른쪽면 ─────── (　　　)
26. 원양 : 먼 바다 ─────── (　　　)
27. 원근 : 멀고 가까움 ────── (　　　)
28. 공원 : 대중의 휴양·유락 등을 위하여 조성된 사회시설 ─ (　　　)
29. 낙원 : 안락하게 살 수 있는 즐거운 곳 ─ (　　　)
30. 은행 : 예금을 맡아 관리하는 금융기관 ─ (　　　)

31. 유래 : 사물의 연유하여 온 바 ─── (　　　)
32. 이유 : 구실이나 변경 ────── (　　　)
33. 유전 : 석유가 나는 곳 ───── (　　　)
34. 석유 : 천연으로 지하에서 산출되는 가연성 광물성 기름 (　　　)
35. 육성 : 길러 자라게 함 ───── (　　　)
36. 의도 : 장차 하려는 계획 ───── (　　　)
37. 의외 : 생각밖 ──────── (　　　)
38. 습자 : 글자 쓰기를 익힘 ───── (　　　)
39. 활자 : 활판 인쇄에서 쓰이는 자형 ─ (　　　)
40. 국장 : 국가의 권위를 나타내는 휘장의 총칭 ─ (　　　)
41. 기장 : 국기·군기·깃발·교기 등의 총칭 ─ (　　　)
42. 천재 : 선천적으로 타고난 남보다 훨씬 뛰어난 재주·재능을 가진 사람 (　　　)
43. 영재 : 탁월한 재주를 지닌 사람 ── (　　　)
44. 제목 : 겉장에 쓴 책의 이름 ──── (　　　)
45. 제호 : 책 따위의 제목 ───── (　　　)
46. 족장 : 일족의 우두머리 ───── (　　　)
47. 좌우 : 왼쪽과 오른쪽 ────── (　　　)
48. 좌수 : 왼손 ───────── (　　　)
49. 주체 : 성질, 상태, 작용의 주(主) ── (　　　)
50. 주동 : 어떤 일에 주장이 되어 움직임 ─ (　　　)
51. 창구 : 창을 뚫어 놓은 곳 ───── (　　　)
52. 동창 : 같은 학교에서 배움 ──── (　　　)
53. 행운 : 좋은 운수 ─────── (　　　)
54. 불행 : 운수가 언짢음 ───── (　　　)
55. 호실 : 일정한 호수가 매겨진 방 ── (　　　)
56. 호명 : 이름을 부름 ────── (　　　)
57. 화친 : 서로 의좋게 지내는 정분 ── (　　　)
58. 화평 : 마음이 기쁘고 평안함 ─── (　　　)
59. 활동 : 기운차게 움직임 ───── (　　　)
60. 활용 : 충분히 잘 이용함 ───── (　　　)

36~37쪽의 정답

1.間食 2.感氣 3.感動 4.成功 5.戰功 6.國旗 7.白旗 8.多讀 9.多才 10.短身 11.短命 12.對立 13.對面 14.圖畫 15.圖書 16.度數 17.溫度 18.等級 19.來世 20.例文 21.例示 22.理由 23.利子 24.利用 25.立國 26.立場 27.名命 28.命中 29.目前 30.門人 31.物心 32.米作 33.半球 34.半白 35.方式 36.方位 37.放電 38.放心 39.白雪 40.大雪 41.服藥 42.冬服 43.本國 44.本家 45.部門 46.部分 47.北韓 48.北窓 49.分明 50.分家 51.事業 52.社會 53.社交 54.死別 55.死體 56.夕陽 57.朝夕 58.成功 59.三省 60.病席 61.成長 62.反省 63.世界 64.世上 65.小國 66.少女 67.手記 68.手工 69.樹林 70.樹木 71.勝利 72.勝戰 73.美術 74.道術 75.學習 76.見習 77.時間 78.時方 79.始動 80.始作

※ 다음 漢字語를 漢字로 쓰시오.(정답은 41쪽에 있음) * 틀린문제는 몇차례 써보고 쓰기검사를 하세요.
☞ 쓰기검사방법－틀린문제의 讀音을 10개 이상 써놓고 그 밑에 漢字로 틀리지 않게 써야함.

1. 동창 : 동쪽으로 난 창문‧‧‧‧‧‧‧‧‧‧‧‧( )
2. 편지 : 상대자에게 알리고자 하는 내용을 써서 보내는 글 ‧( )
3. 지기 : 자기를 잘 알아주는 친구‧‧‧‧‧‧‧( )
4. 양육 : 길러 자라게 함 ‧‧‧‧‧‧‧‧‧‧‧‧‧( )
5. 등장 : 무대나 장면에 나옴‧‧‧‧‧‧‧‧‧‧( )
6. 산소 : 무덤이 있는 곳 ‧‧‧‧‧‧‧‧‧‧‧‧( )
7. 절약 : 아끼어 씀‧‧‧‧‧‧‧‧‧‧‧‧‧‧‧‧( )
8. 공사 : 토목‧건축 등의 일 ‧‧‧‧‧‧‧‧‧( )
9. 활동 : 어떤 일을 하려고 기운있게 몸을 움직여 동작함 ‧( )
10. 종류 : 사물의 부분을 나누는 갈래‧‧‧‧‧( )
11. 현대 : 오늘의 시대 ‧‧‧‧‧‧‧‧‧‧‧‧‧( )
12. 합동 : 여럿이 모여 하나가 됨‧‧‧‧‧‧‧( )
13. 외교 : 외국과의 교제 ‧‧‧‧‧‧‧‧‧‧‧‧( )
14. 체격 : 몸의 생김새 ‧‧‧‧‧‧‧‧‧‧‧‧‧( )
15. 견문 : 보고 들음 ‧‧‧‧‧‧‧‧‧‧‧‧‧‧( )
16. 촌락 : 시골마을 ‧‧‧‧‧‧‧‧‧‧‧‧‧‧‧( )
17. 안주 : 자리잡고 편안히 삶‧‧‧‧‧‧‧‧‧( )
18. 장소 : 무엇이 있거나 일이 벌어지는 곳 ‧‧( )
19. 연장 : 나이가 자기보다 많음‧‧‧‧‧‧‧‧( )
20. 필사 : 죽음을 각오하고 행함‧‧‧‧‧‧‧‧( )
21. 작금 : 어제와 오늘 ‧‧‧‧‧‧‧‧‧‧‧‧‧( )
22. 공개 : 여러 사람에게 널리 터 놓음‧‧‧‧( )
23. 온도 : 덥고 추운 정도 ‧‧‧‧‧‧‧‧‧‧‧( )
24. 무효 : 효과가 없음 ‧‧‧‧‧‧‧‧‧‧‧‧‧( )
25. 견습 : 보고 익힘 ‧‧‧‧‧‧‧‧‧‧‧‧‧‧( )
26. 전력 : 모든 힘 ‧‧‧‧‧‧‧‧‧‧‧‧‧‧‧( )
27. 가격 : 돈으로 나타낸 상품의 가치‧‧‧‧‧( )
28. 도착 : 다다름 ‧‧‧‧‧‧‧‧‧‧‧‧‧‧‧‧( )

29. 실현 : 실지로 해보임 ‧‧‧‧‧‧‧‧‧‧‧‧( )
30. 문답 : 물음과 대답 ‧‧‧‧‧‧‧‧‧‧‧‧‧( )
31. 읍장 : 읍의 우두머리 ‧‧‧‧‧‧‧‧‧‧‧‧( )
32. 황해 : 우리나라의 서해바다 ‧‧‧‧‧‧‧‧( )
33. 천추 : 천년의 긴 세월 ‧‧‧‧‧‧‧‧‧‧‧( )
34. 현재 : 이제, 지금‧‧‧‧‧‧‧‧‧‧‧‧‧‧‧( )
35. 사명 : 맡겨진 임무 ‧‧‧‧‧‧‧‧‧‧‧‧‧( )
36. 마차 : 말이 끄는 수레 ‧‧‧‧‧‧‧‧‧‧‧( )
37. 훈련 : 무예나 기술을 배워 익힘‧‧‧‧‧‧( )
38. 법정 : 재판정 ‧‧‧‧‧‧‧‧‧‧‧‧‧‧‧‧( )
39. 문서 : 글로써 적어 표시함‧‧‧‧‧‧‧‧‧( )
40. 동창 : 같은 학교나 스승에게 배우는 사람 ‧( )
41. 농촌 : 농부들이 사는 마을‧‧‧‧‧‧‧‧‧( )
42. 유효 : 효과가 있음 ‧‧‧‧‧‧‧‧‧‧‧‧‧( )
43. 결승 : 최후의 승부를 결정함‧‧‧‧‧‧‧‧( )
44. 입문 : 스승을 따라 그 제자가 됨‧‧‧‧‧( )
45. 주택 : 사람이 들어 사는 집‧‧‧‧‧‧‧‧( )
46. 과수 : 과실나무 ‧‧‧‧‧‧‧‧‧‧‧‧‧‧( )
47. 상대 : 서로 마주봄 ‧‧‧‧‧‧‧‧‧‧‧‧‧( )
48. 신세 : 일신상의 처지나 형편‧‧‧‧‧‧‧‧( )
49. 재목 : 재료로 쓰는 나무 ‧‧‧‧‧‧‧‧‧‧( )
50. 가속 : 속도를 더함 ‧‧‧‧‧‧‧‧‧‧‧‧‧( )
51. 오전 : 밤 0시부터 낮 12시 이전 ‧‧‧‧‧( )
52. 교육 : 지식을 가르치고 품성과 체력을 기름‧( )
53. 회사 : 영리를 목적으로 설립된 사단법인 ‧‧( )
54. 유망 : 앞으로 잘 될 듯함‧‧‧‧‧‧‧‧‧‧( )
55. 해양 : 큰바다 ‧‧‧‧‧‧‧‧‧‧‧‧‧‧‧‧( )
56. 생계 : 살아갈 방도나 형편‧‧‧‧‧‧‧‧‧‧( )

40쪽의 정답

① 樂園 ② 先着 ③ 角度 ④ 母校 ⑤ 通過 ⑥ 商店 ⑦ 公共 ⑧ 充當 ⑨ 前後 ⑩ 名門 ⑪ 便利 ⑫ 運命
⑬ 溫情 ⑭ 敬老 ⑮ 內陸 ⑯ 再活 ⑰ 漢醫 ⑱ 火病 ⑲ 期必 ⑳ 團結 ㉑ 話術 ㉒ 勞苦 ㉓ 告白 ㉔ 每番
㉕ 決算 ㉖ 學者 ㉗ 使節 ㉘ 廣告 ㉙ 韓人 ㉚ 四寸 ㉛ 歌手 ㉜ 天然 ㉝ 字典 ㉞ 空間 ㉟ 音樂 ㊱ 可決
㊲ 孝道 ㊳ 高價 ㊴ 先見 ㊵ 友情 ㊶ 野望 ㊷ 畵家 ㊸ 計算 ㊹ 平安 ㊺ 發展 ㊻ 敎訓 ㊼ 作家 ㊽ 面目
㊾ 直言 ㊿ 古風 51 活氣 52 兒童 53 向上 54 集中 55 海流 56 雲集

※ 다음 漢字語를 漢字로 쓰시오.(정답은 39쪽에 있음) * 틀린문제는 몇차례 써보고 쓰기검사를 하세요.

1. 낙원 : 살기좋은 즐거운 장소 ··········( )
2. 선착 : 먼저 도착함 ·············( )
3. 각도 : 각의 크기 ··············( )
4. 모교 : 자기가 졸업한 학교 ········( )
5. 통과 : 통하여 지나감 ···········( )
6. 상점 : 물건 파는 가게 ···········( )
7. 공공 : 사회 일반이나 공중에 관계되는 것 ··( )
8. 충당 : 모자라는 것을 채움 ········( )
9. 전후 : 앞과 뒤 ···············( )
10. 명문 : 유명한 가문 ············( )
11. 편리 : 편하고 이로우며 이용하기 쉬움·( )
12. 운명 : 인간을 지배하는 필연적이고 초월적인 힘 ·( )
13. 온정 : 따뜻한 인정 ············( )
14. 경로 : 노인을 공경함 ···········( )
15. 내륙 : 바다에서 멀리 떨어져 있는 육지 ·( )
16. 재활 : 다시 활용함 ············( )
17. 한의 : 한방병원(醫院) ··········( )
18. 화병 : 울화병 ···············( )
19. 기필 : 꼭 이루어지길 바람·········( )
20. 단결 : 여러 사람이 한데 뭉침········( )
21. 화술 : 말하는 기교 ············( )
22. 노고 : 몸과 마음을 써서 애쓰는 일····( )
23. 고백 : 사실대로 말함 ···········( )
24. 매번 : 번번이 ···············( )
25. 결산 : 계산을 마감함 ···········( )
26. 학자 : 학문에 통달하거나 학문을 연구하는 사람·( )
27. 사절 : 나라를 대표하여 외국에 파견된 사람·( )
28. 광고 : 세상에 널리 알림············( )

29. 한인 : 한국 사람 ··············( )
30. 사촌 : 아버지 형제의 아들, 딸·······( )
31. 가수 : 노래 부르는 일을 직업으로 하는 사람 ·( )
32. 천연 : 자연 그대로의 상태··········( )
33. 자전 : 한문을 그뜻과 해석을 달아 모아놓은 책·( )
34. 공간 : 아무 것도 없이 비어 있는 곳 ··( )
35. 음악 : 인간의 감정을 악음을 소재로 나타낸 예술 ·( )
36. 가결 : 옳다고 결정함 ············( )
37. 효도 : 부모를 잘 섬기는 도리 ········( )
38. 고가 : 높은 가격 ·············( )
39. 선견 : 앞을 내다 봄 ············( )
40. 우정 : 친구 사이의 정 ···········( )
41. 야망 : 바라서는 아니될 일을 바라는 지나친 욕망·( )
42. 화가 : 그림을 그리는 일을 전문으로 하는 사람 ·( )
43. 계산 : 셈을 헤아림 ············( )
44. 평안 : 몸과 마음이 편안함··········( )
45. 발전 : 보다 좋은 상태로 되어감·······( )
46. 교훈 : 가르치고 깨우침 ··········( )
47. 작가 : 문학작품을 창작하는 일에 종사하는 사람·( )
48. 면목 : 얼굴, 체면 ·············( )
49. 직언 : 옳고 그름에 대하여 바로 말함 ·( )
50. 고풍 : 옛 풍속이나 모습 ·········( )
51. 활기 : 활발한 기운 ············( )
52. 아동 : 어린 아이 ·············( )
53. 향상 : 수준이 높아짐 ···········( )
54. 집중 : 한 곳에 모임 ············( )
55. 해류 : 일정한 방향으로 흐르는 바닷물 ·( )
56. 운집 : 구름처럼 많이 모임··········( )

41쪽의 정답

① 登山 ② 語調 ③ 形體 ④ 勞動 ⑤ 特別 ⑥ 活魚 ⑦ 通知 ⑧ 地球 ⑨ 反省 ⑩ 古典 ⑪ 萬福 ⑫ 英才
⑬ 臣下 ⑭ 線路 ⑮ 代理 ⑯ 所在 ⑰ 表現 ⑱ 大氣 ⑲ 同等 ⑳ 答禮 ㉑ 道德 ㉒ 凶作 ㉓ 過飮 ㉔ 合理
㉕ 番號 ㉖ 日課 ㉗ 工場 ㉘ 先發 ㉙ 書堂 ㉚ 傳記 ㉛ 奉仕 ㉜ 靑春 ㉝ 花園 ㉞ 話題 ㉟ 行事 ㊱ 立法
㊲ 晝夜 ㊳ 魚類 ㊴ 商道 ㊵ 路線 ㊶ 效果 ㊷ 定價 ㊸ 名所 ㊹ 交感 ㊺ 原價 ㊻ 林產 ㊼ 林野 ㊽ 失言
㊾ 客席 ㊿ 醫藥 51 朗讀 52 惡感 53 每週 54 明朗 55 衣服 56 飮食

※ 다음 漢字語를 漢字로 쓰시오.(정답은 40쪽에 있음) * 틀린문제는 몇차례 써보고 쓰기검사를 하세요.

1. 등산 : 산에 오름 ·····················(   )
2. 어조 : 말의 가락 ·····················(   )
3. 형체 : 물건의 모양 ···················(   )
4. 노동 : 힘써 일함 ·····················(   )
5. 특별 : 보통과 다름 ···················(   )
6. 활어 : 살아있는 물고기 ···············(   )
7. 통지 : 기별하여 알림 ·················(   )
8. 지구 : 인류가 살고 있는 천체········(   )
9. 반성 : 자기가 한 일을 스스로 돌이켜 살핌 ·(   )
10. 고전 : 옛날의 법식이나 의식·········(   )
11. 만복 : 온갖 복 ······················(   )
12. 영재 : 뛰어난 재능이나 능력을 가진 사람 ·(   )
13. 신하 : 임금을 섬기어 벼슬하는 사람 ··(   )
14. 선로 : 기차, 전차 등이 다니는 길·····(   )
15. 대리 : 남을 대신하여 일을 처리함 ····(   )
16. 소재 : 있는 곳 ·····················(   )
17. 표현 : 표면에 나타내 보임···········(   )
18. 대기 : 지구를 싸고 있는 공기········(   )
19. 동등 : 같은 등급 ···················(   )
20. 답례 : 남에게서 받은 예를 도로 갚는 일 ··(   )
21. 도덕 : 사람이 행하여야 할 도리·······(   )
22. 흉작 : 농작물이 잘 되지 않음········(   )
23. 과음 : 술을 지나치게 마심 ···········(   )
24. 합리 : 이치에 맞음 ··················(   )
25. 번호 : 차례를 나타내는 호수 ·········(   )
26. 일과 : 날마다 일정하게 하는 일 ······(   )
27. 공장 : 물건을 만드는 곳 ············(   )
28. 선발 : 먼저 출발함 ··················(   )
29. 서당 : 글방 ·························(   )
30. 전기 : 어떤 인물의 생애와 활동을 적은 기록·(   )
31. 봉사 : 자신을 돌보지 않고 남을 위해서 애써 일함·(   )
32. 청춘 : 20살 안팎의 젊은 나이 ·······(   )
33. 화원 : 꽃동산 ······················(   )
34. 화제 : 이야깃거리 ··················(   )
35. 행사 : 어떤 일을 시행함 ············(   )
36. 입법 : 법을 제정함 ··················(   )
37. 주야 : 낮과 밤 ·····················(   )
38. 어류 : 물고기의 종류 ···············(   )
39. 상도 : 상인의 도리 ·················(   )
40. 노선 : 버스등 교통기관이 다니는 일정한 길 ·(   )
41. 효과 : 보람있는 결과 ···············(   )
42. 정가 : 값을 매김 ···················(   )
43. 명소 : 이름난 장소 ·················(   )
44. 교감 : 서로 첩촉하여 느끼는 감정····(   )
45. 원가 : 본 값 ························(   )
46. 임산 : 산림의 산물 ·················(   )
47. 임야 : 나무가 늘어서 있는 넓은 땅 ··(   )
48. 실언 : 잘못한 말 ···················(   )
49. 객석 : 손님이 앉는 자리 ············(   )
50. 의약 : 병을 고치는데 쓰는 약 ·······(   )
51. 낭독 : 소리를 높혀 읽음 ············(   )
52. 악감 : 나쁜 느낌 ···················(   )
53. 매주 : 한 주일마다 ·················(   )
54. 명랑 : 맑고 밝음 ···················(   )
55. 의복 : 옷 ···························(   )
56. 음식 : 먹고 마시는 것 ··············(   )

家内工業	(가내공업)	집 안에 단순한 기술과 도구로써 작은 규모로 생산하는 수공업
家庭敎育	(가정교육)	어른들이 자녀들에게 주는 영향이나 가르침
各人各色	(각인각색)	사람마다 각기 다름
擧一反三	(거일반삼)	하나를 들면 셋으로 돌아옴. 스승에게 하나를 배우면 다른것까지도 터득해서 암
見物生心	(견물생심)	어떤 물건을 보았을 때 갖고 싶은 욕심이 생기는 것으로 소유욕을 경계하라는 뜻
決死反對	(결사반대)	죽을 것을 각오하고 있는 힘을 다하여 반대함.
敬老孝親	(경로효친)	어른을 공경하고 부모에게 효도함.
敬天愛人	(경천애인)	하늘을 공경하고 인간을 사랑함.
公明正大	(공명정대)	하는 일이나 행동이 떳떳하고 바름
敎學相長	(교학상장)	가르치고 배우면서 서로 성장함.
九死一生	(구사일생)	아홉 번 죽을 뻔하다 한 번 살아난다는 뜻으로, 죽을 고비를 여러차례 넘기고 겨우 살아남음을 뜻함.
今時初聞	(금시초문)	지금 처음으로 들음
南男北女	(남남북녀)	우리나라에서 남자는 남쪽지방 사람이 잘나고 여자는 북쪽 지방사람이 아름답다는 말
男女有別	(남녀유별)	남자와 여자 사이에 분별이 있어야 함
男女老少	(남녀노소)	남자와 여자, 늙은이와 젊은이
多才多能	(다재다능)	재주와 능력이 여러 가지로 많음
同生共死	(동생공사)	서로 같이 살고 같이 죽음
同苦同樂	(동고동락)	괴로움과 즐거움을 함께 함
東問西答	(동문서답)	물음과는 전혀 상관없는 엉뚱한 대답을 한다는 뜻
東西古今	(동서고금)	동양과 서양, 옛날이나 지금을 통틀어 하는 말
東西南北	(동서남북)	동쪽, 서쪽, 남쪽, 북쪽 모든 방향.
馬耳東風	(마이동풍)	말의 귀가 바람이 불어도 움직이지 않듯 남의 말을 귀담아 듣지 아니하고 지나쳐 버림
萬里長天	(만리장천)	아득이 높고 먼 하늘
門前成市	(문전성시)	찾아오는 사람이 많아 집 앞이 시장과 같다는 뜻
百年河淸	(백년하청)	아무리 오랜 시일이 지나도 어떤 일이 이루어지기 어렵다는 뜻
白面書生	(백면서생)	공부만 하고 세상일에는 전혀 경험이 없는 사람
百發百中	(백발백중)	백 번 쏘아 백 번 맞힌다는 뜻으로 하는 일마다 모두 잘됨.

✖ 사자성어 (四字成語)

한자	독음	뜻
白衣民族	(백의민족)	흰옷을 좋아하는 민족이라는 뜻으로, 우리 민족을 뜻함.
百戰百勝	(백전백승)	싸울 때마다 다 이김
奉仕活動	(봉사활동)	남을 위하여 힘껏 도와줌.
父母兄弟	(부모형제)	아버지, 어머니, 형, 아우
父子有親	(부자유친)	아버지와 아들 사이는 친함이 있어야 함.
不問曲直	(불문곡직)	옳고 그름을 묻지 아니함.
氷山一角	(빙산일각)	아주 많은 것 중에 조그마한 부분
四方八方	(사방팔방)	여기저기 모든 방향이나 방면
山戰水戰	(산전수전)	세상의 온갖 고생과 어려움을 다 겪었음을 이르는 말
山川草木	(산천초목)	산과 내와 풀과 나무
三寒四溫	(삼한사온)	사흘 동안 춥고 나흘 동안 따뜻한 우리나라의 겨울 날씨
上下左右	(상하좌우)	위, 아래, 왼쪽, 오른쪽 방향
生老病死	(생로병사)	사람이 나고 늙고 병들고 죽는 네 가지 고통을 뜻함.
生死苦樂	(생사고락)	삶과 죽음, 괴로움과 즐거움을 통틀어 이르는 말
身土不二	(신토불이)	우리 나라 땅에서 나는 농산물이 우리 몸에 좋다는 뜻
十中八九	(십중팔구)	열가운데 여덟이나 아홉 정도로 거의 대부분을 의미함.
樂山樂水	(요산요수)	자연을 즐기고 좋아함
勇氣百倍	(용기백배)	격려나 응원 따위에 힘을 얻어서 용기를 더 냄
雨順風調	(우순풍조)	비가 오고 바람이 부는것이 때와 분량이 알맞음
有口無言	(유구무언)	입은 있어도 말은 없다는 뜻으로, 변명을 못함을 이르는 말
耳目口鼻	(이목구비)	귀, 눈, 입, 코

🔯 사자성어 (四字成語)

以心傳心	(이심전심)	마음과 마음으로 서로 뜻이 통함.
人命在天	(인명재천)	사람의 목숨은 하늘에 달려 있다는 말
人山人海	(인산인해)	사람이 수없이 많이 모인 상태를 이르는 말
一口二言	(일구이언)	한 입으로 두 말을 한다는 뜻으로, 한 가지 일에 대하여 말을 이랬다저랬다 함을 뜻함.
一問一答	(일문일답)	한번 묻고 한번 대답함
一日三省	(일일삼성)	하루에 세가지 일로 자신을 살피고 반성함
一長一短	(일장일단)	일면의 장점과 다른 일면의 단점
一朝一夕	(일조일석)	하루 아침과 하루 저녁
自給自足	(자급자족)	필요한 물자를 스스로 생산하여 충당함
自問自答	(자문자답)	스스로 묻고 스스로 대답함
子孫萬代	(자손만대)	조상으로부터 오래도록 내려오는 대
自手成家	(자수성가)	부모가 물려주는 재산이 없이 자기 혼자의 힘으로 집안을 일으키고 재산을 모음
作心三日	(작심삼일)	한번 먹은 마음이 사흘을 가지 못한다는 뜻으로 결심이 굳지 못함.
電光石火	(전광석화)	번갯불이나 부싯돌의 불이 번쩍거리는 것과 같이 매우 짧은 시간을 이르는 말
前無後無	(전무후무)	이전에도 없었고 앞으로도 없음
天災地變	(천재지변)	지진, 홍수, 태풍 따위의 자연현상으로 인한 재앙과 피해
天下第一	(천하제일)	세상에 견줄 만한 것이 없이 최고임
靑山流水	(청산유수)	푸른 산에 맑은 물이라는 뜻으로, 막힘없이 말을 잘한다는 뜻
靑天白日	(청천백일)	하늘이 맑게 갠 대낮
淸風明月	(청풍명월)	맑은 바람과 밝은 달
草綠同色	(초록동색)	이름은 다르나 따지고 보면 한가지라는 뜻
春夏秋冬	(춘하추동)	봄, 여름, 가을, 겨울의 네 계절
特別活動	(특별활동)	학교 교육이나 학습 이외의 교육 활동
八方美人	(팔방미인)	어느 모로 보나 아름다운 사람
敗家亡身	(패가망신)	집안의 재산을 다 써 없애고 몸을 망침

角者無齒	(각자무치)	뿔이 있는 짐승은 이가 없다는 뜻으로, 한 사람이 여러가지 재주나 복을 다 가질 수 없다는 말
江湖煙波	(강호연파)	강이나 호수 위에 안개처럼 보얗게 이는 기운
見利思義	(견리사의)	눈 앞에 이익이 보일 때 의리를 먼저 생각함
結草報恩	(결초보은)	죽은 뒤에라도 은혜를 잊지 않고 갚음을 이르는 말
經世濟民	(경세제민)	세상을 다스리고 백성을 구함
空前絶後	(공전절후)	전에도 없었고 앞으로도 없을 일
權不十年	(권불십년)	권세가 10년을 가지 못함
九牛一毛	(구우일모)	매우 많은 것 가운데 극히 적은 수를 이르는 말
極惡無道	(극악무도)	지극히 악하고도 도의심이 없음
起死回生	(기사회생)	죽을 뻔하다가 다시 살아남
落木寒天	(낙목한천)	낙엽 진 나무와 차가운 하늘, 곧 추운 겨울철
難攻不落	(난공불락)	공격하기가 어려워 좀처럼 함락되지 아니함
難兄難弟	(난형난제)	두 사물이 비슷하여 낫고 못함을 정하기 어려움을 이르는 말
怒發大發	(노발대발)	크게 성을 냄
論功行賞	(논공행상)	세운 공을 논정하여 상을 줌
能小能大	(능소능대)	작은 일에도 능하고 큰 일에도 능하다는 데서 모든 일에 두루 능함을 이르는 말
多多益善	(다다익선)	많으면 많을수록 더욱 좋음
多聞博識	(다문박식)	견문이 넓고 학식이 많음
獨不將軍	(독불장군)	남의 의견은 무시하고 저 혼자 모든 일을 처리함
燈下不明	(등하불명)	등잔 밑이 어둡다는 뜻으로 가까이 있는 것이 오히려 알아내기가 어려움을 이르는 말
燈火可親	(등화가친)	서늘한 가을 밤은 등불을 가까이 하여 글 읽기에 좋음을 이르는 말
無所不爲	(무소불위)	하지 못하는 일이 없음
文房四友	(문방사우)	종이, 붓, 먹, 벼루의 네 가지 문방구
聞一知十	(문일지십)	하나를 듣고 열 가지를 미루어 안다는 뜻으로, 지극히 총명함을 이르는 말
美風良俗	(미풍양속)	아름답고 좋은 풍속이나 기풍
博學多識	(박학다식)	학식이 넓고 아는 것이 많음
百戰老將	(백전노장)	수많은 싸움을 치른 노련한 장수, 세상의 온갖 풍파를 다 겪은 사람을 비유
富貴在天	(부귀재천)	부귀는 하늘에 달려 있어서 인력으로는 어찌할 수 없다는 뜻
夫婦有別	(부부유별)	남편과 아내 사이의 도리는 서로 분별해야 할 것이 있음

父傳子傳	(부전자전)	아버지가 아들에게 대대로 전함
北窓三友	(북창삼우)	거문고, 술, 시(詩)를 아울러 이르는 말
不問可知	(불문가지)	묻지 아니하여도 알 수 있음
非一非再	(비일비재)	같은 현상이나 일이 한 두 번이 아니고 많음
貧者一燈	(빈자일등)	가난한 사람의 등 하나가 부자의 많은 등보다 더 소중함을 이름
思考方式	(사고방식)	어떤 문제에 대하여 생각하고 궁리하는 방법이나 태도
死生決斷	(사생결단)	죽고 사는 것을 거들떠보지 않고 끝장을 내려고 덤벼 듦
事實無根	(사실무근)	근거가 없음. 또는 터무니 없음
事親以孝	(사친이효)	어버이를 섬기기를 효도로써 함
四通五達	(사통오달)	길이나 교통망 등이 사방으로 막힘없이 통함
三位一體	(삼위일체)	세 가지의 것이 하나의 목적을 위하여 통합되는 일
生面不知	(생면부지)	서로 한 번도 만난 적이 없어서 전혀 알지 못하는 사람
生不如死	(생불여사)	삶이 죽음만 같지 못하다는 매우 곤경에 처해 있음을 이르는 말
善男善女	(선남선녀)	성품이 착한 남자와 여자란 뜻으로, 착하고 어진 사람들을 이르는 말
善因善果	(선인선과)	선업을 쌓으면 반드시 좋은 결과가 따름
說往說來	(설왕설래)	서로 자신의 주장을 내세우며 옥신각신하는 것을 말함
歲時風俗	(세시풍속)	예로부터 해마다 관례로서 행하여지는 전통적 행사
速戰速決	(속전속결)	싸움을 오래 끌지 아니하고 빨리 몰아쳐 이기고 짐을 결정함
是是非非	(시시비비)	여러 가지의 잘잘못
始終如一	(시종여일)	처음부터 끝까지 한결같아서 변함없음
信賞必罰	(신상필벌)	상과 벌을 공정하고 엄중하게 함
實事求是	(실사구시)	사실에 토대를 두어 진리를 탐구하는 일
十年知己	(십년지기)	오래전부터 친히 사귀어 잘 아는 사람
安分知足	(안분지족)	편안한 마음으로 제 분수를 지키며 만족할 줄을 앎
安貧樂道	(안빈낙도)	가난한 생활을 하면서도 편안한 마음으로 도를 즐겨 지킴
眼下無人	(안하무인)	눈 아래에 사람이 없다는 뜻으로, 방자하고 교만하여 다른 사람을 업신여김을 이르는 말
弱肉强食	(약육강식)	약한 놈이 강한 놈에게 먹힘

❇ 사자성어 (四字成語)

魚東肉西	(어동육서)	제사음식을 차릴 때, 생선은 동쪽에 고기는 서쪽에 놓는 것
語不成說	(어불성설)	말이 조금도 사리에 맞지 아니함
言行一致	(언행일치)	말과 행동이 서로 같음
言語道斷	(언어도단)	말할 길이 끊어졌다는 뜻으로, 어이가 없어서 말하려 해도 말할 수 없음을 이르는 말
言文一致	(언문일치)	실제로 쓰는 말과 그 말을 적은 글이 일치함
如出一口	(여출일구)	여러 사람의 말이 한결같이 같음
連戰連勝	(연전연승)	싸울 때마다 계속하여 이김
英才教育	(영재교육)	천재아의 재능을 훌륭하게 발전시키기 위한 특수 교육
溫故知新	(온고지신)	옛것을 익히고 그것을 미루어서 새것을 앎
雨順風調	(우순풍조)	비가 오고 바람이 부는 것이 때와 분량이 알맞음
右往左往	(우왕좌왕)	이리저리 왔다 갔다 하며 일이 나아가는 방향을 종잡지 못함
牛耳讀經	(우이독경)	쇠귀에 경 읽기라는 뜻으로, 아무리 가르치고 일러 주어도 알아듣지 못함을 이르는 말
有名無實	(유명무실)	이름만 그럴듯하고 실속은 없음
有備無患	(유비무환)	미리 준비가 되어 있으면 걱정할 것이 없음
以實直告	(이실직고)	사실 그대로 고함
以熱治熱	(이열치열)	열로써 열을 다스림
二律背反	(이율배반)	서로 모순되어 양립할 수 없는 두 개의 명제
因果應報	(인과응보)	좋은 일에는 좋은 결과가, 나쁜 일에는 나쁜 결과가 따름
人死留名	(인사유명)	사람은 죽어서 이름을 남긴다는 말
一擧兩得	(일거양득)	한 가지 일로써 두 가지 이득을 얻음
一脈相通	(일맥상통)	하나의 맥락으로 서로 통한다는 데서 솜씨나 성격 등이 서로 비슷함을 말함
一言半句	(일언반구)	한 마디의 말과 한 구의 반, 아주 짧은 말이나 글귀
一衣帶水	(일의대수)	한 가닥의 띠와 같이 좁은 냇물이나 바다
一波萬波	(일파만파)	하나의 물결이 수많은 물결이 된다는 데서, 하나의 사건이 여러 가지로 자꾸 확대되는 것을 말함
自古以來	(자고이래)	예로부터 지금까지의 동안
自初至終	(자초지종)	처음부터 끝까지의 과정
自手成家	(자수성가)	부모가 물려준 재산없이 자기 혼자의 힘으로 집안을 일으키고 재산을 모음

✵ 사자성어 (四字成語)

自業自得	(자업자득)	자기가 저지른 일의 결과를 자기가 받음
自强不息	(자강불식)	스스로 힘쓰고 쉬지 아니함
戰爭英雄	(전쟁영웅)	전쟁에 뛰어나고 용맹하여 보통 사람이 하기 어려운 일을 해내는 사람
全知全能	(전지전능)	어떠한 사물이라도 잘 알고, 모든 일을 다 행할 수 있는 신(神)의 능력
朝變夕改	(조변석개)	아침저녁으로 뜯어 고침 곧 일을 자주 뜯어 고침
種豆得豆	(종두득두)	콩 심은데 콩 난다
主客一體	(주객일체)	주체와 객체가 하나가 됨
竹馬故友	(죽마고우)	대말을 타고 놀던 벗이라는 뜻으로, 어릴 때부터 같이 놀며 자란 벗
衆口難防	(중구난방)	뭇사람의 말을 막기가 어렵다는 뜻으로, 막기 어려울 정도로 여럿이 마구 지껄임을 이르는 말
知過必改	(지과필개)	자신이 한 일의 잘못을 알면 반드시 고쳐야 함
知行合一	(지행합일)	지식과 행동이 서로 맞음
至誠感天	(지성감천)	지극한 정성에 하늘이 감동함
進退兩難	(진퇴양난)	이러지도 저러지도 못하는 어려운 처지
天災地變	(천재지변)	지진, 홍수, 태풍 따위의 자연현상으로 인한 재앙과 피해
天人共怒	(천인공노)	하늘과 사람이 함께 노한다는 뜻으로, 누구나 분노할 만큼의 큰 죄악
寸鐵殺人	(촌철살인)	간단한 말로도 남을 감동시키거나 남의 약점을 찌를 수 있음을 이르는 말
秋風落葉	(추풍낙엽)	가을바람에 떨어지는 나뭇잎
出將入相	(출장입상)	문무를 겸비하여 장상의 벼슬을 모두 지낸 사람
忠言逆耳	(충언역이)	충직한 말은 귀에 거슬림
卓上空論	(탁상공론)	현실성이 없는 허황된 이론
風前燈火	(풍전등화)	사물이 매우 위태로운 처지에 놓여 있음을 이르는 말
風待歲月	(풍대세월)	아무리 바라고 기다려도 실현될 가망성이 없는 일
海水浴場	(해수욕장)	해수욕을 할 수 있는 환경과 시설이 갖추어진 바닷가
行動擧止	(행동거지)	몸을 움직여 하는 모든 짓
好衣好食	(호의호식)	좋은 옷과 맛있는 음식이란 뜻에서 잘 입고 잘 먹고 사는 것을 말함
呼兄呼弟	(호형호제)	서로 형이니 아우니 하고 부른다는 뜻으로, 매우 가까운 친구로 지냄을 이르는 말
花容月態	(화용월태)	아름다운 여인의 얼굴과 맵시를 이르는 말

※ 다음 ( )에 알맞는 漢字를 써서 四字成語를 완성하시오.(정답은 50쪽에 있음)

1. 燈下不(   ) : 등잔 밑이 어둡다는 뜻으로 가까이 있는 것이 오히려 알아내기가 어려움을 이르는 말

2. 事親以(   ) : 어버이를 섬기기를 효도로써 함을 이름

3. 溫故知(   ) : 옛것을 익히고 그것을 미루어서 새것을 앎

4. 百戰(   )將 : 수많은 전쟁을 치른 노련한 장수처럼, 세상의 온갖 풍파를 다 겪은 사람을 비유

5. 一脈相(   ) : 하나의 맥락으로 서로 통한다는 데서 솜씨나 성격 등이 비슷함을 말함

6. 忠言逆(   ) : 충직한 말은 귀에 거슬림

7. 得意滿(   ) : 일이 뜻대로 이루어져 기쁜 표정이 얼굴에 가득함

8. 魚(   )肉西 : 제사 음식을 차릴 때, 생선은 동쪽에 고기는 서쪽에 놓는 것

9. 牛耳(   )經 : 쇠귀에 경 읽기라는 뜻으로, 아무리 가르치고 일러 주어도 알아듣지 못함을 이르는 말

10. (   )不將軍 : 남의 의견을 무시하고 자기 혼자서 모든 일을 처리함

11. (   )事求是 : 사실에 토대를 두어 진리를 탐구하는 일

12. 非(   )非再 : 같은 현상이나 일이 한 두 번이나 한 둘이 아니고 많음

13. 自手成(   ) : 부모가 물려주는 재산없이 자기 혼자의 힘으로 집안을 일으키고 재산을 모음

14. (   )者無齒 : 뿔이 있는 짐승은 이가 없다는 뜻으로, 한 사람이 여러가지 재주나 복을 다 가질 수 없다는 말

15. 大義(   )分 : 사람으로서 마땅히 지키고 행하여야 할 도리나 본분

16. 思考方(   ) : 어떤 문제에 대하여 생각하고 궁리하는 방법이나 태도

17. 天災(   )變 : 지진, 홍수, 태풍 따위의 자연현상으로 인한 재앙과 피해

18. 戰爭(   )雄 : 전쟁에 뛰어나고 용맹하여 보통 사람이 하기 어려운 일을 해내는 사람

19. 言(   )一致 : 실제로 쓰는 말과 그 말을 적은 글이 일치함

20. (   )終如一 : 처음부터 끝까지 한결같아서 변함없음

21. 風(   )燈火 : 사물이 매우 위태로운 처지에 놓여 있음을 비유적으로 이르는 말

22. (   )鐵殺人 : 간단한 말로도 남을 감동시키거나 남의 약점을 찌를 수 있음으로 이르는 말

23. 美(   )良俗 : 아름답고 좋은 풍속이나 기풍

24. 二律背(   ) : 서로 모순되어 양립할 수 없는 두 개의 명제

25. 行(   )擧止 : 몸을 움직여 하는 모든 것

51쪽의 정답

① 歲 ② 天 ③ 聞 ④ 相 ⑤ 代 ⑥ 空 ⑦ 來 ⑧ 强 ⑨ 多 ⑩ 決 ⑪ 直 ⑫ 秋 ⑬ 歲 ⑭ 死 ⑮ 水 ⑯ 果
⑰ 識 ⑱ 信 ⑲ 不 ⑳ 成 ㉑ 食 ㉒ 利 ㉓ 擧 ㉔ 一 ㉕ 功

※ 다음 ( )에 알맞는 漢字를 써서 四字成語를 완성하시오. (정답은 51쪽에 있음)

1. 連戰連( ) : 싸울 때마다 계속하여 이김

2. 經世濟( ) : 세상을 다스리고 백성을 구함

3. 全知全( ) : 어떠한 사물이라도 잘 알고, 모든 일을 다 행할 수 있는 신(佛)의 능력

4. 安分知( ) : 편안한 마음으로 제 분수를 지키며 만족할 줄을 앎

5. 怒發大( ) : 크게 성을 냄

6. ( )前絶後 : 전에도 없었고 앞으로도 없을 일

7. 至誠( )天 : 지극한 정성에 하늘이 감동함

8. 言( )一致 : 말과 행동이 서로 같음

9. 無( )不爲 : 하지 못하는 일이 없음

10. 安貧樂( ) : 가난한 생활을 하면서도 편안한 마음으로 도를 즐겨 지킴

11. 生不如( ) : 삶이 죽음만 같지 못하다는 매우 곤경에 처해 있음을 이르는 말

12. 落( )寒天 : 낙엽 진 나무와 차가운 하늘, 곧 추운 겨울철

13. 雨順( )調 : 비가 오고 바람이 부는 것이 때와 분량이 알맞음

14. ( )草報恩 : 죽은 뒤에라도 은혜를 잊지 않고 갚음을 이르는 말

15. 人死留( ) : 사람은 죽어서 이름을 남긴다는 말

16. 極惡無( ) : 지극히 악하고도 도의심이 없음

17. 自( )自得 : 자기가 저지른 일의 결과를 자기가 받음

18. 知( )必改 : 자신이 한 일의 잘못을 알면 반드시 고쳐야 함

19. ( )客一體 : 주체와 객체가 하나가 됨

20. 如出一( ) : 여러 사람의 말이 한결같이 같음

21. 權( )十年 : 권세가 10년을 가지 못함

22. 眼( )無人 : 눈 아래에 사람이 없다는 뜻으로, 방자하고 교만하여 다른 사람을 업신여김을 이르는 말

23. 知行( )一 : 지식과 행동이 서로 맞음

24. ( )初至終 : 처음부터 끝까지의 과정

25. 生面不( ) : 서로 한 번도 만난 적이 없어서 전혀 알지 못하는 사람

49쪽의 정답

① 明 ② 孝 ③ 新 ④ 老 ⑤ 通 ⑥ 耳 ⑦ 面 ⑧ 東 ⑨ 讀 ⑩ 獨 ⑪ 實 ⑫ 一 ⑬ 家 ⑭ 角 ⑮ 名 ⑯ 式
⑰ 地 ⑱ 英 ⑲ 文 ⑳ 始 ㉑ 前 ㉒ 寸 ㉓ 風 ㉔ 反 ㉕ 動

※ 다음 ( )에 알맞는 漢字를 써서 四字成語를 완성하시오.(정답은 49쪽에 있음)

1. ( )時風俗 : 예로부터 해마다 관례로서 행하여지는 전승적 행사

2. 富貴在( ) : 부귀는 하늘에 달려 있어서 인력으로는 어쩔 수 없다는 말

3. 多( )博識 : 견문이 넓고 학식이 많음

4. 出將入( ) : 문무를 겸비하여 장상의 벼슬을 모두 지낸 사람

5. 前( )未聞 : 이제까지 들어본 적이 없는 일

6. 卓上( )論 : 현실성이 없는 허황된 이론

7. 說往說( ) : 서로 자신의 주장을 내세우며 옥신각신하는 것을 말함

8. 自( )不息 : 스스로 힘쓰고 쉬지 아니함

9. ( )多益善 : 많으면 많을수록 더욱 좋음

10. 死生( )斷 : 죽고 사는 것을 거들떠 보지 않고 끝장을 내려고 덤벼듦

11. 以實( )告 : 사실 그대로 고함

12. ( )風落葉 : 가을바람에 떨어지는 나뭇잎

13. 風待( )月 : 아무리 바라고 기다려도 실현될 가망성이 없는 것

14. 起( )回生 : 죽을 뻔하다가 다시 살아남

15. 一衣帶( ) : 한가닥의 띠와 같이 좁은 냇물이나 바다

16. 因( )應報 : 좋은 일에는 좋은 결과가, 나쁜 일에는 나쁜 결과가 따름

17. 博學多( ) : 학식이 넓고 아는 것이 많음

18. ( )賞必罰 : 상과 벌을 공정하고 엄중하게 함

19. 難攻( )落 : 공격하기가 어려워 좀처럼 함락되지 아니함

20. 語不( )說 : 말이 조금도 사리에 맞지 아니함

21. 弱肉强( ) : 약한 놈이 강한 놈에게 먹힘

22. 見( )思義 : 눈 앞에 이익이 보일 때 의리를 먼저 생각함

23. 一( )兩得 : 한가지 일로써 두가지 이득을 얻음

24. 貧者( )燈 : 가난한 사람의 등 하나가 부자의 많은 등 보다 더 소중함을 이르는 말

25. 論( )行賞 : 세운 공을 논정하여 상을 줌

50쪽의 정답

① 勝 ② 民 ③ 能 ④ 足 ⑤ 發 ⑥ 空 ⑦ 感 ⑧ 行 ⑨ 所 ⑩ 道 ⑪ 死 ⑫ 木 ⑬ 風 ⑭ 結 ⑮ 名 ⑯ 道 ⑰ 業 ⑱ 過 ⑲ 主 ⑳ 口 ㉑ 不 ㉒ 下 ㉓ 合 ㉔ 自 ㉕ 知

약자(略字)

4급II 약자(略字) 쓰기는 5급 배정漢字 500字中 400字內에서 출제됩니다. (16쪽 참조)

基本字	略字	基本字	略字	基本字	略字	基本字	略字	基本字	略字	基本字	略字	基本字	略字
價	価	國	国	獨	独	勞	労	實	実	傳	伝	參	参
觀	観観	氣	気	讀	読	萬	万	兒	児	戰	战	體	体
關	関	團	団	同	仝	發	発	惡	悪	定	㝎	學	学
廣	広	當	当	樂	楽	變	変	藥	薬	卒	卆	號	号
區	区	對	対	來	来	世	卋	醫	医	晝	昼	畫	画
舊	旧	圖	図	禮	礼	數	数	長	镸	質	貭	會	会

53쪽의 약자(略字) 정답

① 国 ② 読 ③ 発 ④ 薬 ⑤ 卆 ⑥ 価 ⑦ 仝 ⑧ 気 ⑨ 変 ⑩ 医 ⑪ 観, 観 ⑫ 卋 ⑬ 楽 ⑭ 団 ⑮ 関 ⑯ 広 ⑰ 対 ⑱ 区 ⑲ 当 ⑳ 旧 ㉑ 礼 ㉒ 労 ㉓ 万 ㉔ 战 ㉕ 来 ㉖ 実 ㉗ 児 ㉘ 悪 ㉙ 伝 ㉚ 礼 ㉛ 㝎 ㉜ 会 ㉝ 学 ㉞ 体 ㉟ 図 ㊱ 数 ㊲ 参 ㊳ 画 ㊴ 貭 ㊵ 独 ㊶ 広 ㊷ 昼

53쪽의 部首 정답

① 日 ② 臣 ③ 巾 ④ 衣 ⑤ 又 ⑥ 比 ⑦ 攵(攴) ⑧ 氵(水) ⑨ 阝(邑) ⑩ 齒 ⑪ 阝(阜) ⑫ 止 ⑬ 干 ⑭ 十 ⑮ 竹 ⑯ 言 ⑰ 穴 ⑱ 手 ⑲ 心 ⑳ 王(玉) ㉑ 口 ㉒ 戈 ㉓ 阝(阜) ㉔ 酉 ㉕ 曰 ㉖ 王(玉) ㉗ 囗 ㉘ 門 ㉙ 月(肉) ㉚ ⺾(艸) ㉛ 二 ㉜ 又 ㉝ 入 ㉞ 人 ㉟ 毋 ㊱ 飛 ㊲ 耳 ㊳ 口 ㊴ 巾 ㊵ 尸 ㊶ 雨 ㊷ 禾 ㊸ 匕 ㊹ 日 ㊺ 雨 ㊻ 巛(川) ㊼ 食 ㊽ 弓 ㊾ 鼻 ㊿ 曰 (51) 舟 (52) 血 (53) 欠 (54) 扌(手)

약자 (略字)

※ 다음 漢字의 略字약자를 쓰시오. (정답은 52쪽에 있음)

1. 國 [ ]	2. 讀 [ ]	3. 發 [ ]	4. 藥 [ ]	5. 卒 [ ]	6. 價 [ ]
7. 同 [ ]	8. 氣 [ ]	9. 變 [ ]	10. 醫 [ ]	11. 觀 [ ]	12. 世 [ ]
13. 樂 [ ]	14. 團 [ ]	15. 關 [ ]	16. 廣 [ ]	17. 對 [ ]	18. 區 [ ]
19. 當 [ ]	20. 舊 [ ]	21. 禮 [ ]	22. 勞 [ ]	23. 萬 [ ]	24. 戰 [ ]
25. 來 [ ]	26. 實 [ ]	27. 兒 [ ]	28. 惡 [ ]	29. 傳 [ ]	30. 禮 [ ]
31. 定 [ ]	32. 會 [ ]	33. 學 [ ]	34. 體 [ ]	35. 圖 [ ]	36. 數 [ ]
37. 參 [ ]	38. 畫 [ ]	39. 質 [ ]	40. 獨 [ ]	41. 廣 [ ]	42. 晝 [ ]

※ 다음 漢字의 部首를 쓰시오. (정답은 52쪽에 있음)

1. 書 [ ]	2. 臣 [ ]	3. 希 [ ]	4. 製 [ ]	5. 反 [ ]	6. 比 [ ]
7. 數 [ ]	8. 洋 [ ]	9. 郡 [ ]	10. 齒 [ ]	11. 除 [ ]	12. 武 [ ]
13. 平 [ ]	14. 午 [ ]	15. 築 [ ]	16. 變 [ ]	17. 究 [ ]	18. 承 [ ]
19. 態 [ ]	20. 球 [ ]	21. 商 [ ]	22. 成 [ ]	23. 隊 [ ]	24. 醫 [ ]
25. 最 [ ]	26. 班 [ ]	27. 圖 [ ]	28. 關 [ ]	29. 能 [ ]	30. 苦 [ ]
31. 五 [ ]	32. 受 [ ]	33. 兩 [ ]	34. 內 [ ]	35. 毒 [ ]	36. 飛 [ ]
37. 聞 [ ]	38. 史 [ ]	39. 師 [ ]	40. 展 [ ]	41. 雨 [ ]	42. 稅 [ ]
43. 北 [ ]	44. 是 [ ]	45. 電 [ ]	46. 州 [ ]	47. 食 [ ]	48. 弟 [ ]
49. 鼻 [ ]	50. 暴 [ ]	51. 航 [ ]	52. 衆 [ ]	53. 歌 [ ]	54. 打 [ ]

63쪽의 두음법칙 정답

① 사료 ② 요금 ③ 요리 ④ 설량 ⑤ 양적 ⑥ 행려 ⑦ 여행 ⑧ 법률 ⑨ 율동 ⑩ 여객 ⑪ 행려 ⑫ 미래 ⑬ 내일 ⑭ 기록 ⑮ 녹음 ⑯ 한랭 ⑰ 냉기 ⑱ 냉해 ⑲ 결론 ⑳ 논의 ㉑ 수륙 ㉒ 육지 ㉓ 정류 ㉔ 유보 ㉕ 행렬 ㉖ 열차 ㉗ 부락 ㉘ 낙서 ㉙ 명령 ㉚ 영애 ㉛ 두령 ㉜ 영공 ㉝ 선량 ㉞ 양호 ㉟ 양심 ㊱ 내륙 ㊲ 육군 ㊳ 훈련 ㊴ 연습 ㊵ 인류 ㊶ 유형 ㊷ 분류 ㊸ 유리 ㊹ 이익 ㊺ 이해 ㊻ 남녀 ㊼ 여자 ㊽ 유념 ㊾ 사념 ㊿ 염원 (51) 염두

다음 漢字는 서로 비슷하므로 訓과 音을 정확히 구별하시오.

間 (사이 간)	怒 (성낼 노)	到 (이를 도)	性 (성품 성)	材 (재목 재)	職 (직분 직)	虛 (빌 허)
聞 (들을 문)	努 (힘쓸 노)	致 (이를 치)	姓 (성 성)	村 (마을 촌)	識 (알 식)	處 (곳 처)
問 (물을 문)						

	堂 (집 당)	武 (호반 무)	矢 (화살 시)	傳 (전할 전)	忠 (충성 충)	
球 (공 구)	當 (마땅할 당)	式 (법 식)	失 (잃을 실)	停 (머무를 정)	患 (근심할 환)	
救 (구원할 구)	代 (대신할 대)	使 (부릴 사)	熱 (더울 열)	指 (가리킬 지)	親 (친할 친)	
求 (구할 구)	伐 (칠 벌)	便 (편할 편)	勢 (형세 세)	特 (특별할 특)	新 (새 신)	

級 (등급 급)	帶 (띠 대)	思 (생각 사)	場 (마당 장)	知 (알 지)	畫 (그림 화)	
給 (줄 급)	隊 (무리 대)	恩 (은혜 은)	陽 (해 양)	和 (화할 화)	晝 (낮 주)	

동자이음자 (同字異音字), 일자다음자 (一字多音字) ▬ 두 가지 이상의 음을 가진 한자

		훈음 (訓音)		예 (例)			훈음 (訓音)		예 (例)			훈음 (訓音)		예 (例)
車	거	수레		人力車 (인력거)	不	부	아니다		不當 (부당)	惡	악	악하다		惡人 (악인)
	차	수레		自動車 (자동차)		불	아니다		不可能 (불가능)		오	미워하다		憎惡 (증오)
見	견	보다		見學 (견학)	寺	사	절		寺刹 (사찰)	樂	요	좋아하다		樂山樂水 (요산요수)
	현	뵙다		謁見 (알현)		시	내관		內寺 (내시)		락	즐겁다		樂園 (낙원)
金	금	쇠		千金 (천금)	殺	살	죽이다		殺生 (살생)		악	노래		音樂 (음악)
	김	성		金氏 (김씨)		쇄	감하다		相殺 (상쇄)	切	절	끊다		切斷 (절단)
宅	택	집		住宅 (주택)	參	삼	석		參千 (삼천)		체	온통		一切 (일체)
	댁	집안		宅內 (댁내)		참	참여하다		參加 (참가)	則	칙	법칙		法則 (법칙)
度	도	법도		程度 (정도)	狀	상	형상		現狀 (현상)		즉	곧		則 (즉) - 다시말하면
	탁	헤아리다		度地 (탁지)		장	문서		賞狀 (상장)	布	포	베, 펴다		布告 (포고)
讀	독	읽다		讀書 (독서)	說	설	말씀		說話 (설화)		보	베풀다		布施 (보시)
	두	구절		句讀 (구두)		세	달래다		遊說 (유세)	暴	폭	나타내다		暴露 (폭로)
洞	동	고을		洞里 (동리)		열	기뻐하다		說樂 (열락)		포	사납다		暴惡 (포악)
	통	밝다		洞察 (통찰)	省	성	살피다		反省 (반성)	行	행	다니다		行動 (행동)
便	변	똥오줌		便所 (변소)		생	덜다		省略 (생략)		항	항렬		行列 (항렬)
	편	편하다		便利 (편리)	宿	숙	묵다		旅人宿 (여인숙)	畫	화	그림		畫家 (화가)
復	복	회복하다		復舊 (복구)		수	성수		星宿 (성수)		획	그으다		計畫 (계획)
	부	다시		復興 (부흥)	食	식	먹다		飮食 (음식)					
北	북	북녘		南北 (남북)		사	밥		單食瓢飮 (단사표음)					
	배	달아나다		敗北 (패배)	識	식	알다		知識 (지식)					
						지	기록하다		標識 (표지)					

5級 섞음漢字 500字(배정漢字) 訓·音表 ①

※ 여기 '섞음漢字(배정漢字) 훈·음표'에 적힌 번호와 다음장의 '섞음漢字'에 적힌 번호가 서로 일치합니다.

家 집 가 1	歌 노래 가 2	價 값 가 3	可 옳을 가 4	加 더할 가 5	角 뿔 각 6	各 각각 각 7	間 사이 간 8	感 느낄 감 9	江 강 강 10
強 강할 강 11	開 열 개 12	改 고칠 개 13	客 손 객 14	車 수레 거/수레 차 15	擧 들 거 16	去 갈 거 17	建 세울 건 18	件 물건 건 19	健 굳셀 건 20
格 격식 격 21	見 볼 견 22	決 결단할 결 23	結 맺을 결 24	京 서울 경 25	敬 공경할 경 26	景 볕 경 27	輕 가벼울 경 28	競 다툴 경 29	界 지경 계 30
計 셈할 계 31	高 높을 고 32	苦 쓸 고 33	古 예 고 34	告 고할 고 35	考 생각할 고 36	固 굳을 고 37	曲 굽을 곡 38	工 장인 공 39	空 빌 공 40
公 공평할 공 41	功 공 공 42	共 함께 공 43	科 과목 과 44	果 열매 과 45	課 공부할 과 46	過 지날 과 47	關 관계할 관 48	觀 볼 관 49	光 빛 광 50
廣 넓을 광 51	校 학교 교 52	敎 가르칠 교 53	交 사귈 교 54	橋 다리 교 55	九 아홉 구 56	口 입 구 57	球 공 구 58	區 구분할 구 59	舊 옛 구 60
具 갖출 구 61	救 구원할 구 62	國 나라 국 63	局 판 국 64	軍 군사 군 65	郡 고을 군 66	貴 귀할 귀 67	規 법 규 68	根 뿌리 근 69	近 가까울 근 70
金 쇠 금/성 김 71	今 이제 금 72	急 급할 급 73	級 등급 급 74	給 줄 급 75	氣 기운 기 76	記 기록할 기 77	旗 기 기 78	己 몸 기 79	基 터 기 80
技 재주 기 81	汽 물끓는김 기 82	期 기약할 기 83	吉 길할 길 84	南 남녘 남 85	男 사내 남 86	內 안 내 87	女 계집 녀 88	年 해 년 89	念 생각할 념 90
農 농사 농 91	能 능할 능 92	多 많을 다 93	短 짧을 단 94	團 둥글 단 95	壇 단 단 96	談 말씀 담 97	答 대답할 답 98	堂 집 당 99	當 마땅할 당 100
大 큰 대 101	代 대신할 대 102	對 대할 대 103	待 기다릴 대 104	德 큰 덕 105	道 길 도 106	圖 그림 도 107	度 법도 도/헤아릴 탁 108	到 이를 도 109	島 섬 도 110
都 도읍 도 111	讀 읽을 독 112	獨 홀로 독 113	東 동녘 동 114	動 움직일 동 115	洞 골 동/밝을 통 116	同 한가지 동 117	冬 겨울 동 118	童 아이 동 119	頭 머리 두 120
登 오를 등 121	等 무리 등 122	樂 즐거울 락/노래 악 123	落 떨어질 락 124	朗 밝을 랑 125	來 올 래 126	冷 찰 랭 127	良 어질 량 128	量 헤아릴 량 129	旅 나그네 려 130
力 힘 력 131	歷 지날 력 132	練 단련할 련 133	領 거느릴 령 134	令 하여금 령 135	例 법식 례 136	禮 예도 례 137	老 늙을 로 138	路 길 로 139	勞 일할 로 140
綠 푸를 록 141	料 헤아릴 료 142	類 무리 류 143	流 흐를 류 144	六 여섯 륙 145	陸 뭍 륙 146	里 마을 리 147	理 다스릴 리 148	利 이할 리 149	李 오얏 리/성 리 150
林 수풀 림 151	立 설 립 152	馬 말 마 153	萬 일만 만 154	末 끝 말 155	望 바랄 망 156	亡 망할 망 157	每 매양 매 158	賣 팔 매 159	買 살 매 160
面 낯 면 161	名 이름 명 162	命 목숨 명 163	明 밝을 명 164	母 어미 모 165	木 나무 목 166	目 눈 목 167	無 없을 무 168	門 문 문 169	文 글월 문 170
問 물을 문 171	聞 들을 문 172	物 물건 물 173	美 아름다울 미 174	米 쌀 미 175	民 백성 민 176	朴 성 박 177	反 돌이킬 반 178	半 반(절반) 반 179	班 나눌 반 180
發 필 발 181	方 모 방 182	放 놓을 방 183	倍 곱 배 184	白 흰 백 185	百 일백 백 186	番 차례 번 187	法 법 법 188	變 변할 변 189	別 다를 별/나눌 별 190
病 병 병 191	兵 군사 병 192	服 옷 복 193	福 복 복 194	本 근본 본 195	奉 받들 봉 196	父 아비 부 197	夫 지아비 부 198	部 떼 부 199	北 북녘 북/달아날 배 200
分 나눌 분 201	不 아닐 불 202	比 견줄 비 203	鼻 코 비 204	費 쓸 비 205	氷 얼음 빙 206	四 넉 사 207	事 일 사 208	社 모일 사 209	使 하여금 사/부릴 사 210
死 죽을 사 211	仕 섬길 사 212	士 선비 사 213	史 사기 사 214	思 생각할 사 215	寫 베낄 사 216	査 조사할 사 217	山 뫼 산 218	算 셈 산 219	産 낳을 산 220
三 석 삼 221	上 위 상 222	相 서로 상 223	商 장사 상 224	賞 상줄 상 225	色 빛 색 226	生 날 생 227	西 서녘 서 228	書 글 서 229	序 차례 서 230
夕 저녁 석 231	石 돌 석 232	席 자리 석 233	先 먼저 선 234	線 줄 선 235	仙 신선 선 236	鮮 고울 선 237	善 착할 선 238	船 배 선 239	選 가릴 선 240
雪 눈 설 241	說 말씀 설/달랠 세 242	姓 성 성 243	成 이룰 성 244	省 살필 성/덜 생 245	性 성품 성 246	世 인간 세 247	歲 해 세 248	洗 씻을 세 249	小 작을 소 250

※ 여기 '섞음漢字(배정漢字) 훈·음표'에 적힌 번호와 다음장의 '섞음漢字'에 적힌 번호가 서로 일치합니다.

少 적을소 251	所 바소 252	消 사라질소 253	速 빠를속 254	束 묶을속 255	孫 손자손 256	水 물수 257	手 손수 258	數 셈수 259	樹 나무수 260
首 머리수 261	宿 잘숙 262	順 순할순 263	術 기술술 264	習 익힐습 265	勝 이길승 266	市 저자시 267	時 때시 268	始 비로소시 269	示 보일시 270
食 밥식 먹을식 271	植 심을식 272	式 법식 273	識 알식 274	信 믿을신 275	身 몸신 276	新 새신 277	神 귀신신 278	臣 신하신 279	室 집실 280
失 잃을실 281	實 열매실 282	心 마음심 283	十 열십 284	兒 아이아 285	惡 악할악 미워할오 286	安 편안할안 287	案 책상안 288	愛 사랑애 289	野 들야 290
夜 밤야 291	弱 약할약 292	藥 약약 293	約 맺을약 294	洋 큰바다양 295	陽 볕양 296	養 기를양 297	語 말씀어 298	魚 고기어 299	漁 고기잡을어 300
億 억(숫자)억 301	言 말씀언 302	業 일업 303	然 그럴연 304	熱 더울열 305	葉 잎엽 306	英 꽃부리영 307	永 길영 308	五 다섯오 309	午 낮오 310
屋 집옥 311	溫 따뜻할온 312	完 완전할완 313	王 임금왕 314	外 바깥외 315	要 요긴할요 316	曜 빛날요 317	浴 목욕할욕 318	勇 날랠용 319	用 쓸용 320
右 오를우 오른(쪽)우 321	雨 비우 322	友 벗우 323	牛 소우 324	運 옮길운 325	雲 구름운 326	雄 수컷웅 327	園 동산원 328	遠 멀원 329	元 으뜸원 330
願 원할원 331	原 언덕원 332	院 집원 333	月 달월 334	偉 클위 335	位 자리위 336	有 있을유 337	由 말미암을유 338	油 기름유 339	育 기를육 340
銀 은은 341	音 소리음 342	飮 마실음 343	邑 고을읍 344	意 뜻의 345	醫 의원의 346	衣 옷의 347	二 두이 348	以 써이 349	耳 귀이 350
人 사람인 351	因 인할인 352	一 한일 353	日 날일 354	任 맡을임 355	入 들입 356	自 스스로자 357	子 아들자 358	字 글자자 359	者 놈자 360
昨 어제작 361	作 지을작 362	長 긴장 363	場 마당장 364	章 글장 365	才 재주재 366	在 있을재 367	財 재물재 368	材 재목재 369	災 재앙재 370
再 두재 371	爭 다툴쟁 372	貯 쌓을저 373	的 과녁적 374	赤 붉을적 375	電 번개전 376	全 온전할전 377	前 앞전 378	戰 싸울전 379	典 책전 380
傳 전할전 381	展 펼전 382	節 마디절 383	切 끊을절 온통체 384	店 가게점 385	正 바를정 386	庭 뜰정 387	定 정할정 388	情 뜻정 389	停 머무를정 390
弟 아우제 391	第 차례제 392	題 제목제 393	祖 할아비조 394	朝 아침조 395	調 고를조 396	操 잡을조 397	足 발족 398	族 겨레족 399	卒 마칠졸 400
種 씨종 401	終 마칠종 402	左 왼좌 403	罪 허물죄 404	主 주인주 임금주 405	住 살주 406	注 부을주 407	晝 낮주 408	週 주일주 409	州 고을주 410
中 가운데중 411	重 무거울중 412	紙 종이지 413	地 따지 414	知 알지 415	止 그칠지 416	直 곧을직 417	質 바탕질 418	集 모일집 419	着 붙을착 420
參 참여할참 421	窓 창창 422	唱 부를창 423	責 꾸짖을책 424	川 내천 425	千 일천천 426	天 하늘천 427	鐵 쇠철 428	靑 푸를청 429	淸 맑을청 430
體 몸체 431	草 풀초 432	初 처음초 433	寸 마디촌 434	村 마을촌 435	最 가장최 436	秋 가을추 437	祝 빌축 438	春 봄춘 439	出 날출 440
充 찰충 441	致 이를치 442	則 법칙칙 443	親 친할친 444	七 일곱칠 445	打 칠타 446	他 다를타 447	卓 높을탁 448	炭 숯탄 449	太 클태 450
宅 집택 451	土 흙토 452	通 통할통 453	特 특별할특 454	板 널판 455	八 여덟팔 456	敗 패할패 457	便 편할편 똥오줌변 458	平 평평할평 459	表 겉표 460
品 물건품 461	風 바람풍 462	必 반드시필 463	筆 붓필 464	下 아래하 465	夏 여름하 466	河 물하 467	學 배울학 468	韓 한국한 나라한 469	漢 한나라한 중국한 470
寒 찰한 471	合 합할합 472	海 바다해 473	害 해할해 474	幸 다행할행 475	行 다닐행 476	向 향할향 477	許 허락할허 478	現 나타날현 479	兄 맏형 480
形 모양형 481	號 이름호 482	湖 호수호 483	火 불화 484	話 말씀화 485	花 꽃화 486	和 화할화 487	畫 그림화 488	化 될화 489	患 근심할환 490
活 살활 491	黃 누를황 492	會 모일회 493	孝 효도효 494	效 본받을효 495	後 뒤후 496	訓 가르칠훈 497	休 쉴휴 498	凶 흉할흉 499	黑 검을흑 500

5級 섞음漢字 500字 나型

◇ 앞면과 뒷면의 글자가 다르므로 양면 모두 하세요.
◇ '섞음漢字' ㉮형을 완전하게 완수한후에 하세요.

◇ '섞음漢字' 모두를 잘 익혔다면 예상문제를 풀때 독음·훈을 쓰기문제중 3문제 이상 틀리지 않도록 충분히 가능합니다. 그렇게 되면 다른 유형별 문제와 쓰기문제도 쉽게 해결됩니다.

消	足	行	草	身	可	韓	手	畫	友
253	398	476	432	276	4	469	258	488	323
功	姓	理	夜	市	獨	半	度	中	課
42	243	148	291	267	113	179	108	411	46
仙	石	音	參	願	用	車	父	許	意
236	232	342	421	331	320	15	197	478	345
具	州	德	强	夫	情	民	言	高	能
61	410	105	11	198	389	176	302	32	92
體	結	他	陽	順	死	院	浴	惡	目
431	24	447	296	263	211	333	318	286	167
赤	角	愛	午	本	發	銀	歲	使	末
375	6	289	310	195	181	341	248	210	155
技	價	米	雄	漢	冷	貯	家	凶	會
81	3	175	327	470	127	373	1	499	493
福	養	永	終	景	變	充	效	社	育
194	297	308	402	27	189	441	495	209	340
分	査	陸	規	敗	男	勞	節	北	筆
201	217	146	68	457	86	140	383	200	464
最	卓	問	給	里	賣	船	都	根	雪
436	448	171	75	147	159	239	111	69	241

5級 섞음漢字 500字 (나)型

◇ 앞면과 뒷면의 글자가 다르므로 양면 모두 하세요.
◇ '섞음漢字 (가)형을 완전하게 완수한후에 하세요.

◇ '섞음漢字' 모두를 잘 익혔다면 예상문제를 풀때 독음·훈음 쓰기문제중 3문제 이상 틀리지 않도록 충분히 가능합니다. 그렇게 되면 다른 유형별 문제와 쓰기문제도 쉽게 해결됩니다.

計	長	敬	衣	望	現	代	記	式	平
31	363	26	347	156	479	102	77	273	459
窓	典	量	林	信	夏	學	同	約	實
422	380	129	151	275	466	468	117	294	282
地	炭	江	西	開	動	士	下	級	冬
414	449	10	228	12	115	213	465	74	118
災	來	表	向	億	萬	所	感	習	野
370	126	460	477	301	154	252	9	265	290
宅	善	壇	因	李	黑	注	橋	牛	見
451	238	96	352	150	500	407	55	324	22
綠	過	九	線	示	色	集	在	間	速
141	47	56	235	270	226	419	367	8	254
葉	醫	外	面	然	改	害	化	展	着
306	346	315	161	304	13	474	489	382	420
病	戰	物	遠	章	熱	客	區	對	漁
191	379	173	329	365	305	14	59	103	300
弟	四	氣	令	共	班	屋	案	廣	關
391	207	76	135	43	180	311	288	51	48
通	週	號	自	河	軍	運	讀	命	朴
453	409	482	357	467	65	325	112	163	177

5級 섞음漢字 500字 ㉯型 ◇ 앞면과 뒷면의 글자가 다르므로 양면 모두 하세요.
◇ '섞음漢字' ㉮형을 완전하게 완수한후에 하세요.

◇ '섞음漢字' 모두를 잘 익혔다면 예상문제를 풀때 독음·훈을 쓰기문제중 3문제 이상 틀리지 않도록 충분히 가능합니다. 그렇게 되면 다른 유형별 문제와 쓰기문제도 쉽게 해결됩니다.

鮮	致	南	庭	流	前	全	電	形	調
237	442	85	387	144	378	377	376	481	396
合	文	溫	去	住	考	質	紙	産	風
472	170	312	17	406	36	418	413	220	462
由	的	卒	空	傳	放	神	例	練	臣
338	374	400	40	381	183	278	136	133	279
反	有	入	競	格	金	無	食	洋	位
178	337	356	29	21	71	168	271	295	336
世	建	祖	席	敎	良	則	財	落	曲
247	18	394	233	53	128	443	368	124	38
歷	完	必	門	舊	己	比	訓	寒	定
132	313	463	169	60	79	203	497	471	388
和	心	明	數	相	料	氷	重	團	樂
487	283	164	259	223	142	206	412	95	123
球	洞	再	朝	以	內	者	番	五	罪
58	116	371	395	349	87	360	187	309	404
鐵	偉	老	湖	邑	每	時	旅	患	固
428	335	138	483	344	158	268	130	490	37
要	園	直	苦	知	輕	交	千	科	昨
316	328	417	33	415	28	54	426	44	361

5級 섞음漢字 500字 (나)型 ◇ 앞면과 뒷면의 글자가 다르므로 양면 모두 하세요.
◇ '섞음漢字' ㉮형을 완전하게 완수한후에 하세요.

◇ '섞음漢字' 모두를 잘 익혔다면 예상문제를 풀때 독음·훈을 쓰기문제중 3문제 이상 틀리지 않도록 충분히 가능합니다. 그렇게 되면 다른 유형별 문제와 쓰기문제도 쉽게 해결됩니다.

操	初	失	當	多	健	旗	英	第	板
397	433	281	100	93	20	78	307	392	455
首	爭	祝	等	少	決	術	談	史	主
261	372	438	122	251	23	264	97	214	405
國	算	汽	歌	夕	急	東	郡	亡	朗
63	219	82	2	231	73	114	66	157	125
勝	光	元	耳	弱	右	淸	思	校	春
266	50	330	350	292	321	430	215	52	439
領	太	待	先	油	吉	利	曜	救	鼻
134	450	104	234	339	84	149	317	62	204
基	不	幸	界	年	室	賞	天	路	說
80	202	475	30	89	280	225	427	139	242
作	念	兵	活	新	擧	任	飮	上	切
362	90	192	491	277	16	355	343	222	384
貴	性	族	靑	堂	停	後	安	字	果
67	246	399	429	99	390	496	287	359	45
畫	特	件	孝	兄	雨	別	八	始	植
408	454	19	494	480	322	190	456	269	272
悟	答	黃	場	圖	花	服	勇	打	農
184	98	492	364	107	486	193	319	446	91

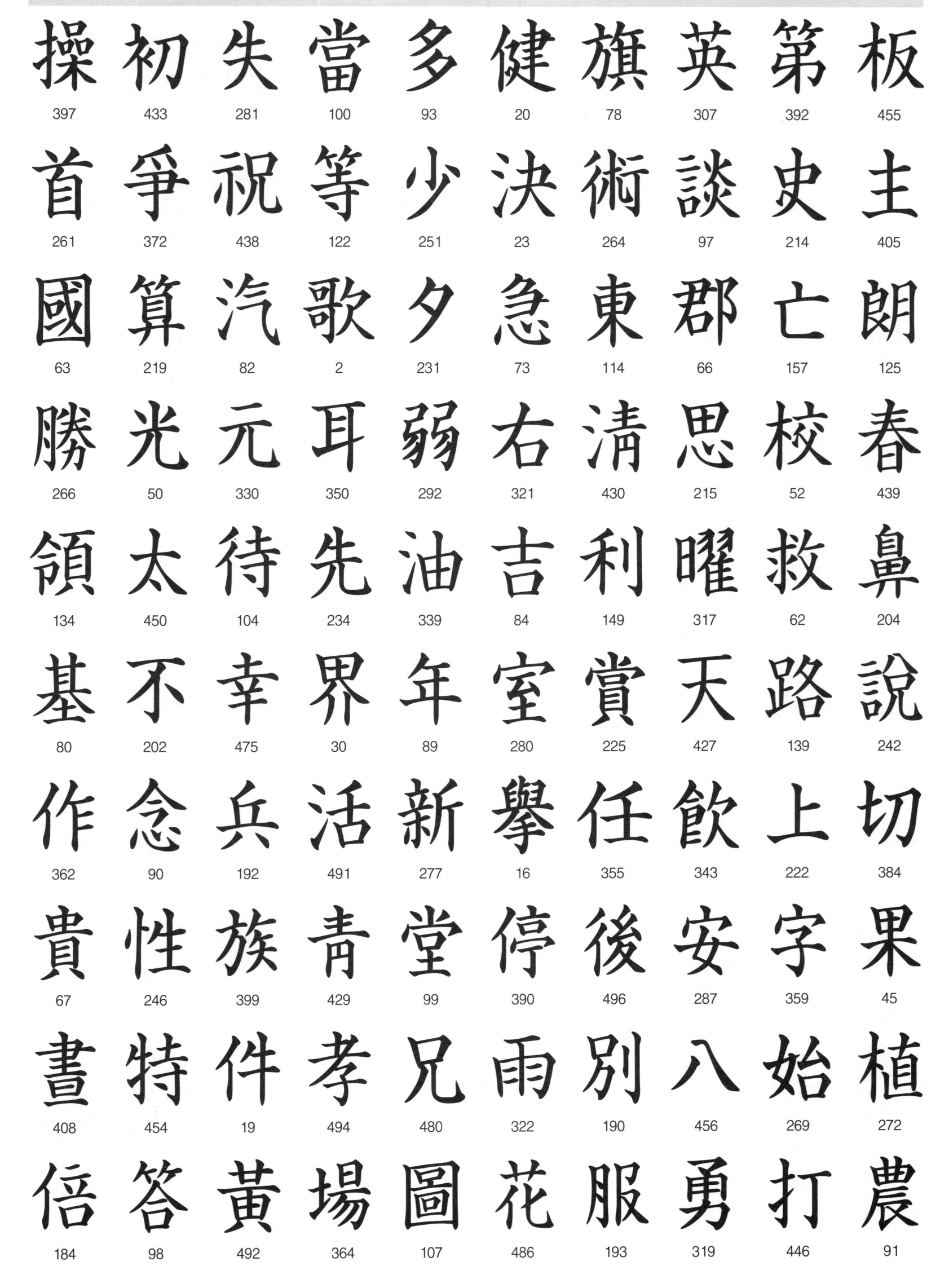

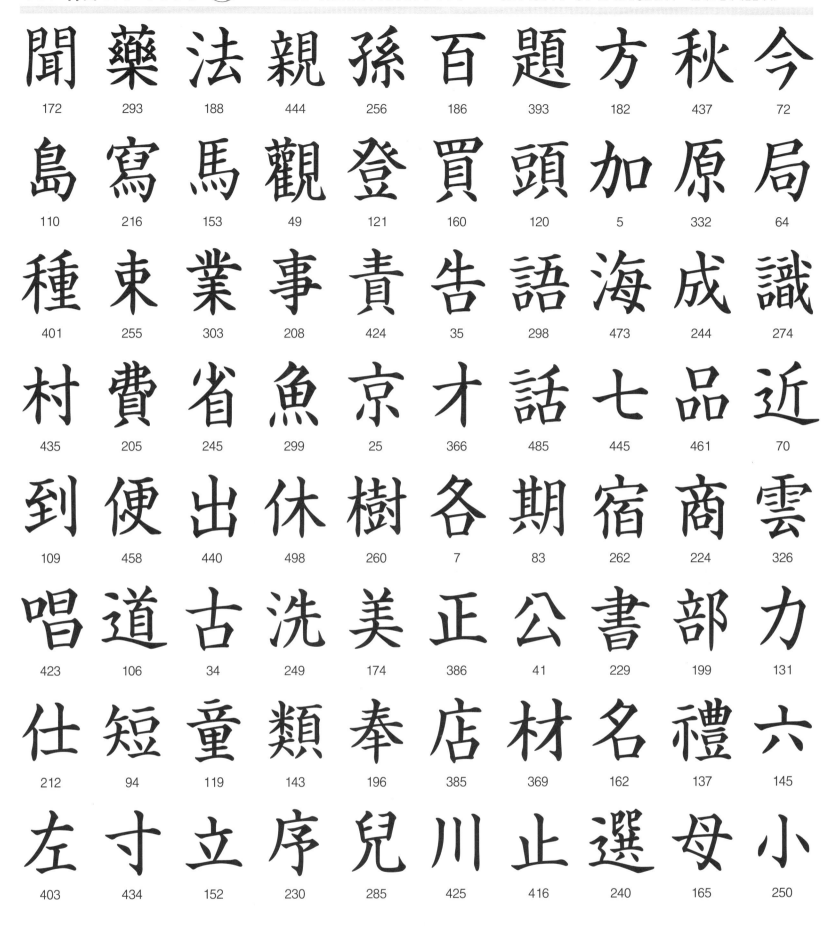

聞	藥	法	親	孫	百	題	方	秋	今
172	293	188	444	256	186	393	182	437	72
島	寫	馬	觀	登	買	頭	加	原	局
110	216	153	49	121	160	120	5	332	64
種	束	業	事	責	告	語	海	成	識
401	255	303	208	424	35	298	473	244	274
村	費	省	魚	京	才	話	七	品	近
435	205	245	299	25	366	485	445	461	70
到	便	出	休	樹	各	期	宿	商	雲
109	458	440	498	260	7	83	262	224	326
唱	道	古	洗	美	正	公	書	部	力
423	106	34	249	174	386	41	229	199	131
仕	短	童	類	奉	店	材	名	禮	六
212	94	119	143	196	385	369	162	137	145
左	寸	立	序	兒	川	止	選	母	小
403	434	152	230	285	425	416	240	165	250

※ '섞음漢字'의 암기가 끝날 무렵에는 各 漢字 밑에 訓·音을 써보세요.

消	省	行	幸	書	畫	畵	姓	性	現	理	度	席
253	245	476	475	229	408	488	243	246	479	148	108	233

石	右	左	父	交	文	效	教	牛	午	天	夫
232	321	403	197	54	170	495	53	324	310	427	198

青	情	清	言	信	陽	場	吉	告	古	束	東
429	389	430	302	275	296	364	84	35	34	255	114

速	遠	目	自	白	百	使	便	永	氷	有	育
254	329	167	357	185	186	210	458	308	206	337	340

分	公	草	卓	賣	買	都	郡	雲	雪	北	比
201	41	432	448	159	160	111	66	326	241	200	203

健	建	門	問	聞	間	友	反	和	知	量	童
20	18	169	171	172	8	323	178	487	415	129	119

同	洞	約	的	地	他	土	士	下	不	億	意
117	116	294	374	414	447	452	213	465	202	301	345

注	住	綠	線	色	邑	着	善	客	各	區	品
407	406	141	235	226	344	420	238	14	7	59	461

漁	魚	弟	第	四	西	領	令	屋	室	班	分
300	299	391	392	207	228	134	135	311	290	180	201

廣	黃	法	去	致	到	調	週	由	曲	空	窓
51	492	188	17	442	109	396	409	338	38	40	422

放	族	旅	旗	有	育	料	科	課	考	孝	老
183	399	130	78	337	340	142	44	46	36	494	138

球	救	每	海	昨	作	失	先	新	親	堂	當
58	62	158	473	361	362	281	234	277	444	99	100

倍	部	花	化
184	199	486	489

✳ 두음법칙 (頭音法則)

두음법칙이란 첫소리가 'ㄹ'이나 'ㄴ'으로 소리 나는 漢字語가 그 독음이 'ㄹ'은 'ㄴ'과 'ㅇ'으로 'ㄴ'은 'ㅇ'으로 바뀌는 것을 말한다.

1. 'ㄹ'이 'ㄴ'으로 바뀌는 경우

落 ・村落(촌락):落書(낙서), 落選(낙선)

朗 ・明朗(명랑):朗讀(낭독)

勞 ・過勞(과로):勞使(노사), 勞動(노동)

論 ・討論(토론):論議(논의)

來 ・未來(미래):來日(내일), 來社(내사)

冷 ・寒冷(한랭):冷氣(냉기), 冷待(냉대)

錄 ・記錄(기록):錄音(녹음)

2. 'ㄹ'이 'ㅇ'으로 바뀌는 경우

良 ・改良(개량):양심(良心), 良民(양민)

量 ・雨量(우량):量的(양적)

旅 ・行旅(행려):旅客(여객), 旅行(여행)

練 ・訓練(훈련):練習(연습)

列 ・正列(정렬):列擧(열거), 列車(열차)

領 ・要領(요령):領土(영토), 領空(영공)

令 ・口令(구령):令愛(영애)

料 ・無料(무료):料金(요금), 料理(요리)

留 ・殘留(잔류):留保(유보)

流 ・寒流(한류):流用(유용), 流動(유동)

律 ・法律(법률):律動(율동)

3. 'ㄴ'이 'ㅇ'으로 바뀌는 경우

女 ・男女(남녀):女子(여자), 女人(여인)

念 ・記念(기념):念頭(염두), 念願(염원)

※ 두음법칙에 맞게 다음 漢字語의 讀音을 쓰시오.

1. 史料 ( )		27. 部落 ( )	
2. 料金 ( )		28. 落書 ( )	
3. 料理 ( )		29. 命令 ( )	
4. 雪量 ( )		30. 令愛 ( )	
5. 量的 ( )		31. 頭領 ( )	
6. 行旅 ( )		32. 領空 ( )	
7. 旅行 ( )		33. 善良 ( )	
8. 法律 ( )		34. 良好 ( )	
9. 律動 ( )		35. 良心 ( )	
10. 旅客 ( )		36. 內陸 ( )	
11. 行旅 ( )		37. 陸軍 ( )	
12. 未來 ( )		38. 訓練 ( )	
13. 來日 ( )		39. 練習 ( )	
14. 記錄 ( )		40. 人類 ( )	
15. 錄音 ( )		41. 類形 ( )	
16. 寒冷 ( )		42. 分類 ( )	
17. 冷氣 ( )		43. 有利 ( )	
18. 冷害 ( )		44. 利益 ( )	
19. 結論 ( )		45. 利害 ( )	
20. 論議 ( )		46. 男女 ( )	
21. 水陸 ( )		47. 女子 ( )	
22. 陸地 ( )		48. 有念 ( )	
23. 停留 ( )		49. 思念 ( )	
24. 留保 ( )		50. 念願 ( )	
25. 行列 ( )		51. 念頭 ( )	
26. 列車 ( )		(정답은 53쪽에 있음)	

4급Ⅱ 배정漢字는 5급 500字에다 새로운 250字를 추가해서 750字입니다. ※5급 '섞음한자' 500자는 5급 책 속에 있음.

1 街 거리 가	26 起 일어날 기	51 連 이을 련	76 邊 가 변	101 設 베풀 설	126 詩 시 시	151 員 인원 원	176 提 끌 제	201 察 살필 찰	226 暴 사나울 폭/모질 포
2 假 거짓 가	27 暖 따뜻할 난	52 列 벌일 렬	77 報 갚을 보/알릴 보	102 星 별 성	127 試 시험 시	152 衛 지킬 위	177 制 절제할 제	202 創 비롯할 창	227 票 표 표
3 減 덜 감	28 難 어려울 난	53 錄 기록할 록	78 步 걸음 보	103 聖 성인 성	128 是 이 시/옳을 시	153 爲 할 위	178 際 즈음 제/가 제	203 處 곳 처	228 豊 풍년 풍
4 監 볼 감	29 怒 성낼 노	54 論 논할 론	79 寶 보배 보	104 盛 성할 성	129 息 쉴 식	154 肉 고기 육	179 除 덜 제	204 請 청할 청	229 限 한정 한
5 康 편안 강	30 努 힘쓸 노	55 留 머무를 류	80 保 지킬 보	105 聲 소리 성	130 申 납(원숭이) 신	155 恩 은혜 은	180 祭 제사 제	205 總 다 총	230 航 배 항
6 講 욀 강	31 斷 끊을 단	56 律 법칙 률	81 復 회복할 복/다시 부	106 城 재 성	131 深 깊을 심	156 陰 그늘 음	181 製 지을 제	206 銃 총 총	231 港 항구 항
7 個 낱 개	32 端 끝 단	57 滿 찰 만	82 府 마을 부	107 誠 정성 성	132 眼 눈 안	157 應 응할 응	182 助 도울 조	207 蓄 모을 축	232 解 풀 해
8 檢 검사할 검	33 檀 박달나무 단	58 脈 줄기 맥	83 婦 며느리 부	108 細 가늘 세	133 暗 어두울 암	158 義 옳을 의	183 鳥 새 조	208 築 쌓을 축	233 鄉 시골 향
9 潔 깨끗할 결	34 單 홑 단	59 毛 터럭 모	84 副 버금 부	109 稅 세금 세	134 壓 누를 압	159 議 의논할 의	184 早 이를 조	209 蟲 벌레 충	234 香 향기 향
10 缺 이지러질 결	35 達 통달할 달	60 牧 칠 목	85 富 부자 부	110 勢 형세 세	135 液 진액 액	160 移 옮길 이	185 造 지을 조	210 忠 충성 충	235 虛 빌 허
11 慶 경사 경	36 擔 멜 담	61 武 호반 무	86 佛 부처 불	111 素 본디 소/흴 소	136 羊 양 양	161 益 더할 익	186 尊 높을 존	211 取 가질 취	236 驗 시험 험
12 警 깨우칠 경	37 黨 무리 당	62 務 힘쓸 무	87 備 갖출 비	112 掃 쓸 소	137 如 같을 여	162 引 끌 인	187 宗 마루 종	212 測 헤아릴 측	237 賢 어질 현
13 境 지경 경	38 帶 띠 대	63 味 맛 미	88 飛 날 비	113 笑 웃음 소	138 餘 남을 여	163 印 도장 인	188 走 달릴 주	213 治 다스릴 치	238 血 피 혈
14 經 지날 경	39 隊 무리 대	64 未 아닐 미	89 悲 슬플 비	114 續 이을 속	139 逆 거스를 역	164 認 알 인	189 竹 대 죽	214 置 둘 치	239 協 화할 협
15 係 맬 계	40 導 인도할 도	65 密 빽빽할 밀	90 非 아닐 비	115 俗 풍속 속	140 演 펼 연	165 障 막을 장	190 準 준할 준	215 齒 이 치	240 惠 은혜 혜
16 故 연고 고	41 督 감독할 독	66 博 넓을 박	91 貧 가난할 빈	116 送 보낼 송	141 研 갈 연	166 將 장수 장	191 衆 무리 중	216 侵 침노할 침	241 護 도울 호
17 官 벼슬 관	42 毒 독 독	67 防 막을 방	92 謝 사례할 사	117 收 거둘 수	142 煙 연기 연	167 低 낮을 저	192 增 더할 증	217 快 쾌할 쾌	242 呼 부를 호
18 求 구할 구	43 銅 구리 동	68 房 방 방	93 師 스승 사	118 修 닦을 수	143 榮 영화 영	168 敵 대적할 적	193 指 가리킬 지	218 態 모습 태	243 戶 집 호
19 句 글귀 구	44 斗 말 두	69 訪 찾을 방	94 寺 절 사	119 受 받을 수	144 藝 재주 예	169 田 밭 전	194 志 뜻 지	219 統 거느릴 통	244 好 좋을 호
20 究 연구할 구	45 豆 콩 두	70 配 나눌 배/짝 배	95 舍 집 사	120 授 줄 수	145 誤 그르칠 오	170 絶 끊을 절	195 至 이를 지	220 退 물러날 퇴	245 貨 재물 화
21 宮 집 궁	46 得 얻을 득	71 背 등 배	96 殺 죽일 살/감할 쇄	121 守 지킬 수	146 玉 구슬 옥	171 接 이을 접	196 支 지탱할 지	221 破 깨뜨릴 파	246 確 굳을 확
22 權 권세 권	47 燈 등 등	72 拜 절 배	97 狀 형상 상/문서 장	122 純 순수할 순	147 往 갈 왕	172 程 한도 정/길 정	197 職 직분 직	222 波 물결 파	247 回 돌아올 회
23 極 다할 극	48 羅 벌일 라	73 罰 벌할 벌	98 床 상 상	123 常 떳떳할 상	148 謠 노래 요	173 政 정사 정	198 進 나아갈 진	223 砲 대포 포	248 吸 마실 흡
24 禁 금할 금	49 兩 두 량	74 伐 칠 벌	99 施 베풀 시	124 承 이을 승	149 容 얼굴 용	174 精 정할(깨끗할) 정	199 眞 참 진	224 布 베 포/보시 보	249 興 일 흥
25 器 그릇 기	50 麗 고울 려	75 壁 벽 벽	100 想 생각 상	125 視 볼 시	150 圓 둥글 원	175 濟 건널 제	200 次 버금 차	225 包 쌀 포	250 希 바랄 희

細 108	怒 29	香 234	請 204	擔 36	承 123	程 172	認 164	背 71	榮 143
尊 186	拜 72	府 82	護 241	送 116	豊 228	陰 156	興 249	肉 154	帶 38
田 169	容 149	進 198	暖 27	衆 191	守 121	處 203	飛 88	創 202	毒 42
施 124	政 173	誤 145	罰 73	宗 187	指 193	回 247	經 14	檢 8	限 229
務 62	脈 58	快 217	羅 48	床 99	貨 245	玉 146	貧 91	深 131	毛 59
味 63	製 181	潔 9	衛 152	志 194	境 13	富 85	論 54	破 221	兩 49
鳥 183	缺 10	舍 95	往 147	除 179	驗 236	港 231	竹 189	益 161	減 3
收 117	羊 136	得 46	希 250	際 178	掃 112	濟 175	誠 107	總 205	連 51
演 140	態 218	退 220	賢 237	接 171	官 17	麗 50	婦 83	移 160	蓄 207
走 188	牧 60	造 185	斗 44	暗 133	謝 92	導 40	呼 242	備 87	波 222
斷 31	職 197	達 35	航 230	求 18	悲 89	障 165	置 214	血 238	句 19
助 182	暴 226	謠 148	測 212	敵 168	忠 210	未 64	起 26	盛 104	報 77
律 56	狀 97	修 118	警 12	統 219	圓 150	殺 96	藝 144	講 6	康 5

寶 79	設 101	常 98	察 201	液 135	博 66	逆 139	義 158	錄 53	戶 243
笑 113	餘 138	想 100	眼 132	假 2	復 81	次 200	續 114	齒 215	留 55
單 34	權 22	純 122	詩 126	築 208	師 93	員 151	如 137	保 80	訪 69
壁 75	究 20	煙 142	絶 170	列 52	眞 199	至 195	精 174	好 244	禁 24
印 163	支 196	惠 240	侵 216	恩 155	受 119	勢 110	慶 11	防 67	寺 94
議 159	申 130	研 141	制 177	佛 86	星 102	督 41	房 68	低 167	吸 248
是 128	稅 109	難 28	豆 45	引 162	非 90	壓 134	城 106	砲 223	故 16
素 111	虛 235	視 125	武 61	息 129	伐 74	器 25	步 78	布 224	取 211
祭 180	票 227	蟲 209	包 225	隊 39	街 1	試 127	鄕 233	宮 21	檀 33
個 7	將 166	俗 115	監 4	黨 37	銃 206	聲 105	準 190	係 15	確 246
治 213	早 184	應 157	滿 57	授 120	燈 47	副 84	協 239	密 65	端 32
極 23	爲 153	增 192	銅 43	邊 76	解 232	配 70	努 30	聖 103	提 176

四級Ⅱ 讀音연습

※ 다음 漢字語(單語)의 讀音을 쓰시오. (정답은 72쪽에 있음)

☞ 여기 문제를 풀때 먼저 1줄씩 풀어보고 미흡하면 '섞음漢字'를 다시 복습하고 푸는 식으로 하세요.

1. 有害 [   ]
2. 支障 [   ]
3. 課外 [   ]
4. 測量 [   ]
5. 溫暖 [   ]
6. 未聞 [   ]
7. 航路 [   ]
8. 配達 [   ]
9. 郡守 [   ]
10. 權門 [   ]
11. 希求 [   ]
12. 請願 [   ]
13. 個性 [   ]
14. 逆風 [   ]
15. 談話 [   ]
16. 約束 [   ]
17. 成人 [   ]
18. 創造 [   ]
19. 修身 [   ]
20. 百貨 [   ]
21. 暗行 [   ]
22. 言談 [   ]
23. 男兒 [   ]
24. 園藝 [   ]
25. 元素 [   ]

26. 情報 [   ]
27. 講堂 [   ]
28. 講演 [   ]
29. 羅列 [   ]
30. 藝術 [   ]
31. 放牧 [   ]
32. 外壓 [   ]
33. 獨創 [   ]
34. 展示 [   ]
35. 假定 [   ]
36. 尊待 [   ]
37. 非理 [   ]
38. 試圖 [   ]
39. 進步 [   ]
40. 期間 [   ]
41. 提案 [   ]
42. 習得 [   ]
43. 風景 [   ]
44. 客車 [   ]
45. 始講 [   ]
46. 救護 [   ]
47. 電話 [   ]
48. 溫暖 [   ]
49. 缺禮 [   ]
50. 筆談 [   ]

51. 誤解 [   ]
52. 禁煙 [   ]
53. 特製 [   ]
54. 先着 [   ]
55. 溫帶 [   ]
56. 事件 [   ]
57. 行爲 [   ]
58. 過去 [   ]
59. 圓滿 [   ]
60. 對決 [   ]
61. 個性 [   ]
62. 施政 [   ]
63. 低價 [   ]
64. 責任 [   ]
65. 勞動 [   ]
66. 費用 [   ]
67. 侵害 [   ]
68. 恩惠 [   ]
69. 呼吸 [   ]
70. 敗戰 [   ]
71. 印章 [   ]
72. 精神 [   ]
73. 施設 [   ]
74. 指示 [   ]
75. 六月 [   ]

76. 監査 [   ]
77. 呼名 [   ]
78. 角度 [   ]
79. 選定 [   ]
80. 都邑 [   ]
81. 中興 [   ]
82. 賣場 [   ]
83. 是非 [   ]
84. 雄飛 [   ]
85. 禮拜 [   ]
86. 軍隊 [   ]
87. 寫眞 [   ]
88. 政敵 [   ]
89. 減員 [   ]
90. 材料 [   ]
91. 衛星 [   ]
92. 備考 [   ]
93. 夫婦 [   ]
94. 街頭 [   ]
95. 拜金 [   ]
96. 雨期 [   ]
97. 定員 [   ]
98. 減速 [   ]
99. 難破 [   ]
100. 災害 [   ]

1. 怒氣 [　　　]
2. 液體 [　　　]
3. 民謠 [　　　]
4. 省察 [　　　]
5. 消費 [　　　]
6. 器具 [　　　]
7. 恩惠 [　　　]
8. 庭園 [　　　]
9. 政治 [　　　]
10. 綠陰 [　　　]
11. 農家 [　　　]
12. 統計 [　　　]
13. 造船 [　　　]
14. 景氣 [　　　]
15. 廣場 [　　　]
16. 局限 [　　　]
17. 權力 [　　　]
18. 充滿 [　　　]
19. 最大 [　　　]
20. 記者 [　　　]
21. 接近 [　　　]
22. 時期 [　　　]
23. 約束 [　　　]
24. 統治 [　　　]
25. 葉書 [　　　]

26. 病床 [　　　]
27. 遠洋 [　　　]
28. 師弟 [　　　]
29. 開放 [　　　]
30. 統計 [　　　]
31. 意圖 [　　　]
32. 官舍 [　　　]
33. 對決 [　　　]
34. 畫順 [　　　]
35. 光復 [　　　]
36. 協商 [　　　]
37. 養老 [　　　]
38. 赤道 [　　　]
39. 假說 [　　　]
40. 經驗 [　　　]
41. 議論 [　　　]
42. 理解 [　　　]
43. 邊境 [　　　]
44. 權利 [　　　]
45. 確認 [　　　]
46. 航空 [　　　]
47. 健康 [　　　]
48. 畫報 [　　　]
49. 發想 [　　　]
50. 完全 [　　　]

51. 議員 [　　　]
52. 復興 [　　　]
53. 汽車 [　　　]
54. 表情 [　　　]
55. 共助 [　　　]
56. 停止 [　　　]
57. 材料 [　　　]
58. 急速 [　　　]
59. 回送 [　　　]
60. 希望 [　　　]
61. 無難 [　　　]
62. 害蟲 [　　　]
63. 落馬 [　　　]
64. 復活 [　　　]
65. 純潔 [　　　]
66. 案件 [　　　]
67. 奉養 [　　　]
68. 快速 [　　　]
69. 暴惡 [　　　]
70. 豐盛 [　　　]
71. 監督 [　　　]
72. 戰爭 [　　　]
73. 冬期 [　　　]
74. 個體 [　　　]
75. 利敵 [　　　]

76. 復元 [　　　]
77. 萬端 [　　　]
78. 患者 [　　　]
79. 警察 [　　　]
80. 暴飮 [　　　]
81. 背景 [　　　]
82. 產室 [　　　]
83. 參考 [　　　]
84. 死境 [　　　]
85. 端初 [　　　]
86. 家臣 [　　　]
87. 帶同 [　　　]
88. 寶貨 [　　　]
89. 快勝 [　　　]
90. 擔任 [　　　]
91. 鐵道 [　　　]
92. 測量 [　　　]
93. 明堂 [　　　]
94. 斷絶 [　　　]
95. 表決 [　　　]
96. 觀察 [　　　]
97. 救濟 [　　　]
98. 講讀 [　　　]
99. 警官 [　　　]
100. 正初 [　　　]

1. 保健 [　　]	26. 航進 [　　]	51. 集團 [　　]	76. 獨立 [　　]
2. 氷河 [　　]	27. 落選 [　　]	52. 救命 [　　]	77. 效果 [　　]
3. 改正 [　　]	28. 發端 [　　]	53. 目錄 [　　]	78. 至極 [　　]
4. 衛星 [　　]	29. 不斷 [　　]	54. 一切 [　　]	79. 暖房 [　　]
5. 單身 [　　]	30. 的確 [　　]	55. 利益 [　　]	80. 油田 [　　]
6. 公費 [　　]	31. 氷炭 [　　]	56. 吸收 [　　]	81. 施政 [　　]
7. 準備 [　　]	32. 貯蓄 [　　]	57. 擧動 [　　]	82. 觀測 [　　]
8. 行旅 [　　]	33. 領空 [　　]	58. 擔當 [　　]	83. 確然 [　　]
9. 陰陽 [　　]	34. 動員 [　　]	59. 增減 [　　]	84. 航海 [　　]
10. 呼價 [　　]	35. 義務 [　　]	60. 賣票 [　　]	85. 個別 [　　]
11. 築造 [　　]	36. 放置 [　　]	61. 非理 [　　]	86. 愛着 [　　]
12. 友情 [　　]	37. 結局 [　　]	62. 毒感 [　　]	87. 忠孝 [　　]
13. 勝敗 [　　]	38. 吉凶 [　　]	63. 視察 [　　]	88. 政府 [　　]
14. 經典 [　　]	39. 關係 [　　]	64. 深海 [　　]	89. 統制 [　　]
15. 退職 [　　]	40. 毒藥 [　　]	65. 端末 [　　]	90. 考古 [　　]
16. 減産 [　　]	41. 吸煙 [　　]	66. 希望 [　　]	91. 除算 [　　]
17. 係長 [　　]	42. 極樂 [　　]	67. 聖賢 [　　]	92. 移住 [　　]
18. 配置 [　　]	43. 故障 [　　]	68. 配給 [　　]	93. 防除 [　　]
19. 樂勝 [　　]	44. 傳達 [　　]	69. 待接 [　　]	94. 大賞 [　　]
20. 難民 [　　]	45. 密約 [　　]	70. 呼應 [　　]	95. 端午 [　　]
21. 宅內 [　　]	46. 密着 [　　]	71. 留宿 [　　]	96. 端正 [　　]
22. 謝過 [　　]	47. 選擧 [　　]	72. 勇將 [　　]	97. 救助 [　　]
23. 健康 [　　]	48. 統一 [　　]	73. 高潔 [　　]	98. 寺院 [　　]
24. 不當 [　　]	49. 素質 [　　]	74. 藥指 [　　]	99. 檢査 [　　]
25. 築城 [　　]	50. 訪問 [　　]	75. 奉仕 [　　]	100. 溫室 [　　]

四級 Ⅱ 訓音연습

※ 다음 漢字의 訓과 音을 쓰시오.(정답은 72쪽에 있음)

1. 護 [　　　]	26. 研 [　　　]	51. 擔 [　　　]	76. 惠 [　　　]
2. 保 [　　　]	27. 檀 [　　　]	52. 恩 [　　　]	77. 笑 [　　　]
3. 深 [　　　]	28. 設 [　　　]	53. 早 [　　　]	78. 細 [　　　]
4. 準 [　　　]	29. 房 [　　　]	54. 權 [　　　]	79. 是 [　　　]
5. 息 [　　　]	30. 爲 [　　　]	55. 受 [　　　]	80. 究 [　　　]
6. 到 [　　　]	31. 吸 [　　　]	56. 步 [　　　]	81. 殺 [　　　]
7. 退 [　　　]	32. 求 [　　　]	57. 衆 [　　　]	82. 潔 [　　　]
8. 罰 [　　　]	33. 師 [　　　]	58. 絶 [　　　]	83. 佛 [　　　]
9. 常 [　　　]	34. 備 [　　　]	59. 忠 [　　　]	84. 增 [　　　]
10. 報 [　　　]	35. 處 [　　　]	60. 警 [　　　]	85. 將 [　　　]
11. 燈 [　　　]	36. 訪 [　　　]	61. 壓 [　　　]	86. 想 [　　　]
12. 島 [　　　]	37. 守 [　　　]	62. 程 [　　　]	87. 齒 [　　　]
13. 好 [　　　]	38. 志 [　　　]	63. 協 [　　　]	88. 提 [　　　]
14. 印 [　　　]	39. 星 [　　　]	64. 宗 [　　　]	89. 蓄 [　　　]
15. 限 [　　　]	40. 隊 [　　　]	65. 謠 [　　　]	90. 脈 [　　　]
16. 暗 [　　　]	41. 婦 [　　　]	66. 祭 [　　　]	91. 眞 [　　　]
17. 檢 [　　　]	42. 職 [　　　]	67. 素 [　　　]	92. 快 [　　　]
18. 監 [　　　]	43. 聲 [　　　]	68. 故 [　　　]	93. 伐 [　　　]
19. 官 [　　　]	44. 賢 [　　　]	69. 康 [　　　]	94. 連 [　　　]
20. 次 [　　　]	45. 敵 [　　　]	70. 床 [　　　]	95. 銃 [　　　]
21. 確 [　　　]	46. 聖 [　　　]	71. 寶 [　　　]	96. 論 [　　　]
22. 狀 [　　　]	47. 博 [　　　]	72. 低 [　　　]	97. 製 [　　　]
23. 煙 [　　　]	48. 虛 [　　　]	73. 背 [　　　]	98. 減 [　　　]
24. 舍 [　　　]	49. 勢 [　　　]	74. 創 [　　　]	99. 防 [　　　]
25. 續 [　　　]	50. 帶 [　　　]	75. 如 [　　　]	100. 液 [　　　]

1. 悲 [　　]	26. 極 [　　]	51. 邊 [　　]	76. 態 [　　]
2. 復 [　　]	27. 引 [　　]	52. 衛 [　　]	77. 指 [　　]
3. 經 [　　]	28. 壁 [　　]	53. 員 [　　]	78. 端 [　　]
4. 慶 [　　]	29. 治 [　　]	54. 詩 [　　]	79. 義 [　　]
5. 個 [　　]	30. 黨 [　　]	55. 稅 [　　]	80. 制 [　　]
6. 尊 [　　]	31. 謝 [　　]	56. 除 [　　]	81. 精 [　　]
7. 係 [　　]	32. 往 [　　]	57. 濟 [　　]	82. 票 [　　]
8. 興 [　　]	33. 貧 [　　]	58. 試 [　　]	83. 俗 [　　]
9. 務 [　　]	34. 蟲 [　　]	59. 容 [　　]	84. 演 [　　]
10. 寺 [　　]	35. 器 [　　]	60. 暴 [　　]	85. 密 [　　]
11. 陰 [　　]	36. 驗 [　　]	61. 造 [　　]	86. 香 [　　]
12. 應 [　　]	37. 砲 [　　]	62. 貨 [　　]	87. 眼 [　　]
13. 際 [　　]	38. 包 [　　]	63. 誠 [　　]	88. 暖 [　　]
14. 進 [　　]	39. 禁 [　　]	64. 餘 [　　]	89. 圓 [　　]
15. 視 [　　]	40. 講 [　　]	65. 支 [　　]	90. 達 [　　]
16. 副 [　　]	41. 宮 [　　]	66. 武 [　　]	91. 得 [　　]
17. 移 [　　]	42. 斷 [　　]	67. 怒 [　　]	92. 助 [　　]
18. 督 [　　]	43. 察 [　　]	68. 銅 [　　]	93. 純 [　　]
19. 議 [　　]	44. 破 [　　]	69. 盛 [　　]	94. 配 [　　]
20. 障 [　　]	45. 導 [　　]	70. 誤 [　　]	95. 逆 [　　]
21. 飛 [　　]	46. 味 [　　]	71. 承 [　　]	96. 築 [　　]
22. 錄 [　　]	47. 羅 [　　]	72. 起 [　　]	97. 布 [　　]
23. 鄕 [　　]	48. 測 [　　]	73. 街 [　　]	98. 益 [　　]
24. 請 [　　]	49. 毒 [　　]	74. 麗 [　　]	99. 城 [　　]
25. 統 [　　]	50. 送 [　　]	75. 留 [　　]	100. 列 [　　]

4급Ⅱ 독음 연습문제 [67쪽]

① 유해 ② 지장 ③ 과외 ④ 측량 ⑤ 온난 ⑥ 미문 ⑦ 항로 ⑧ 배달
⑨ 군수 ⑩ 권문 ⑪ 희구 ⑫ 청원 ⑬ 개성 ⑭ 역풍 ⑮ 담화 ⑯ 약속
⑰ 성인 ⑱ 창조 ⑲ 수신 ⑳ 백화 ㉑ 암행 ㉒ 언담 ㉓ 남아 ㉔ 원예
㉕ 원소 ㉖ 정보 ㉗ 강당 ㉘ 강연 ㉙ 나열 ㉚ 예술 ㉛ 방목 ㉜ 외압
㉝ 독창 ㉞ 전시 ㉟ 가정 ㊱ 존대 ㊲ 비리 ㊳ 시도 ㊴ 진보 ㊵ 기간
㊶ 제안 ㊷ 습득 ㊸ 풍경 ㊹ 객사 ㊺ 시강 ㊻ 구호 ㊼ 전화 ㊽ 온난
㊾ 결례 ㊿ 필담 51 오해 52 금연 53 특제 54 선착 55 온대 56 사건
57 행위 58 과거 59 원만 60 대결 61 개성 62 시정 63 저가 64 책임
65 노동 66 비용 67 침해 68 은혜 69 호흡 70 패전 71 인장 72 정신
73 시설 74 지시 75 유월 76 감사 77 호명 78 각도 79 선정 80 도읍
81 중흥 82 매장 83 시비 84 웅비 85 예배 86 군대 87 사진 88 정적
89 감원 90 재료 91 위성 92 비고 93 부부 94 가두 95 배금 96 우기
97 정원 98 감속 99 난파 100 재해

4급Ⅱ 독음 연습문제 [68쪽]

① 노기 ② 액체 ③ 민요 ④ 성찰 ⑤ 소비 ⑥ 기구 ⑦ 은혜 ⑧ 정원
⑨ 정치 ⑩ 녹음 ⑪ 농가 ⑫ 통계 ⑬ 조선 ⑭ 경기 ⑮ 광장 ⑯ 국한
⑰ 권력 ⑱ 충만 ⑲ 최대 ⑳ 기자 ㉑ 접근 ㉒ 시기 ㉓ 약속 ㉔ 통치
㉕ 엽서 ㉖ 병상 ㉗ 원양 ㉘ 사제 ㉙ 개방 ㉚ 통계 ㉛ 의도 ㉜ 관사
㉝ 대결 ㉞ 획순 ㉟ 광복 ㊱ 협상 ㊲ 양로 ㊳ 적도 ㊴ 가설 ㊵ 경험
㊶ 의논 ㊷ 이해 ㊸ 변경 ㊹ 권리 ㊺ 확인 ㊻ 항공 ㊼ 건강 ㊽ 화보
㊾ 발상 ㊿ 완전 51 의원 52 부흥 53 기차 54 표정 55 공조 56 정지
57 재료 58 급속 59 회송 60 희망 61 무난 62 해충 63 낙마 64 부활
65 순결 66 안건 67 봉양 68 쾌속 69 포악 70 풍성 71 감독 72 전쟁
73 동기 74 개체 75 이적 76 복원 77 만단 78 환자 79 경찰 80 폭음
81 배경 82 산실 83 참고 84 사경 85 단초 86 가신 87 대동 88 보화
89 쾌승 90 담임 91 철도 92 측량 93 명당 94 단절 95 표결 96 관찰
97 구제 98 강독 99 경관 100 정초

4급Ⅱ 독음 연습문제 [69쪽]

① 보건 ② 빙하 ③ 개정 ④ 위성 ⑤ 단신 ⑥ 공비 ⑦ 준비 ⑧ 행려
⑨ 음양 ⑩ 호가 ⑪ 축조 ⑫ 우정 ⑬ 승패 ⑭ 경전 ⑮ 퇴직 ⑯ 감산
⑰ 계장 ⑱ 배치 ⑲ 낙승 ⑳ 난민 ㉑ 댁내 ㉒ 사과 ㉓ 건강 ㉔ 부당
㉕ 축성 ㉖ 항진 ㉗ 낙선 ㉘ 발단 ㉙ 부단 ㉚ 적확 ㉛ 빙탄 ㉜ 저축
㉝ 영공 ㉞ 동원 ㉟ 의무 ㊱ 방치 ㊲ 결국 ㊳ 길흉 ㊴ 관계 ㊵ 독약
㊶ 흡연 ㊷ 극락 ㊸ 고장 ㊹ 전달 ㊺ 밀약 ㊻ 밀착 ㊼ 선거 ㊽ 통일
㊾ 소질 ㊿ 방문 51 집단 52 구명 53 목록 54 일체 55 이익 56 흡수
57 거동 58 담당 59 증감 60 매표 61 비리 62 독감 63 시찰 64 심해
65 단말 66 희망 67 성현 68 배급 69 대접 70 호응 71 유숙 72 용장
73 고결 74 약지 75 봉사 76 독립 77 효과 78 지극 79 난방 80 유전
81 시정 82 관측 83 확연 84 항해 85 개별 86 애착 87 충효 88 정부
89 통제 90 고고 91 제산 92 이주 93 방제 94 대상 95 단오 96 단정
97 구조 98 사원 99 검사 100 온실

4급Ⅱ 훈음 연습문제 [70쪽]

① 도울 호 ② 지킬 보 ③ 깊을 심 ④ 준할 준 ⑤ 쉴 식 ⑥ 이를 도
⑦ 물러날 퇴 ⑧ 벌할 벌 ⑨ 떳떳할 상, 항상 상 ⑩ 갚을 보
⑪ 등 등 ⑫ 섬 도 ⑬ 좋을 호 ⑭ 도장 인 ⑮ 한정 한 ⑯ 어두울 암
⑰ 검사할 검 ⑱ 볼 감 ⑲ 벼슬 관 ⑳ 버금 차 ㉑ 굳을 확 ㉒ 형상 상
㉓ 연기 연 ㉔ 집 사 ㉕ 이을 속 ㉖ 갈 연 ㉗ 박달나무 단 ㉘ 베풀 설
㉙ 방 방 ㉚ 할 위 ㉛ 마실 흡 ㉜ 구할 구 ㉝ 스승 사 ㉞ 갖출 비
㉟ 곳 처 ㊱ 찾을 방 ㊲ 지킬 수 ㊳ 뜻 지 ㊴ 별 성 ㊵ 무리 대
㊶ 며느리 부 ㊷ 직분 직 ㊸ 소리 성 ㊹ 어질 현 ㊺ 대적할 적
㊻ 성인 성 ㊼ 넓을 박 ㊽ 빌 허 ㊾ 형세 세 ㊿ 띠 대 51 멜 담
52 은혜 은 53 이를 조 54 권세 권 55 받을 수 56 걸을 보
57 무리 중 58 끊을 절 59 충성 충 60 깨우칠 경 61 누를 압
62 한도 정 63 화할 협 64 마루 종 65 노래 요 66 제사 제 67 본디 소
68 연고 고 69 편안 강 70 상 상 71 보배 보 72 낮을 저 73 등 배
74 비로소 창 75 같을 여 76 은혜 혜 77 웃을 소 78 가늘 세 79 이 시
80 연구할 구 81 죽일 살 82 깨끗할 결 83 부처 불 84 더할 증
85 장수 장 86 생각할 상 87 이 치 88 끌 제 89 모을 축 90 줄기 맥
91 참 진 92 쾌할 쾌 93 칠 벌 94 이을 련 95 총 총 96 논할 론
97 지을 제 98 덜 감 99 막을 방 100 진 액

4급Ⅱ 훈음 연습문제 [71쪽]

① 슬플 비 ② 회복할 복, 다시 부 ③ 지날 경 ④ 경사 경 ⑤ 날 개
⑥ 높을 존 ⑦ 맬 계 ⑧ 일흥(일어날 흥) ⑨ 힘쓸 무 ⑩ 절 사
⑪ 그늘 음 ⑫ 응할 응 ⑬ 즈음(때) 제 ⑭ 나아갈 진 ⑮ 볼 시
⑯ 버금 부 ⑰ 옮길 이 ⑱ 감독할 독, 재촉할 독 ⑲ 의논할 의
⑳ 막을 장 ㉑ 날 비 ㉒ 기록할 록 ㉓ 시골 향 ㉔ 청할 청
㉕ 거느릴 통 ㉖ 극진할 극 ㉗ 끌 인 ㉘ 벽 벽 ㉙ 다스릴 치
㉚ 무리 당 ㉛ 사례할 사 ㉜ 갈 왕 ㉝ 가난할 빈 ㉞ 벌레 충
㉟ 그릇 기 ㊱ 시험할 험 ㊲ 대포 포 ㊳ 쌀 포 ㊴ 금할 금 ㊵ 월 강
㊶ 집 궁 ㊷ 끊을 단 ㊸ 살필 찰 ㊹ 깨뜨릴 파 ㊺ 인도할 도 ㊻ 맛 미
㊼ 벌일 라 ㊽ 헤아릴 측 ㊾ 독 독 ㊿ 보낼 송 51 가 변 52 지킬 위
53 인원 원 54 시 시 55 세금 세 56 덜 제 57 건널 제 58 시험할 시
59 얼굴 용 60 사나울 폭, 모질 포 61 지을 조 62 재물 화 63 정성 성
64 남을 여 65 지탱할 지 66 호반 무 67 성낼 노 68 구리 동
69 성할 성 70 그르칠 오 71 이을 승 72 일어날 기 73 거리 가
74 고울 려 75 머무를 류 76 모습 태 77 가리킬 지 78 끝 단
79 옳을 의 80 절제할 제 81 정할(깨끗할) 정 82 표 표 83 풍속 속
84 펼 연 85 빽빽할 밀, 숨길 밀 86 향기 향 87 눈 안 88 따뜻할 난
89 둥글 원 90 통달할 달 91 얻을 득 92 도울 조 93 순수할 순
94 나눌 배 95 거스릴 역 96 쌓을 축 97 베 포 98 더할 익 99 재 성
100 벌일 렬

한자능력검정시험 4급 II
예상문제 (1회~13회)
기술·예상문제 (1회~11회)

이제부터는 예상문제를 풀 차례입니다.
틀린 문제는 복습을 빠뜨리지 말고
꼭 하기 바랍니다.
예상문제 점수대는
기출·예상문제 점수대로 이어지고
기출·예상문제 점수대는
실제급수 시험 점수대와
거의 차이가 없을 것입니다.

정답은 125쪽부터 있습니다.

합격점수 : 70점
제한시간 : 50분

제1회 한자능력검정시험 4급Ⅱ 예상문제

[問 1~35] 다음 漢字語의 讀音을 쓰시오.

(1) 創造 (2) 課稅 (3) 總務
(4) 起床 (5) 貧寒 (6) 國際
(7) 收養 (8) 奉仕 (9) 急流
(10) 斷絶 (11) 器官 (12) 深度
(13) 强調 (14) 指導 (15) 蓄財
(16) 公職 (17) 解決 (18) 係爭
(19) 總督 (20) 豊盛 (21) 節次
(22) 缺席 (23) 斗護 (24) 黑煙
(25) 希願 (26) 狀態 (27) 發砲
(28) 訓練 (29) 守衛 (30) 血液
(31) 除雪 (32) 電燈 (33) 讀破
(34) 統制 (35) 北斗

[問 36~57] 다음 漢字의 訓과 音을 쓰시오.

(36) 效 (37) 設 (38) 害
(39) 請 (40) 員 (41) 職
(42) 笑 (43) 總 (44) 進
(45) 暖 (46) 究 (47) 陰
(48) 統 (49) 個 (50) 航
(51) 次 (52) 滿 (53) 密
(54) 脈 (55) 濟 (56) 稅
(57) 壁

[問 58~62] 다음 ( )안에 알맞은 漢字를 써서 四字成語를 완성하시오.

(58) 多多益( ) : 많으면 많을수록 좋음
(59) 見( )思義 : 눈 앞에 이익이 보일 때 의리를 먼저 생각함
(60) 溫故知( ) : 옛것을 익히고 그것을 미루어서 새것을 앎
(61) ( )不如死 : 삶이 죽음만 같지 못하다는 매우 곤경에 처해 있음을 알리는 말
(62) 燈火可( ) : 서늘한 가을 밤은 등불을 가까이 하여 글 읽기에 좋음으로 이르는 말

[問 63~65] 다음 漢字語와 讀音은 같으나 뜻이 다른 漢字語를 쓰시오.

(63) 待期 – ( ) : 지구 주위를 둘러싸고 있는 기체
(64) 士氣 – ( ) : 역사적인 사실을 적어놓은 책
(65) 半減 – ( ) : 반대하거나 반항하는 감정

[問 66~68] 다음 漢字의 略字약자를 쓰시오.

(66) 圖
(67) 團
(68) 藥

[問 69~71] 다음 漢字의 部首를 쓰시오.

(69) 書

(70) 臣

(71) 希

[問 72~81] 다음 문장에서 밑줄 친 漢字語를 漢字로 쓰시오.

(72) 사람은 외모보다 그 품성을 헤아린다.

(73) 비록 적국의 사자일찌라도 박대할 수는 없다.

(74) 우주선이 무사히 지구에 착륙했다.

(75) 고속전철은 속도가 빠릅니다.

(76) 아무 물색도 모르는 철부지 인간

(77) 방학때 여행을 통하여 견문을 넓힌다.

(78) 부모를 잘 봉양함이 자식의 도리이다.

(79) 운동복으로 갈아입고 달리기를 했다.

(80) 수영을 하기 전에 준비운동을 할 필요가 있다.

(81) 노상에서 공놀이를 하면 위험하다.

[問 82~91] 다음 漢字語를 漢字로 쓰시오.

(82) 자생(저절로 생겨남)

(83) 졸업(정해진 교과 과정을 모두 마침)

(84) 집결(한군데로 모임)

(85) 국사(나라의 역사)

(86) 휴양(편히 쉬면서 마음과 몸을 건강하게 함)

(87) 양지(볕이 바로 드는 곳)

(88) 실효(효력을 잃음)

(89) 교가(학교를 상징하는 노래)

(90) 병약(병에 시달려 몸이 허약함)

(91) 독창(혼자서 노래함)

[問 92~94] 다음 漢字와 뜻이 反對 또는 相對 되는 漢字를 ( )에 적어 漢字語를 완성하시오.

(92) 輕 ↔ (   )

(93) 善 ↔ (   )

(94) (   ) ↔ 戰

[問 95~97] 다음 漢字와 뜻이 같거나 비슷한 漢字를 ( )에 넣어 漢字語를 만드시오.

(95) (   ) － 服

(96) (   ) － 備

(97) 境 － (   )

[問 98~100] 다음 漢字語(單語)의 뜻을 쓰시오.

(98) 登場

(99) 商船

(100) 見習

제2회 한자능력검정시험 4급Ⅱ 예상문제

[問 1~35] 다음 漢字語의 讀音을 쓰시오.

(1) 樹液 (2) 餘波 (3) 地動

(4) 着想 (5) 民俗 (6) 小包

(7) 施惠 (8) 取得 (9) 毒素

(10) 陰害 (11) 鳥類 (12) 特權

(13) 列擧 (14) 印畵 (15) 早起

(16) 令狀 (17) 擔當 (18) 起立

(19) 施設 (20) 特惠 (21) 參拜

(22) 護衛 (23) 提唱 (24) 誤認

(25) 無限 (26) 歌謠 (27) 街路

(28) 精密 (29) 副業 (30) 列强

(31) 故障 (32) 請求 (33) 研究

(34) 退出 (35) 銅賞

[問 36~57] 다음 漢字의 訓과 音을 쓰시오.

(36) 博 (37) 殺 (38) 取

(39) 低 (40) 防 (41) 得

(42) 他 (43) 敵 (44) 玉

(45) 肉 (46) 調 (47) 港

(48) 宮 (49) 床 (50) 權

(51) 寶 (52) 田 (53) 怒

(54) 展 (55) 罰 (56) 舍

(57) 假

[問 58~62] 다음 ( )안에 알맞은 漢字를 써서 四字成語를 완성하시오.

(58) ( )前燈火 : 바람 앞의 등불이란 뜻으로 매우 위태로운 상황을 가리키는 말

(59) 事親以( ) : 어버이를 섬기기를 효도로써 함

(60) 落木寒( ) : 낙엽 진 나무와 차가운 하늘, 곧 추운 겨울철

(61) 言( )一致 : 말과 행동이 서로 같음.

(62) 生面不( ) : 서로 한 번도 만난 적이 없어서 전혀 알지 못하는 사람

[問 63~65] 다음 漢字語와 讀音은 같으나 뜻이 다른 漢字語를 쓰시오.(同音異義語)

(63) 兩者 - ( ) : 입양에 의해서 자식의 자격을 얻은 사람

(64) 改敎 - ( ) : 새로 세운 학교에서 처음으로 수업을 시작함

(65) 給水 - 級( ) : 일정한 차례로 늘어 놓은 수열

[問 66~68] 다음 漢字의 略字약자를 쓰시오.

(66) 學

(67) 傳

(68) 同

[問 69~71] 다음 漢字의 部首를 쓰시오.

(69) 製

(70) 反

(71) 比

[問 72~81] 다음 문장에서 밑줄 친 漢字語를 漢字로 쓰시오.

(72) 사람은 얼굴보다 성격이 좋아야 한다.

(73) 이 옷들은 품질이 우수하다.

(74) 매표 창구 앞에 많은 사람들이 줄지어 있다.

(75) 적의 군사는 추풍낙엽같이 쓰러졌다.

(76) 남이 하는 숙제를 대필해 쓰면 안된다.

(77) 수많은 관중들의 이목을 집중시켰다.

(78) 가로수와 조화를 이룬 도로가 너무 아름답다.

(79) 이곳 주유소에서는 운전자가 기름을 넣는다.

(80) 모든 일은 원인보다 결과를 중시한다.

(81) 발명의 왕 에디슨

[問 82~91] 다음 漢字語를 漢字로 쓰시오.

(82) 운집 : 구름처럼 많이 모여듦

(83) 과제 : 처리하거나 해결해야 할 문제

(84) 소화 : 음식을 삭힘

(85) 반감 : 반발하는 감정

(86) 견학 : 현장에 가서 보고 배우는 것

(87) 세면 : 얼굴을 씻음

(88) 외계 : 지구 밖의 세계

(89) 부정 : 올바르지 아니하거나 옳지 못함

(90) 신선 : 새롭고 산뜻함

(91) 대답 : 묻는 말에 답함

[問 92~94] 다음 漢字와 뜻이 反對 또는 相對 되는 漢字를 ( )에 적어 漢字語를 완성하시오.

(92) 陸 ↔ (   )

(93) 物 ↔ (   )

(94) 曲 ↔ (   )

[問 95~97] 다음 漢字와 뜻이 같거나 비슷한 漢字를 ( )에 넣어 漢字語를 만드시오.

(95) (   ) － 息

(96) 藝 － (   )

(97) 擔 － (   )

[問 98~100] 다음 漢字語(單語)의 뜻을 쓰시오.

(98) 球技

(99) 原告

(100) 決算

합격점수 : 70점
제한시간 : 50분

제3회 한자능력검정시험 4급Ⅱ 예상문제

[問 1~35] 다음 漢字語의 讀音을 쓰시오.

(1) 敬愛   (2) 最低   (3) 公演

(4) 記錄   (5) 確定   (6) 罪狀

(7) 要員   (8) 冷害   (9) 引用

(10) 宮城   (11) 暖帶   (12) 是認

(13) 隊列   (14) 非理   (15) 絕對

(16) 絕壁   (17) 演說   (18) 快速

(19) 總選   (20) 牧羊   (21) 留念

(22) 受難   (23) 綠陰   (24) 報告

(25) 忠節   (26) 財貨   (27) 本寺

(28) 進展   (29) 單純   (30) 密接

(31) 航海   (32) 序頭   (33) 建築

(34) 過程   (35) 破産

[問 36~57] 다음 漢字의 訓과 音을 쓰시오.

(36) 製   (37) 應   (38) 禁

(39) 提   (40) 器   (41) 爲

(42) 血   (43) 議   (44) 益

(45) 貧   (46) 減   (47) 煙

(48) 羊   (49) 鐵   (50) 授

(51) 增   (52) 素   (53) 申

(54) 將   (55) 筆   (56) 呼

(57) 停

[問 58~62] 다음 ( )안에 알맞은 漢字를 써서 四字成語를 완성하시오.

(58) 結(   )報恩 : 죽은 뒤에라도 은혜를 잊지 않고 갚음을 이르는 말

(59) (   )事求是 : 사실에 토대를 두어 진리를 탐구하는 일

(60) 起(   )回生 : 죽을 뻔하다가 다시 살아남

(61) 難攻(   )落 : 공격하기가 어려워 좀처럼 함락되지 아니함

(62) (   )通五達 : 길이나 교통망 통신망 등이 사방으로 막힘없이 통함

[問 63~65] 다음 漢字語와 讀音은 같으나 뜻이 다른 漢字語를 쓰시오.

(63) 謝絕 - (   )節 : 나라를 대표하여 외국에 파견된 사람

(64) 童詩 - (   ) : 같은 때나 시기

(65) 事故 - (   ) : 인생의 네가지 고통

[問 66~68] 다음 漢字의 部首를 쓰시오.

(66) 數

(67) 洋

(68) 郡

[問 69~71] 다음 漢字의 略字약자를 쓰시오.

⑥⑨ 會

⑺⓪ 發

⑺① 實

[問 72~81] 다음 문장에서 밑줄 친 漢字語를 漢字로 쓰시오.

⑺② 밝은 미소를 짓는 명랑한 우리 사회.

⑺③ 제주도의 한라산은 휴화산이다.

⑺④ 서당 개 삼 년에 풍월을 한다.

⑺⑤ 삶의 지혜를 주는 말을 금언이라고 한다.

⑺⑥ 누구나 학창 시절의 추억을 잊지 않는다.

⑺⑦ 나는 미술에 취미가 있다.

⑺⑧ 식목일이 아니어도 자주 나무를 심는다.

⑺⑨ 남의 하는 일에 참견하지 말자.

⑻⓪ 지구 온도가 올라가는 온실 효과로 이상 기온이 발생한다.

⑻① 누구나 책임을 다하고서 권리를 주장할 수 있다.

[問 82~91] 다음 뜻에 맞는 漢字語를 漢字로 쓰시오.

⑻② 광장 : 넓은 마당

⑻③ 온기 : 따뜻한 기운

⑻④ 신봉 : 옳다고 믿고 받듦

⑻⑤ 격언 : 인생에 대한 교훈이나 경계 따위의 글

⑻⑥ 악필 : 못 쓴 글씨

⑻⑦ 급료 : 일을 한 것에 대한 보수

⑻⑧ 참례 : 예식에 참여함

⑻⑨ 직선 : 곧은 선

⑼⓪ 엽서 : 우편엽서의 준말

⑼① 개시 : 행동이나 일 따위를 처음 시작함

[問 92~94] 다음 漢字와 뜻이 反對 또는 相對되는 漢字를 ( )에 적어 漢字語를 완성하시오.

⑼② 問 ↔ (   )

⑼③ 將 ↔ (   )

⑼④ (   ) ↔ 婦

[問 95~97] 다음 漢字와 뜻이 같거나 비슷한 漢字를 ( )에 넣어 漢字語를 만드시오.

⑼⑤ (   ) － 聲

⑼⑥ 報 － (   )

⑼⑦ 算 － (   )

[問 98~100] 다음 漢字語(單語)의 뜻을 쓰시오.

⑼⑧ 傳記

⑼⑨ 雲集

⑽⓪ 品貴

합격점수 : 70점
제한시간 : 50분

제4회 한자능력검정시험 4급 Ⅱ 예상문제

[問 1~35] 다음 漢字語의 讀音을 쓰시오.

(1) 配置   (2) 情熱   (3) 太宗

(4) 係員   (5) 鳥銃   (6) 移植

(7) 商店   (8) 婦德   (9) 連任

(10) 掃除   (11) 數億   (12) 血壓

(13) 境界   (14) 接受   (15) 武藝

(16) 風雲   (17) 博識   (18) 蟲齒

(19) 倍數   (20) 單獨   (21) 吸收

(22) 參億   (23) 談笑   (24) 官職

(25) 氣壓   (26) 賣票   (27) 雄飛

(28) 災難   (29) 進退   (30) 美麗

(31) 引出   (32) 綠豆   (33) 答狀

(34) 協助   (35) 海邊

[問 36~57] 다음 漢字의 訓과 音을 쓰시오.

(36) 接   (37) 缺   (38) 協

(39) 聖   (40) 忠   (41) 走

(42) 邊   (43) 細   (44) 境

(45) 際   (46) 律   (47) 制

(48) 鳥   (49) 蓄   (50) 餘

(51) 婦   (52) 味   (53) 着

(54) 唱   (55) 續   (56) 圓

(57) 移

[問 58~62] 다음 ( )안에 알맞은 漢字를 써서 四字成語를 완성하시오.

(58) 知行( )一

(59) 行( )擧止

(60) 多聞博( )

(61) 語不成( )

(62) 一言( )句

[問 63~65] 다음 漢字語와 讀音은 같으나 뜻이 다른 漢字語를 쓰시오.

(63) 大寒 － ( ) : 한국에 대한 일

(64) 開化 － ( ) : 꽃이 핌

(65) 大家 － 代( ) : 물건 값으로 치르는 돈

[問 66~68] 다음 漢字와 뜻이 反對 또는 相對 되는 漢字를 ( )에 적어 漢字語를 완성하시오.

(66) ( ) ↔ 暗

(67) 遠 ↔ ( )

(68) 吉 ↔ ( )

[問 69~71] 다음 漢字와 뜻이 같거나 비슷한 漢字를 ( )에 넣어 漢字語를 만드시오.

(69) 製 ─ (   )

(70) 奉 ─ (   )

(71) 社 ─ (   )

※ 다음 글을 읽고 물음에 답하시오.

언어(72)와 문자(73)는 우리의 사상과 생각을 표현(74)하는 도구이기 이전에 그것을 담는 그릇이다. 그런 의미에서 한자는 한·중·일 세 나라를 중심으로 한 오랜 역사(75)의 문화와 정신을 담아 전해 오는 소중(76)한 그릇이라고 할 수 있다. 사람은 물론 건축물이나 각종 기물은 사라져도 한자는 그 역사와 문화의 정화를 담아 오늘날까지 전하고 있기 때문이다. 그런데 만약 담을 그릇이 적다면 생각하고 표현할 방법(77)도 역시 부족(78)한 법이다. 다행(79)스럽게도 우리말은 소리글자와 뜻글자를 모두 갖추고 있다. 순수한 한글과 풍부한 한자어라는 두 가지는 양쪽의 결함이 상호 보완되는 천혜의 조건을 형성(80)하고 있는 것이다. 그 중 우리말 한자어는 아름다운 한글의 중요(81)한 근간이 되고 있다.

[問 72~81] 윗글에서 밑줄 친 漢字語를 漢字로 쓰시오.

(72) 언어   (73) 문자   (74) 표현

(75) 역사   (76) 소중   (77) 방법

(78) 부족   (79) 다행   (80) 형성

(81) 중요

[問 82~91] 다음 漢字語를 漢字로 쓰시오.

(82) 거래 (상품을 사고 파는 일)

(83) 식언 (약속한 것을 지키지 아니함)

(84) 민족 (겨레)

(85) 남해 (남쪽 바다)

(86) 선친 (돌아가신 아버지)

(87) 사기 (병사들의 씩씩한 기개)

(88) 원일 (설날)

(89) 우애 (형제, 또는 친구간의 정과 사랑)

(90) 단장 (일정한 단체의 우두머리)

(91) 기본 (사물의 근본)

[問 92~94] 다음 漢字語(單語)의 뜻을 쓰시오.

(92) 初代

(93) 期約

(94) 敗北

[問 95~97] 다음 漢字의 部首를 쓰시오.

(95) 齒

(96) 除

(97) 武

[問 98~100] 다음 漢字의 略字약자를 쓰시오.

(98) 號

(99) 卒

(100) 世

제5회 한자능력검정시험 4급Ⅱ 예상문제

[問 1~35] 다음 漢字語의 讀音을 쓰시오.

(1) 增減　　(2) 假想　　(3) 序列

(4) 竹島　　(5) 斷念　　(6) 通貨

(7) 苦笑　　(8) 功德　　(9) 惡材

(10) 農協　　(11) 感謝　　(12) 現狀

(13) 貯蓄　　(14) 論爭　　(15) 移住

(16) 精選　　(17) 監察　　(18) 冷房

(19) 恩惠　　(20) 血脈　　(21) 星宿

(22) 提示　　(23) 連放　　(24) 復活

(25) 申告　　(26) 英雄　　(27) 增築

(28) 眞理　　(29) 高潔　　(30) 羅列

(31) 錄畫　　(32) 眞假　　(33) 自律

(34) 良好　　(35) 背信

[問 36~57] 다음 漢字의 訓과 音을 쓰시오.

(36) 難　　(37) 豊　　(38) 掃

(39) 燈　　(40) 努　　(41) 羅

(42) 藝　　(43) 純　　(44) 造

(45) 興　　(46) 築　　(47) 講

(48) 誤　　(49) 演　　(50) 毛

(51) 眼　　(52) 支　　(53) 報

(54) 波　　(55) 至　　(56) 傳

(57) 如

[問 58~62] 다음 (　)안에 알맞은 漢字를 써서 四字成語를 완성하시오.

(58) 人死留(　　) : 사람은 죽어서 이름을 남긴다는 말

(59) 因(　　)應報 : 좋은 일에는 좋은 결과가, 나쁜 일에는 나쁜 결과가 따름

(60) 出將入(　　) : 문무를 겸비하여 장상의 벼슬을 모두 지낸 사람

(61) 說往說(　　) : 서로 자신의 주장을 내세우며 옥신각신하는 것을 말함

(62) (　　)備無患 : 미리 준비가 되어 있으면 걱정할 것이 없음

[問 63~65] 다음 漢字語와 讀音은 같으나 뜻이 다른 漢字語를 쓰시오.

(63) 加産 － (　　) : 한 집안의 재산

(64) 兵舍 － (　　) : 병으로 죽음

(65) 假數 － (　　) : 노래 부르는 것을 업으로 삼는 사람

[問 66~68] 다음 漢字의 部首를 쓰시오.

(66) 平

(67) 午

(68) 築

[問 69~71] 다음 漢字의 略字^{약자}를 쓰시오.

(69) 對

(70) 戰

(71) 當

[問 72~81] 다음 문장에서 밑줄 친 漢字語를 漢字로 쓰시오.

(72) <u>정원</u>에 꽃들이 이슬을 맞고 젖었다.

(73) <u>전선</u>에 풍선이 걸려 있다.

(74) 오늘은 우리 학교 <u>개교</u> 기념일이었다.

(75) <u>농부</u>는 곡식과 과·채류의 주인이다.

(76) <u>교육</u>은 한 국가의 국운을 좌우한다.

(77) 그는 <u>화가</u>로 활동하고 있다.

(78) 하루 <u>일과</u>를 마치고 쉬는 시간이 즐겁다.

(79) 시대가 <u>위대</u>한 인물을 만든다.

(80) 오늘 <u>오후</u>에 비가 온다고 했다.

(81) 서투른 <u>목수</u>가 연장 탓만 한다.

[問 82~91] 다음 漢字語를 漢字로 쓰시오.

(82) 육성 : 길러 자라게 함

(83) 순번 : 돌아오는 차례, 또는 그 순서

(84) 면전 : 보고 있는 앞

(85) 일기 : 날마다 생긴 일이나 느낌을 적은 기록

(86) 정당 : 바르고 옳음, 이치에 당연함

(87) 화두 : 이야기의 말머리

(88) 직구 : 변화를 주지 않고 곧게 던지는 공

(89) 매점 : 물건을 파는 작은 가게

(90) 개화 : 꽃이 핌

(91) 사실 : 역사에 실제로 있는 사실

[問 92~94] 다음 漢字와 뜻이 反對 또는 相對되는 漢字를 ( )에 적어 漢字語를 완성하시오.

(92) 主 ↔ (   )

(93) 晝 ↔ (   )

(94) 冷 ↔ (   )

[問 95~97] 다음 漢字와 뜻이 같거나 비슷한 漢字를 ( )에 넣어 漢字語를 만드시오.

(95) 身 - (   )

(96) 認 - (   )

(97) (   ) - 虛

[問 98~100] 다음 漢字語(單語)의 뜻을 쓰시오.

(98) 擧手

(99) 登山

(100) 客席

제6회 한자능력검정시험 4급Ⅱ 예상문제

[問 1~35] 다음 漢字語의 讀音을 쓰시오.

⑴ 壁畫	⑵ 旅客	⑶ 連續
⑷ 器具	⑸ 政治	⑹ 關稅
⑺ 興味	⑻ 修養	⑼ 講堂
⑽ 血統	⑾ 賢明	⑿ 樂隊
⒀ 觀測	⒁ 受惠	⒂ 敵船
⒃ 相續	⒄ 向背	⒅ 申請
⒆ 支障	⒇ 風俗	㉑ 暴惡
㉒ 表情	㉓ 鮮血	㉔ 論題
㉕ 傳承	㉖ 虛榮	㉗ 測量
㉘ 兩院	㉙ 毛布	㉚ 侵害
㉛ 呼應	㉜ 續出	㉝ 規制
㉞ 個性	㉟ 檢算	

[問 36~57] 다음 漢字의 訓과 音을 쓰시오.

㊱ 毒	㊲ 句	㊳ 師
㊴ 暗	㊵ 許	㊶ 宗
㊷ 創	㊸ 收	㊹ 伐
㊺ 論	㊻ 察	㊼ 留
㊽ 寒	㊾ 種	㊿ 赤
(51) 故	(52) 研	(53) 官
(54) 街	(55) 處	(56) 視
(57) 城		

[問 58~62] 다음 ( )안에 알맞은 漢字를 써서 四字成語를 완성하시오.

(58) 如( )一口 : 여러 사람의 말이 한결
같이 같음

(59) 連戰連( ) : 싸울 때마다 계속하여
이김

(60) 博( )多識 : 학식이 넓고 아는 것이
많음

(61) ( )終如一 : 처음부터 끝까지 한결같
아서 변함없음

(62) 前代未( ) : 이제까지 들어본 적이
없는 일

[問 63~65] 다음 漢字語와 讀音은 같으나 뜻
이 다른 漢字語를 쓰시오. (同音異義語)

(63) 古都 - ( ) : 높은 정도

(64) 古俗 - ( ) : 고속도의 준말

(65) 國家 - ( ) : 한 국가를 대표하
는 노래

[問 66~68] 다음 漢字의 部首를 쓰시오.

(66) 變

(67) 究

(68) 承

[問 69~71] 다음 漢字의 略字약자를 쓰시오.

⑹ 舊

⑺ 獨

⑺ 區

[問 72~81] 다음 문장에서 밑줄 친 漢字語를 漢字로 쓰시오.

⑺ 거센 파도 속을 <u>무사</u>히 항해하였다.

⑺ 생산자는 소비자들의 구매 <u>동향</u>에 따라 물건을 만든다.

⑺ 나는 지난 방학 때 <u>봉사</u> 활동을 했다.

⑺ 깊은 산속에서는 무선 <u>교신</u>이 자주 끊긴다.

⑺ 일석이조의 <u>효과</u>를 거두다.

⑺ 오월의 산과 들은 온통 <u>초록</u>의 물결이다.

⑺ 세계의 각 나라가 <u>관광</u>객 유치에 경쟁적이다.

⑺ 산 위에 올라 시내를 <u>전망</u>하니 마음이 탁 트였다.

⑻ 친구는 언제나 <u>다정</u>하게 느껴진다.

⑻ 즐겁고 보람 있는 겨울 <u>방학</u>을 보내자.

[問 82~91] 다음 漢字語를 漢字로 쓰시오.

⑻ 거수(손을 들다)

⑻ 아동(어린이)

⑻ 급류(급히 흐르는 물)

⑻ 병석(병자가 앓아누워 있는 자리)

⑻ 상대(서로 마주 대함)

⑻ 가공(원료에 손을 대어 새로운 물건을 만드는 일)

⑻ 건전(몸이나 정신이 튼튼하고 온전함)

⑻ 양서(좋은 책)

⑼ 재래(예전부터 있어 전하여 내려온 것)

⑼ 훈시(가르쳐 보임)

[問 92~94] 다음 漢字와 뜻이 反對 또는 相對 되는 漢字를 ( )에 적어 漢字語를 완성하시오.

⑼ (   ) ↔ 低

⑼ (   ) ↔ 配

⑼ 朝 ↔ (   )

[問 95~97] 다음 漢字와 뜻이 같거나 비슷한 漢字를 ( )에 넣어 漢字語를 만드시오.

⑼ 果 － (   )

⑼ 文 － (   )

⑼ 根 － (   )

[問 98~100] 다음 漢字語(單語)의 뜻을 쓰시오.

⑼ 卓見

⑼ 通過

⑽ 祝福

제7회 한자능력검정시험 4급Ⅱ 예상문제

[問 1~32] 다음 漢字語의 讀音을 쓰시오.

⑴ 密接　　⑵ 民俗　　⑶ 理解

⑷ 熱心　　⑸ 故障　　⑹ 單語

⑺ 音聲　　⑻ 俗談　　⑼ 風俗

⑽ 連結　　⑾ 賢母　　⑿ 固有

⒀ 創造　　⒁ 關係　　⒂ 盛行

⒃ 程度　　⒄ 原因　　⒅ 無限

⒆ 展示　　⒇ 貯蓄　　(21) 雨期

(22) 素質　　(23) 配置　　(24) 個性

(25) 死境　　(26) 擔任　　(27) 權門

(28) 寶貨　　(29) 假說　　(30) 無難

(31) 萬石　　(32) 十月

[問 33~51] 다음 漢字의 訓과 音을 쓰시오.

(33) 打　　(34) 詩　　(35) 吸

(36) 驗　　(37) 政　　(38) 銅

(39) 蟲　　(40) 帶　　(41) 宅

(42) 容　　(43) 板　　(44) 解

(45) 早　　(46) 程　　(47) 守

(48) 祭　　(49) 終　　(50) 逆

(51) 破

[問 52~56] 다음 ( )안에 알맞은 漢字를 써서 四字成語를 완성하시오.

(52) 朝(　　)夕改 : 아침저녁으로 뜯어 고침
　　　　　　　　　곧 일을 자주 뜯어 고침

(53) 自(　　)自得 : 자기가 저지른 일의 결
　　　　　　　　　과를 자기가 받음

(54) 不(　　)可知 : 묻지 아니하여도 알수 있음

(55) (　　)初至終 : 처음부터 끝까지의 과정

(56) 去者必(　　) : 떠난 자는 반드시 돌아옴

[問 57~59] 다음 漢字語와 讀音은 같으나 뜻이 다른 漢字語를 쓰시오.

(57) 自手 - (　　　　) : 자진하여 수사기관
　　　　　　　　　　　에 자기의 범죄사
　　　　　　　　　　　실을 알림

(58) 化合 - (　　　　) : 화목하게 합함

(59) 實數 - (　　　　) : 부주의로 잘못을 저
　　　　　　　　　　　지름

[問 60~62] 다음 漢字와 뜻이 反對 또는 相對되는 漢字를 ( )에 적어 漢字語를 완성하시오.

(60) (　　) ↔ 落

(61) (　　) ↔ 孫

(62) (　　) ↔ 河

[問 63~65] 다음 漢字와 뜻이 같거나 비슷한 漢字를 ( )에 넣어 漢字語를 만드시오.

⑹ 寒 - (   )

⑹ 分 - (   )

⑹ 發 - (   )

※ 다음 글을 읽고 물음에 답하시오.

청소년⑹은 자기 삶의 주인⑹이다. 청소년은 인격체⑹로서 尊重⑻받을 權利⑻와 시민⑹으로서 미래⑺를 열어갈 권리를 가진다. 청소년은 스스로 생각하고 選擇(선택)하며 활동⑺하는 사람의 주체로서 自律(자율)과 參與(참여)의 機會(기회)를 누린다. 청소년은 생명⑺의 가치를 尊重하며 正義⑻로운 공동⑺體의 成員⑻으로 책임⑺ 있는 삶을 살아간다.

가정⑺, 학교⑺, 사회⑺ 그리고 국가⑺는 위의 精神⑻에 따라 청소년의 인간⑺다운 삶을 보장하고 청소년 스스로 행복⑻을 가꾸며 살아갈 수 있도록 여건과 환경을 造成⑻한다.

－청소년헌장－

[問 66~80] 윗글에서 밑줄 친 漢字語를 漢字로 쓰시오.

⑹ 청소년   ⑹ 주인   ⑹ 인격체

⑹ 시민   ⑺ 미래   ⑺ 활동

⑺ 생명   ⑺ 공동   ⑺ 책임

⑺ 가정   ⑺ 학교   ⑺ 사회

⑺ 국가   ⑺ 인간   ⑻ 행복

[問 81~86] 윗글에서 밑줄 친 漢字語의 讀音을 쓰시오.

⑻ 尊重   ⑻ 權利   ⑻ 正義

⑻ 成員   ⑻ 精神   ⑻ 造成

[問 87~91] 다음 뜻에 맞는 漢字語를 漢字로 쓰시오.

⑻ 유수 : 흐르는 물

⑻ 하복 : 여름에 입는 옷

⑻ 불참 : 참가하거나 참석하지 않음

⑼ 도읍 : 서울

⑼ 독자 : 신문 따위를 읽는 사람

[問 92~94] 다음 漢字語(單語)의 뜻을 쓰시오.

⑼ 半島

⑼ 落花

⑼ 通知

[問 95~97] 다음 漢字의 部首를 쓰시오.

⑼ 態

⑼ 球

⑼ 商

[問 98~100] 다음 漢字의 略字약자를 쓰시오.

⑼ 國

⑼ 定

⑽ 價

합격점수 : 70점
제한시간 : 50분

제8회 한자능력검정시험 4급Ⅱ 예상문제

[問 1~35] 다음 漢字語의 讀音을 쓰시오.

(1) 指令　　　(2) 濟州　　　(3) 加減

(4) 商街　　　(5) 常識　　　(6) 暴風

(7) 缺航　　　(8) 輕快　　　(9) 液體

(10) 權勢　　　(11) 限界　　　(12) 職務

(13) 競走　　　(14) 承認　　　(15) 圓卓

(16) 窓戶　　　(17) 職責　　　(18) 圓滿

(19) 講究　　　(20) 副業　　　(21) 壁紙

(22) 監督　　　(23) 牧童　　　(24) 料金

(25) 暴擧　　　(26) 交際　　　(27) 施賞

(28) 備蓄　　　(29) 步行　　　(30) 令息

(31) 命脈　　　(32) 藥師　　　(33) 防蟲

(34) 不快　　　(35) 忠誠

[問 36~57] 다음 漢字의 訓과 音을 쓰시오.

(36) 切　　　(37) 督　　　(38) 液

(39) 深　　　(40) 眞　　　(41) 康

(42) 精　　　(43) 敗　　　(44) 布

(45) 試　　　(46) 務　　　(47) 情

(48) 牧　　　(49) 態　　　(50) 湖

(51) 非　　　(52) 修　　　(53) 房

(54) 障　　　(55) 票　　　(56) 置

(57) 確

[問 58~62] 다음 (　)안에 알맞은 漢字를 써서 四字成語를 완성하시오.

(58) (　　　)事求是

(59) 善因善(　　　)

(60) 主(　　　)一體

(61) (　　　)湖煙波

(62) 好衣好(　　　)

[問 63~65] 다음 漢字語와 讀音은 같으나 뜻이 다른 漢字語를 쓰시오.

(63) 右手 － (　　　) : 빗물

(64) 武器 － 無(　　　) : 기한이 없음

(65) 受動 － (　　　) : 손으로 움직임

[問 66~68] 다음 漢字의 部首를 쓰시오.

(66) 成

(67) 隊

(68) 醫

[問 69~71] 다음 漢字의 略字약자를 쓰시오.

(69) 觀

(70) 樂

(71) 惡

[問 72~81] 다음 문장에서 밑줄 친 漢字語를 漢字로 쓰시오.

(72) 명절에는 <u>일가</u>가 모여 차례를 지내고 성묘를 한다.

(73) 어른이 어린이를 선도하는 것은 <u>당연</u>한 일이다.

(74) 여러 사람의 <u>의견</u>이 일치되었다.

(75) 노력은 <u>성공</u>의 기본이다.

(76) 인격은 누구나 <u>동등</u>하게 대우 받아야 한다.

(77) 앞마당 화초들의 <u>성장</u> 과정을 관찰하였다.

(78) <u>후손</u>에게 물려줄 아름다운 자연을 잘 가꾸자.

(79) 우리는 시합에 임하여 <u>필승</u>의 의지를 다졌다.

(80) 잡곡이 <u>백미</u>보다 건강에 좋다.

(81) 사람의 <u>행복</u>은 평화 속에서 이루어진다.

[問 82~91] 다음 漢字語를 漢字로 쓰시오.

(82) 합격 (어떤 조건을 갖추어 시험이나 검사 따위를 통과하는 일)

(83) 경기 (매매나 거래 따위에 나타난 경제 활동의 상황)

(84) 재능 (재주와 능력)

(85) 군복 (군대의 제복)

(86) 목전 (눈앞, 지금)

(87) 의술 (병을 고치는 기술)

(88) 개점 (가게를 내어 영업을 처음 시작함)

(89) 청운 (푸른빛을 띤 구름. 높은 명예나 벼슬을 비유하여 이르는 말)

(90) 수재 (큰물로 입는 재해)

(91) 연세 ('나이'의 높임말)

[問 92~94] 다음 漢字와 뜻이 反對 또는 相對되는 漢字를 ( )에 적어 漢字語를 완성하시오.

(92) 往 ↔ (   )

(93) 得 ↔ (   )

(94) (   ) ↔ 誤

[問 95~97] 다음 漢字와 뜻이 같거나 비슷한 漢字를 ( )에 넣어 漢字語를 만드시오.

(95) 永 - (   )

(96) 談 - (   )

(97) (   ) - 謠

[問 98~100] 다음 漢字語(單語)의 뜻을 쓰시오.

(98) 患者

(99) 强打

(100) 罪目

제9회 한자능력검정시험 4급Ⅱ 예상문제

[問 1~35] 다음 漢字語의 讀音을 쓰시오.

(1) 古宮	(2) 監房	(3) 肉親
(4) 障壁	(5) 決勝	(6) 報告
(7) 淸潔	(8) 細密	(9) 築港
(10) 立法	(11) 保護	(12) 提報
(13) 滿足	(14) 未開	(15) 罰金
(16) 銃器	(17) 副次	(18) 店員
(19) 直列	(20) 逆光	(21) 斷食
(22) 侵害	(23) 留任	(24) 殺伐
(25) 鐵則	(26) 衛星	(27) 過客
(28) 來訪	(29) 毒殺	(30) 淸純
(31) 雲集	(32) 早期	(33) 收支
(34) 經驗	(35) 破格	

[問 36~57] 다음 漢字의 訓과 音을 쓰시오.

(36) 謠	(37) 達	(38) 罪
(39) 富	(40) 連	(41) 麗
(42) 治	(43) 警	(44) 認
(45) 印	(46) 飛	(47) 卓
(48) 送	(49) 俗	(50) 想
(51) 退	(52) 衛	(53) 護
(54) 慶	(55) 恩	(56) 志
(57) 黨		

[問 58~62] 다음 ( )안에 알맞은 漢字를 써서 四字成語를 완성하시오.

(58) 事實無( ) : 근거가 없음. 또는 터무니 없음

(59) 敬天( )人 : 하늘을 공경하고 사람을 사랑함

(60) 無( )不爲 : 하지 못하는 일이 없음

(61) 北( )三友 : 거문고, 술, 시(詩)를 아울러 이르는 말

(62) 自古以( ) : 예로부터 지금까지의 동안

[問 63~65] 다음 漢字語와 讀音은 같으나 뜻이 다른 漢字語를 쓰시오.

(63) 開房 － ( ) : 열어 놓음

(64) 詩歌 － ( ) : 시장의 가격

(65) 全道 － ( )道 : 불신자에게 신앙을 가지도록 인도하는 일

[問 66~68] 다음 漢字의 部首를 쓰시오.

(66) 最

(67) 班

(68) 圖

[問 69~71] 다음 漢字의 略字약자를 쓰시오.

(69) 兒

(70) 萬

(71) 關

[問 72~81] 다음 문장에서 밑줄 친 漢字語를 漢字로 쓰시오.

(72) 월드컵 선수들이 합숙 훈련에 들어갔다.

(73) 올 겨울은 작년 겨울보다 춥다.

(74) 의약 분업은 국민의 건강을 위해서 꼭 필요하다.

(75) 남향집은 겨울에 따뜻하고 여름에 시원하다.

(76) 가야할 길이면 만리 길도 멀지 않다.

(77) 사람은 외모보다 품격이 있어야 한다.

(78) 자동차 도로에서 자전거를 타지 말아야 한다.

(79) 우리는 그만 하산하기로 작정을 하였다.

(80) 지성이면 감천이라고 정성껏 해서 안되는 일이 없다.

(81) 본인 자신이 진실하면 타인도 진실하다.

[問 82~91] 다음 漢字語를 漢字로 쓰시오.

(82) 공명 : 사사로움이 없이 명백함

(83) 고전 : 몹시 힘들고 어려운 싸움

(84) 표현 : 생각이나 감정 등을 드러내어 나타냄

(85) 곡조 : 음악이나 가사의 가락

(86) 도래 : 닥쳐옴

(87) 필자 : 글이나 글씨를 쓴 사람

(88) 인재 : 학식이나 능력이 뛰어난 사람

(89) 선두 : 첫머리, 맨 앞

(90) 특성 : 일정한 사물에만 있는 특수한 성질

(91) 시조 : 우리 나라 고유의 정형시

[問 92~94] 다음 漢字와 뜻이 反對 또는 相對되는 漢字를 ( )에 적어 漢字語를 완성하시오.

(92) 死 ↔ (   )

(93) 利 ↔ (   )

(94) (   ) ↔ 敗

[問 95~97] 다음 漢字와 뜻이 같거나 비슷한 漢字를 ( )에 넣어 漢字語를 만드시오.

(95) 費 － (   )

(96) 經 － (   )

(97) 眼 － (   )

[問 98~100] 다음 漢字語의 뜻을 풀이하시오.

(98) 領海

(99) 無禮

(100) 例示

합격점수 : 70점
제한시간 : 50분

제10회 한자능력검정시험 4급Ⅱ 예상문제

[問 1~35] 다음 漢字語의 讀音을 쓰시오.

(1) 法律	(2) 準備	(3) 形態
(4) 呼吸	(5) 回復	(6) 包容
(7) 毒藥	(8) 連帶	(9) 確認
(10) 至極	(11) 協商	(12) 非常
(13) 銅製	(14) 未達	(15) 旅程
(16) 禮拜	(17) 江湖	(18) 理致
(19) 過誤	(20) 財團	(21) 唱導
(22) 停止	(23) 無敵	(24) 流失
(25) 調律	(26) 休息	(27) 舍宅
(28) 悲話	(29) 接戰	(30) 祭典
(31) 內患	(32) 造林	(33) 眼帶
(34) 應用	(35) 端午	

[問 36~57] 다음 漢字의 訓과 音을 쓰시오.

(36) 常	(37) 操	(38) 息
(39) 施	(40) 求	(41) 包
(42) 悲	(43) 受	(44) 惠
(45) 戶	(46) 擔	(47) 謝
(48) 副	(49) 暴	(50) 除
(51) 單	(52) 承	(53) 誠
(54) 節	(55) 週	(56) 斷
(57) 砲		

[問 58~62] 다음 ( )안에 알맞은 漢字를 써서 四字成語를 완성하시오.

(58) 美風(　　)俗

(59) 忠言逆(　　)

(60) 論(　　)行賞

(61) (　　)東肉西

(62) 夫婦有(　　)

[問 63~65] 다음 漢字語와 讀音은 같으나 뜻이 다른 漢字語를 쓰시오.

(63) 造船 – 朝(　　) : 우리나라 상고시대의 국명

(64) 地區 – (　　) : 인류가 살고 있는 천체

(65) 風俗 – (　　) : 바람이 부는 속도

[問 66~68] 다음 漢字의 部首를 쓰시오.

(66) 關

(67) 能

(68) 苦

[問 69~71] 다음 漢字의 略字약자를 쓰시오.

(69) 禮

(70) 醫

(71) 來

[問 72~81] 다음 문장에서 밑줄 친 漢字語를 漢字로 쓰시오.

(72) 목적지에 도착한 후 충분한 휴식을 취했다.

(73) 동창은 밝았으나 시간은 아직 일렀다.

(74) 회사와 노동자가 오랜 시간 대화를 나누었다.

(75) 자연은 우리가 깊은 관심을 가지고 돌봐야 한다.

(76) 의식주는 사람이 살아가는 데 없어서는 안된다.

(77) 자기일에 책임을 다하는 것이 애국하는 길이다.

(78) 뜻하지 않는 급한 사건 때문에 신문사는 호외를 발행했다.

(79) 부모님 은혜의 대가는 돈으로는 따질 수가 없다.

(80) 우리들의 우정을 위해 자주 만나자.

(81) 그는 조국의 번영을 위해 신명을 다 바쳤다.

[問 82~91] 다음 漢字語를 漢字로 쓰시오.

(82) 필기(강의 등의 내용을 받아 적는 것)

(83) 수술(몸의 일부를 째거나 도려내어 병을 낫게 하는 치료 방법)

(84) 광고(사람들에게 널리 알리는 것)

(85) 주택(사람이 들어가 살 수 있게 지은 집)

(86) 식수(나무를 심음)

(87) 평등(치우침이 없이 모두가 한결같음)

(88) 선착(남보다 먼저 도착함)

(89) 읍내(읍의 구역 안)

(90) 교정(학교 운동장)

(91) 분신(한 주체에서 갈라져 나온 것)

[問 92~94] 다음 漢字와 뜻이 反對 또는 相對 되는 漢字를 ( )에 적어 漢字語를 완성하시오.

(92) (   ) ↔ 鄕

(93) (   ) ↔ 使

(94) 功 ↔ (   )

[問 95~97] 다음 漢字와 뜻이 같거나 비슷한 漢字를 ( )에 넣어 漢字語를 만드시오.

(95) 知 ― (   )

(96) 海 ― (   )

(97) 建 ― (   )

[問 98~100] 다음 漢字語(單語)의 뜻을 쓰시오.

(98) 完工

(99) 敗戰

(100) 獨善

제11회 한자능력검정시험 4급Ⅱ 예상문제

[問 1~35] 다음 漢字語의 讀音을 쓰시오.

(1) 壁畫	(2) 個人	(3) 直接
(4) 民謠	(5) 團員	(6) 宮中
(7) 公演	(8) 內容	(9) 態度
(10) 日常	(11) 端午	(12) 待接
(13) 兩面	(14) 傳達	(15) 眞實
(16) 經濟	(17) 無料	(18) 競技
(19) 過程	(20) 新羅	(21) 苦難
(22) 努力	(23) 創意	(24) 記錄
(25) 論理	(26) 錄音	(27) 素質
(28) 修身	(29) 文藝	(30) 基準
(31) 復舊	(32) 希望	(33) 領相
(34) 海低	(35) 所得	

[問 36~57] 다음 漢字의 訓과 音을 쓰시오.

(36) 患	(37) 銃	(38) 府
(39) 端	(40) 監	(41) 典
(42) 店	(43) 爭	(44) 引
(45) 狀	(46) 訪	(47) 指
(48) 絶	(49) 虛	(50) 配
(51) 背	(52) 盛	(53) 希
(54) 壓	(55) 貯	(56) 義
(57) 助		

[問 58~62] 다음 ( )안에 알맞은 漢字를 써서 四字成語를 완성하시오.

(58) 速戰速( ) : 싸움을 오래 끌지 아니 하고 빨리 몰아쳐 이기 고 짐을 결정함

(59) 海水浴( ) : 해수욕을 할 수 있는 환경 과 시설이 갖추어진 바닷가

(60) 知( )必改 : 자신이 한 일의 잘못을 알면 반드시 고쳐야 함

(61) 卓上( )論 : 현실성이 없는 허황한 이론이나 논의

(62) ( )豆得豆 : 콩 심은데 콩 난다.

[問 63~65] 다음 漢字語와 讀音은 같으나 뜻 이 다른 漢字語를 쓰시오.

(63) 同文 ─ ( ) : 동쪽에 있는 문

(64) 防衛 ─ ( ) : 어떠한 쪽의 위치

(65) 試寫 ─ ( ) : 그 당시에 일어난 세상의 여러 가지 일

[問 66~68] 다음 漢字와 뜻이 反對 또는 相對 되는 漢字를 ( )에 적어 漢字語를 완성하시오.

(66) ( ) ↔ 孫

(67) ( ) ↔ 武

(68) 官 ↔ ( )

[問 69~71] 다음 漢字와 뜻이 같거나 비슷한 漢字를 ( )에 넣어 漢字語를 만드시오.

⑹ 存 — (   )

⑺ 調 — (   )

⑺ 兒 — (   )

※ 다음 글을 읽고 물음에 답하시오.

남을 차별하는 인격⑺은 파괴된 인격이다. 그런 인격을 지닌 사람들이 이루는 가정⑺과 사회가 우애⑺로울리 없고, 그곳에서 사는 삶이 안락⑺하고 평화⑺로울 까닭이 없다. 현대⑺ 개인주의적 생활⑺이 주는 복잡하고 불안⑺한 삶에 더하여, 우리의 차별적 문화가 만들어내는 비극성은 가히 이 사회를 지옥도에 버금가도록 만들기도 한다. 이제는 그런 반인간적인 문화와 행동⑻은 삼가고 남을 비난하기 전에 자신⑻을 되돌아 보아야 하며, 그러한 반성⑻을 통해 인간의 존엄성을 생각해 볼 때다. 이렇게 해서 이 사회에 사람이 사람을 존중하는 새로운 분위기의 문화를 창출할 때에만, 우리는 우애로운 가운데 행복⑻한 삶을 겨냥할 수 있을 것이다.

[問 72~83] 윗글에서 밑줄 친 漢字語를 漢字로 쓰시오.

⑺ 인격	⑺ 가정	⑺ 우애
⑺ 안락	⑺ 평화	⑺ 현대
⑺ 생활	⑺ 불안	⑻ 행동
⑻ 자신	⑻ 반성	⑻ 행복

[問 84~91] 다음 漢字語를 漢字로 쓰시오.

⑻ 성공 : 목적이나 뜻을 이룸

⑻ 국산 : 자기 나라에서 생산함

⑻ 관객 : 구경하는 사람

⑻ 운해 : 바다처럼 널리 깔린 구름

⑻ 풍악 : 악기를 연주하는 음악

⑻ 교양 : 가르치어 기름

⑼ 공원 : 관광이나 자연 보호를 위하여 지정된 지역

⑼ 자족 : 스스로 만족함

[問 92~94] 다음 漢字語(單語)의 뜻을 쓰시오.

⑼ 同居

⑼ 再現

⑼ 旅費

[問 95~97] 다음 漢字의 部首를 쓰시오.

⑼ 五

⑼ 受

⑼ 兩

[問 98~100] 다음 漢字의 略字_{약자}를 쓰시오.

⑼ 氣

⑼ 參

⑽ 勞

합격점수 : 70점
제한시간 : 50분

제12회 한자능력검정시험 4급Ⅱ 예상문제

[問 1~35] 다음 漢字語의 讀音을 쓰시오.

(1) 直接 (2) 除名 (3) 消毒
(4) 財產 (5) 比準 (6) 論說
(7) 切實 (8) 報恩 (9) 謝禮
(10) 健康 (11) 回收 (12) 善政
(13) 罰則 (14) 減員 (15) 寶貨
(16) 放送 (17) 視力 (18) 密林
(19) 攻防 (20) 統計 (21) 壁報
(22) 貨物 (23) 研修 (24) 律動
(25) 觀察 (26) 理解 (27) 全官
(28) 逆流 (29) 榮光 (30) 賞罰
(31) 黨爭 (32) 暗黑 (33) 急所
(34) 許多 (35) 殺到

[問 36~57] 다음 漢字의 訓과 音을 쓰시오.

(36) 祝 (37) 武 (38) 兩
(39) 寺 (40) 聲 (41) 快
(42) 齒 (43) 佛 (44) 貨
(45) 檀 (46) 賢 (47) 致
(48) 測 (49) 極 (50) 準
(51) 步 (52) 榮 (53) 回
(54) 列 (55) 尊 (56) 錄
(57) 經

[問 58~62] 다음 ( )안에 알맞은 漢字를 써서 四字成語를 완성하시오.

(58) (　　)風落葉 : 가을바람에 떨어지는 나뭇잎
(59) 驚(　　)動地 : 하늘이 놀라고 땅이 놀람
(60) 以實(　　)告 : 사실 그대로 고함
(61) (　　)熱治熱 : 열로 열을 다스림 곧 힘은 힘으로써 물리침
(62) (　　)肉强食 : 약한 놈이 강한 놈에게 먹힘

[問 63~65] 다음 漢字語와 讀音은 같으나 뜻이 다른 漢字語를 쓰시오.

(63) 受賞 – (　　　) : 국무총리
(64) 時調 – 始(　　　) : 한겨레의 가장 처음이 되는 조상
(65) 低俗 – (　　　) : 낮은 속도

[問 66~68] 다음 漢字의 部首를 쓰시오.

(66) 內
(67) 毒
(68) 飛

[問 69~71] 다음 漢字의 略字약자를 쓰시오.

(69) 變

(70) 讀

(71) 質

[問 72~81] 다음 문장에서 밑줄 친 漢字語를 漢字로 쓰시오.

(72) 우리는 지나온 역사를 통해 오늘을 사는 지혜를 배운다.

(73) 지구상에는 아직도 종족 사이의 갈등이 분열을 일으킨다.

(74) 사람은 조상의 습관을 이어 받게 된다

(75) 꽃박람회에서 각색의 꽃들이 물결을 이루었다.

(76) 병원에 들려 약국에 갔다.

(77) 인터넷 이용으로 재택 근무자가 늘었다.

(78) 생활에 쓰이는 가구는 실용적이어야 한다.

(79) 아침마다 하는 운동이 건강에 효과가 크다.

(80) 바다를 개발하면 풍부한 자원과 식량을 얻을 수 있다.

(81) 붉은 해가 수평선 너머로 숨어버렸다.

[問 82~91] 다음 漢字語를 漢字로 쓰시오.

(82) 한복(우리 나라 고유의 옷)

(83) 약속(할 일에 대해 서로 언약하여 정함)

(84) 순풍(순하게 부는 바람)

(85) 복용(약을 먹음)

(86) 우천(비가 오는 날씨)

(87) 풍향(바람이 불어오는 방향)

(88) 반절(절반에 해당하는 분량)

(89) 단속(주의를 기울여 단단히 다잡거나 보살핌)

(90) 소감(마음에 느낀 바)

(91) 귀중(매우 소중함)

[問 92~94] 다음 漢字와 뜻이 反對 또는 相對 되는 漢字를 ( )에 적어 漢字語를 완성하시오.

(92) ( ) ↔ 他

(93) ( ) ↔ 終

(94) ( ) ↔ 着

[問 95~97] 다음 漢字와 뜻이 같거나 비슷한 漢字를 ( )에 넣어 漢字語를 만드시오.

(95) 共 － ( )

(96) 希 － ( )

(97) 練 － ( )

[問 98~100] 다음 漢字語의 뜻을 풀이하시오.

(98) 魚類

(99) 良藥

(100) 加速

제13회 한자능력검정시험 4급Ⅱ 예상문제

[問 1~35] 다음 漢字語의 讀音을 쓰시오.

(1) 留學	(2) 走破	(3) 放牧
(4) 應試	(5) 凶惡	(6) 細密
(7) 復興	(8) 赤色	(9) 團結
(10) 考試	(11) 至誠	(12) 警察
(13) 容量	(14) 指示	(15) 監禁
(16) 關係	(17) 禁煙	(18) 擔任
(19) 精練	(20) 將次	(21) 難題
(22) 着陸	(23) 表決	(24) 反應
(25) 配合	(26) 苦難	(27) 到達
(28) 衆生	(29) 消失	(30) 餘念
(31) 寺院	(32) 退治	(33) 完決
(34) 全盛	(35) 增進	

[問 36~57] 다음 漢字의 訓과 音을 쓰시오.

(36) 質	(37) 是	(38) 復
(39) 衆	(40) 往	(41) 勢
(42) 限	(43) 拜	(44) 起
(45) 未	(46) 星	(47) 侵
(48) 備	(49) 保	(50) 財
(51) 鄕	(52) 隊	(53) 好
(54) 導	(55) 炭	(56) 竹
(57) 香		

[問 58~62] 다음 ( )안에 알맞은 漢字를 써서 四字成語를 완성하시오.

(58) 至誠( )天 : 지극한 정성에 하늘이 감동함

(59) 得意滿( ) : 일이 뜻대로 이루어져 기쁜 표정이 얼굴에 가득함

(60) ( )才敎育 : 천재아의 재능을 훌륭하게 발전시키기 위한 특수 교육

(61) 雨順風( ) : 비가 오고 바람이 부는 것이 때와 분량이 알맞음

(62) 有( )無實 : 이름만 그럴듯하고 실속은 없음

[問 63~65] 다음 漢字語와 讀音은 같으나 뜻이 다른 漢字語를 쓰시오.

(63) 容器 － ( ) : 씩씩하고 군센 기운

(64) 大利 － ( ) : 남을 대신하여 일을 처리함

(65) 農器 － ( ) : 농사철

[問 66~68] 다음 漢字의 部首를 쓰시오.

(66) 衆

(67) 暴

(68) 弟

[問 69~71] 다음 漢字의 略字약자를 쓰시오.

⑹ 數

⑺ 廣

⑺ 禮

[問 72~81] 다음 문장에서 밑줄 친 漢字語를 漢字로 쓰시오.

⑺ 도로에서는 차선을 지키는 것이 생명을 지키는 것이다.

⑺ 세계의 전체 인구는 60억이 넘는다.

⑺ 오늘 온도는 섭씨 20도이다.

⑺ 그는 삼대째 가업을 이어받았다.

⑺ 세수하고 머리 빗고 옷을 입는다.

⑺ 근검 절약이 곧 자원 절약이다.

⑺ 세월은 화살처럼 빠르다.

⑺ 그는 전장에서 적군과 싸워 본 경험이 있다.

⑻ 해가 지는 석양이 빨갛게 물들었다.

⑻ 친구의 단점보다는 장점을 칭찬하라.

[問 82~91] 다음 漢字語를 漢字로 쓰시오.

⑻ 고당 : 남의 어버이 또는 집을 높여서 부르는 말

⑻ 경대 : 공경하여 대접함

⑻ 양심 : 옳고 그름을 판단하는 바르게 행동하려는 마음

⑻ 객지 : 살던 고장을 떠나 임시로 머무르는 곳

⑻ 노사 : 노동자와 사용자

⑻ 상술 : 장사하는 솜씨

⑻ 수석 : 맨 앞자리, 일등

⑻ 신임 : 믿고 일을 맡김

⑼ 낭독 : 글을 소리내어 읽음

⑼ 분별 : 사물을 종류에 따라 나누어 가름

[問 92~94] 다음 漢字와 뜻이 反對 또는 相對되는 漢字를 (   )에 적어 漢字語를 완성하시오.

⑼ 師 ↔ (   )

⑼ 教 ↔ (   )

⑼ (   ) ↔ 逆

[問 95~97] 다음 漢字와 뜻이 같거나 비슷한 漢字를 (   )에 넣어 漢字語를 만드시오.

⑼ 單 － (   )

⑼ 科 － (   )

⑼ (   ) － 錄

[問 98~100] 다음 漢字語의 뜻을 풀이하시오.

⑼ 宿患

⑼ 落島

⑽ 不買

한자능력검정시험 4급Ⅱ
기출·예상문제(1회~11회)

본 기출·예상문제는
한자능력검정시험에
출제되었던 문제를 수험생들에 의해
모아 만든 것입니다.
때문에 실제문제의 내용과 번호가
다소 다를 수 있지만
자신의 실제점수대를 예측하는데
큰 도움이될 것입니다.

정답과 해설은 127쪽에 있습니다.

제1회 한자능력검정시험 4급Ⅱ 기출·예상문제

(社)한국어문회가 시행한 한자능력검정시험을 수험생들에 의해 재생한 것입니다.

[問 1~35] 다음 漢字語의 讀音을 쓰시오.

(1) 創製　　(2) 純潔　　(3) 敗北

(4) 謝禮　　(5) 狀態　　(6) 收錄

(7) 洗手　　(8) 講演　　(9) 悲報

(10) 留宿　　(11) 權益　　(12) 警備

(13) 申請　　(14) 馬車　　(15) 精進

(16) 逆境　　(17) 絶壁　　(18) 兩極

(19) 密接　　(20) 休息　　(21) 監視

(22) 淸貧　　(23) 計數　　(24) 制壓

(25) 輕快　　(26) 呼應　　(27) 吸煙

(28) 暖帶　　(29) 缺如　　(30) 雄飛

(31) 餘波　　(32) 提督　　(33) 硏修

(34) 減速　　(35) 護衛

[問 36~57] 다음 漢字의 訓과 音을 쓰시오.

(36) 暗　　(37) 朗　　(38) 昨

(39) 端　　(40) 訓　　(41) 韓

(42) 效　　(43) 炭　　(44) 競

(45) 滿　　(46) 球　　(47) 測

(48) 程　　(49) 副　　(50) 宗

(51) 班　　(52) 希　　(53) 活

(54) 汽　　(55) 買　　(56) 濟

(57) 典

[問 58~67] 다음 문장에서 밑줄 친 漢字語를 漢字로 쓰시오.

(58) 부분에 집착하기보다 한 걸음 물러서서 전체를 바라보는 것이 현명하다.

(59) 친구의 단점보다는 장점을 보도록 하라.

(60) 여름은 덥고 겨울이 추운 것은 당연한 일이다.

(61) 인생은 결과만 중요한 것이 아니라 살아가는 자세도 중요하다.

(62) 때로는 스스로를 홍보할 필요도 있다.

(63) 욕망이 있기 때문에 행복하다.

(64) 농부는 밭을 갈고 씨를 뿌린다.

(65) 자원 절약이 곧자연 보호다.

(66) 식목일에 가족과 함께 나무를 심자.

(67) 양지가 음지된다.

[問 68~72] 다음 ( )에 알맞은 漢字을 써서 四者成語를 완성하시오.

(68) (　　　)者無齒　　(69) 生死(　　　)樂

(70) 魚東肉(　　　)　　(71) 卓上(　　　)論

(72) 竹馬故(　　　)

[問 73~75] 다음 漢字語와 音은 같되 뜻이 다른 漢字語(아래 뜻이 제시됨)를 漢字로 쓰시오.

(73) 假玉 － (　　　)屋 : (사람이 사는) 집.

(74) 印紙 － 認(　　　) : 어떤 사실을 분명히 인정함.

(75) 聲明 － (　　　)名 : 성과 이름.

※ 다음 글을 읽고 물음에 답하시오.

우리는 민족 중흥의 역사적 사명(76)을 띠고 이 땅에 태어났다. 조상의 빛난 얼을 오늘에 되살려, 안으로 자주 독립(77)의 자세를 확립하고, 밖으로 인류(78) 공영에 이바지할 때다. 이에, 우리의 나아갈 바를 밝혀 교육(79)의 지표로 삼는다.

성실한 마음과 튼튼한 몸으로, 학문과 기술을 배우고 익히며, 타고난 저마다의 소질을 계발하고, 우리의 처지를 약진의 발판으로 삼아, 창조의 힘과 개척의 정신을 기른다. 공익과 질서를 앞세우며 능률과 실질(80)을 숭상하고 경애(81)와 신의에 뿌리박은 상부 상조의 전통을 이어받아, 명랑하고 따뜻한 협동 정신을 북돋운다. 우리의 창의와 협력을 바탕으로 나라가 발전(82)하며, 나라의 융성이 나의 발전의 근본(83)임을 깨달아, 자유와 권리에 따르는 책임(84)과 의무를 다하며, 스스로 국가 건설에 참여하고 봉사(85)하는 국민정신을 드높인다.

[問 76~85] 윗글에서 밑줄 친 漢字語를 漢字로 쓰시오.

(76) 사명　　(77) 독립　　(78) 인류

(79) 교육　　(80) 실질　　(81) 경애

(82) 발전　　(83) 근본　　(84) 책임

(85) 봉사

[問 86~88] 다음 漢字와 뜻이 같거나 비슷한 漢字를 (　)에 넣어 漢字語를 완성하시오.

(86) 分 － (　　　)　　　(87) 街 － (　　　)

(88) (　　　) － 察

[問 89~91] 다음 漢字와 뜻이 反對 또는 相對되는 漢字를 (　)에 적어 漢字語를 완성하시오.

(89) 手 ↔ (　　　)　　　(90) (　　　) ↔ 海

(91) (　　　) ↔ 末

[問 92~94] 다음 漢字의 部首를 쓰시오.

(92) 難 － (　　　)　　　(93) 兄 － (　　　)

(94) 畫 － (　　　)

[問 95~97] 다음 漢字의 略字를 쓰시오.

(95) 團 － (　　　)　　　(96) 變 － (　　　)

(97) 傳 － (　　　)

[問 98~100] 다음 漢字語의 뜻을 쓰시오.

(98) 早起 (　　　　　　　　　　　)

(99) 往復 (　　　　　　　　　　　)

(100) 害蟲 (　　　　　　　　　　　)

제2회 한자능력검정시험 4급Ⅱ 기출·예상문제

(社)한국어문회가 시행한 한자능력검정시험을 수험생들에 의해 재생한 것입니다.

[問 1~35] 다음 漢字語의 讀音을 쓰시오.

(1) 密林   (2) 佛教   (3) 將軍

(4) 思想   (5) 旅程   (6) 滿足

(7) 宗婦   (8) 研究   (9) 去來

(10) 汽車   (11) 貧富   (12) 禮式

(13) 山寺   (14) 球團   (15) 測量

(16) 總選   (17) 間接   (18) 過速

(19) 作品   (20) 牧場   (21) 暗室

(22) 製造   (23) 港都   (24) 郡守

(25) 技法   (26) 暖房   (27) 東窓

(28) 費用   (29) 健康   (30) 體育

(31) 案內   (32) 罰金   (33) 頭目

(34) 水原   (35) 背反

[問 36~57] 다음 漢字의 訓과 音을 쓰시오.

(36) 移   (37) 起   (38) 打

(39) 細   (40) 質   (41) 至

(42) 帶   (43) 送   (44) 餘

(45) 解   (46) 筆   (47) 請

(48) 念   (49) 競   (50) 退

(51) 晝   (52) 着   (53) 波

(54) 陰   (55) 治   (56) 吸

(57) 個

[問 58~67] 다음 문장에서 밑줄 친 漢字語를 漢字로 쓰시오.

(58) 우리 나라를 지킨 조상들의 노력에 감사하자.

(59) 즐겁고 보람 있는 여름 방학을 보내자.

(60) 영원히 변치말자! 우리들의 우정을.

(61) 회사는 소비자들의 구매 동향을 살펴 물건을 만든다.

(62) 우리는 지나온 역사를 통해 오늘을 사는 지혜를 배운다.

(63) 어제는 우리 학교 개교 기념일이었다.

(64) 철수는 우리 반의 반장으로 뽑혔다.

(65) 오늘 온도는 섭씨 30도이다.

(66) 사람은 모름지기 성격이 좋아야 한다.

(67) 각 나라는 관광객 유치에 열성이다.

[問 68~77] 다음 뜻에 맞는 漢字語를 漢字로 쓰시오.

(68) 약속(할 일에 대해 서로 언약하여 정함)

(69) 대답(묻는 말에 답함)

(70) 수석(맨 앞자리, 일등)

(71) 표현(생각이나 감정 등을 드러내어 나타냄)

⑺ 아동(어린이)

⒀ 화술(말을 잘하는 재주)

⒁ 하복(여름에 입는 옷)

⒂ 성사(일이 이루어짐)

⒃ 행운(좋은 운수)

⒄ 민족(겨레)

[問 78~80] 다음 漢字와 뜻이 같거나 비슷한 漢字를 ( )에 적어 漢字語를 완성하시오.

⒅ 希 － (   )   ⒆ (   ) － 息

⒇ 單 － (   )

[問 81~83] 다음 漢字와 뜻이 反對 또는 相對되는 漢字를 ( )에 적어 漢字語를 완성하시오.

⒆ 遠 ↔ (   )   ⒇ (   ) ↔ 鄕

⒇ 主 ↔ (   )

[問 84~86] 다음 漢字語의 뜻을 쓰시오.

⒇ 減員 (   )

⒇ 不買 (   )

⒇ 報恩 (   )

[問 87~91] 다음 ( )에 알맞은 漢字를 써서 漢字語를 완성하시오.

⒇ (   )物生心 : 어떤 실물을 보게 되면 그것을 가지고 싶은 욕망이 생김.

⒇ 好衣好(   ) : 좋은 옷을 입고 좋은 음식을 먹음.

⒇ 自(   )自得 : 자신이 저지른 일과 과보를 자신이 받음.

⒇ 風(   )燈火 : 매우 위급한 상황에 놓여 있음.

⒇ 白(   )書生 : 글만 읽고 세상일에 경험이 없는 사람.

[問 92~94] 다음 漢字語와 讀音은 같으나 뜻이 다른 漢字語를 쓰시오.

⒇ 高地 － (   )知 : 알림.

⒇ 加算 － 家(   ) : 한 집안의 재산.

⒇ 講和 － 强(   ) : 강하게 함.

[問 95~97] 다음 漢字의 部首를 쓰시오.

⒇ 順 － (   )   ⒇ 孝 － (   )

⒇ 街 － (   )

[問 98~100] 다음 漢字의 略字를 쓰시오.

⒇ 實 － (   )   ⒇ 區 － (   )

⒇ 發 － (   )

제3회 한자능력검정시험 4급Ⅱ 기출·예상문제

(社)한국어문회가 시행한 한자능력검정시험을 수험생들에 의해 재생한 것입니다.

[問 1~35] 다음 漢字語의 讀音을 쓰시오.

(1) 充滿 (2) 講演 (3) 統治

(4) 熱帶 (5) 低速 (6) 競爭

(7) 患者 (8) 藥局 (9) 精進

(10) 幸運 (11) 事業 (12) 場所

(13) 測量 (14) 起草 (15) 節約

(16) 住宅 (17) 怒氣 (18) 禁書

(19) 暖流 (20) 勝利 (21) 對應

(22) 認識 (23) 擧手 (24) 監督

(25) 求職 (26) 多選 (27) 急報

(28) 興味 (29) 到達 (30) 創作

(31) 材料 (32) 鐵路 (33) 視察

(34) 潔白 (35) 物價

[問 36~57] 다음 漢字의 訓과 音을 쓰시오.

(36) 黨 (37) 歲 (38) 費

(39) 聲 (40) 密 (41) 脈

(42) 權 (43) 領 (44) 葉

(45) 賣 (46) 餘 (47) 受

(48) 退 (49) 虛 (50) 設

(51) 念 (52) 街 (53) 邊

(54) 背 (55) 榮 (56) 訪

(57) 留

[問 58~67] 다음 문장에서 밑줄 친 漢字語를 漢字로 쓰시오.

(58) 경기에서 이긴 선수들의 표정은 밝았다.

(59) 사람은 자기가 행한 행위에 대하여 책임을 져야 한다.

(60) 현대 언어생활에서 화법이 중요시되고 있다.

(61) 모든 인간은 평등한 권리를 가지고 태어났다.

(62) 원양 어선.

(63) 그는 국가고시 시험을 통과했다.

(64) 필요는 발명의 어머니.

(65) 나는 격식을 차려 손님을 대접했다.

(66) 효도는 인간의 근본이다.

(67) 영이는 가끔 독특한 생각을 제시한다.

[問 68~77] 다음 뜻에 맞는 漢字語를 漢字로 쓰시오.

(68) 견문(보고 들음)

(69) 후손(후대의 자손)

(70) 숙식(잠자고 먹음)

(71) 의복(옷)

⑺2 화실(화가가 작업하는 방)

⑺3 동향(움직이는 방향)

⑺4 민도(국민 수준의 정도)

⑺5 청수(맑은 물)

⑺6 전설(옛날부터 전하여 오는 이야기)

⑺7 광대(넓고 큼)

[問 78~82] 다음 ( )에 알맞은 漢字를 써서 四字成語를 완성하시오.

⑺8 電光( )火 : 번개나 부싯돌처럼 몹시 빠른 것의 비유.

⑺9 ( )學相長 : 가르치고 배우는 과정을 통하여 성장함.

⑻0 衆( )難防 : 뭇 사람의 말(입)을 막기 어려움.

⑻1 竹馬故( ) : 어렸을 때부터 친한 벗.

⑻2 ( )湖煙波 : 강과 호수 위에 안개처럼 보얗게 이는 잔물결

[問 83~85] 다음 漢字語와 讀音은 같으나 뜻이 다른 漢字語를 쓰시오.

⑻3 重稅 - ( ) : 고대에서 근대에 이르는 중간의 시대.

⑻4 引導 - ( ) : 사람이 다니는 길.

⑻5 官展 - ( ) : 싸우는 광경을 직접 살펴봄.

[問 86~88] 다음 漢字와 뜻이 같거나 비슷한 漢字를 ( )에 적어 漢字語를 만드시오.

⑻6 兒 - ( )　　　⑻7 生 - ( )

⑻8 ( ) - 園

[問 89~91] 다음 漢字와 뜻이 反對 또는 相對되는 漢字를 ( )에 적어 漢字語를 만드시오.

⑻9 內 ↔ ( )　　　⑼0 ( ) ↔ 夜

⑼1 去 ↔ ( )

[問 92~94] 다음 漢字의 部首를 쓰시오.

⑼2 解 - ( )　　　⑼3 實 - ( )

⑼4 志 - ( )

[問 95~97] 다음 漢字의 略字를 쓰시오.

⑼5 萬 - ( )　　　⑼6 參 - ( )

⑼7 圖 - ( )

[問 98~100] 다음 漢字語의 뜻을 쓰시오.

⑼8 呼名 ( )

⑼9 京鄕 ( )

⑽0 短期 ( )

합격점수 : 70점
제한시간 : 50분

제4회 한자능력검정시험 4급Ⅱ 기출·예상문제

(社)한국어문회가 시행한 한자능력검정시험을 수험생들에 의해 재생한 것입니다.

[問 1~35] 다음 漢字語의 讀音을 쓰시오.

(1) 誤入　(2) 總量　(3) 次期
(4) 經費　(5) 衛兵　(6) 假想
(7) 煖房　(8) 貧弱　(9) 東宮
(10) 個性　(11) 尊待　(12) 再起
(13) 精進　(14) 缺航　(15) 暗殺
(16) 難民　(17) 溫順　(18) 指令
(19) 印稅　(20) 俗世　(21) 謝禮
(22) 大砲　(23) 製造　(24) 增築
(25) 受信　(26) 石炭　(27) 移送
(28) 善政　(29) 警報　(30) 眼目
(31) 佛畫　(32) 防蟲　(33) 純毛
(34) 保護　(35) 壓制

[問 36~57] 다음 漢字의 訓과 音을 쓰시오.

(36) 端　(37) 察　(38) 絶
(39) 餘　(40) 給　(41) 究
(42) 導　(43) 達　(44) 停
(45) 測　(46) 視　(47) 禁
(48) 境　(49) 虛　(50) 鄕
(51) 督　(52) 統　(53) 細
(54) 監　(55) 斗　(56) 逆
(57) 致

[問 58~67] 다음 문장에서 밑줄 친 漢字語를 漢字로 쓰시오.

(58) 좋은 약을 썼는데도 효과가 없다.
(59) 영빈관은 중국에서 온 사신들이 묵던 곳이다.
(60) 요즈음은 해외로 관광을 많이 간다.
(61) 가까운 사이일수록 계산은 정확히 해야 한다.
(62) 뺨을 한 대 맞았다고 경찰에 고발하였다.
(63) 70년대에는 미니스커트가 유행이었다.
(64) 사회의 변화에 적응할 줄도 알아야 한다.
(65) 사회에 봉사할 줄도 알아야 한다.
(66) 건강을 지키려면 적당한 운동을 해야 한다.
(67) 그는 덕망이 높은 사람이다.

[問 68~77] 다음 (　　)안의 뜻풀이를 참고하여 제시된 漢字語를 漢字로 쓰시오.

(68) 가구(살림살이에 쓰는 세간)
(69) 대필(남을 대신하여 글을 씀)
(70) 전개(눈 앞에 벌어짐)
(71) 광장(넓은 마당)

⑺ 격식(틀에 맞춘 일정한 방식)

⑺ 고가(높은 가격)

⑺ 착륙(하늘에서 땅에 내림)

⑺ 객석(손님의 자리)

⑺ 병실(환자가 치료 받는 방)

⑺ 독신(결혼하지 않고 혼자 사는 사람)

[問 78~82] 다음 ( )에 알맞은 漢字를 써서 四字成語를 완성하시오.

⑺ 生死( )斷

⑺ 利害得( )

⑻ 無( )地帶

⑻ ( )平煙月

⑻ 呼兄呼( )

[問 83~85] 다음 漢字와 뜻이 反對 또는 相對되는 漢字를 ( )안에 넣어 漢字語를 만드시오.

⑻ 吉 ↔ ( )   ⑻ 功 ↔ ( )

⑻ ( ) ↔ 落

[問 86~88] 다음 漢字와 뜻이 같거나 비슷한 漢字를 ( )안에 넣어 漢字語를 만드시오.

⑻ ( ) - 潔   ⑻ 練 - ( )

⑻ ( ) - 滿

[問 89~91] 다음 漢字語와 讀音은 같으나 뜻이 다른 漢字語가 되도록 ( )안에 漢字를 쓰시오.

⑻ 羊肉 - ( )育 : (어린이를) 기르는 일

⑼ 電氣 - ( )記 : 한 개인의 일생의 기록

⑼ 校舍 - ( )師 : 가르치는 사람

[問 92~94] 다음 한자의 뜻을 쓰시오.

⑼ 早期 ( )

⑼ 擧手 ( )

⑼ 終結 ( )

[問 95~97] 다음 漢字의 部首를 쓰시오.

⑼ 將 - ( )   ⑼ 談 - ( )

⑼ 鮮 - ( )

[問 98~100] 다음 漢字의 略字(약자:획수를 줄인 漢字)를 쓰시오.

⑼ 勞 - ( )   ⑼ 惡 - ( )

⑽ 實 - ( )

제5회 한자능력검정시험 4급Ⅱ 기출·예상문제

(社)한국어문회가 시행한 한자능력검정시험을 수험생들에 의해 재생한 것입니다.

[問 1~35] 다음 漢字語의 讀音을 쓰시오.

(1) 念願　　(2) 北極　　(3) 監督

(4) 活魚　　(5) 樂器　　(6) 單純

(7) 建物　　(8) 滿水　　(9) 利用

(10) 任務　　(11) 牧童　　(12) 山脈

(13) 無常　　(14) 寫眞　　(15) 備考

(16) 雪景　　(17) 個別　　(18) 朗報

(19) 稅金　　(20) 客車　　(21) 屋上

(22) 防止　　(23) 寺院　　(24) 航海

(25) 傳達　　(26) 都市　　(27) 移住

(28) 聖堂　　(29) 密度　　(30) 參加

(31) 潔白　　(32) 伐木　　(33) 導入

(34) 權勢　　(35) 暖流

[問 36~57] 다음 漢字의 訓과 音을 쓰시오.

(36) 島　　(37) 街　　(38) 等

(39) 慶　　(40) 留　　(41) 味

(42) 悲　　(43) 商　　(44) 難

(45) 具　　(46) 漁　　(47) 州

(48) 起　　(49) 請　　(50) 忠

(51) 志　　(52) 博　　(53) 良

(54) 除　　(55) 眼　　(56) 師

(57) 氷

[問 58~67] 다음 문장에서 밑줄 친 漢字語를 漢字로 쓰시오.

(58) 선생님께서 출석을 부르고 수업을 시작하셨다.

(59) 영수는 승리의 비결을 자세히 설명하였다.

(60) 오천년의 유구한 역사

(61) 변치 말자, 우리의 우정을.

(62) 현대의 사람들은 광고의 홍수 속에서 살고 있다.

(63) 우리는 다시 만날 것을 약속하고 헤어졌다.

(64) 그는 열심히 노력을 하여 많은 재산을 모았다.

(65) 요즈음은 견문을 넓히기 위하여 해외여행을 많이 한다.

(66) 삼군은 육군, 해군, 공군을 일컫는 말이다.

(67) 사업에 성공하려면 치밀한 계획과 부단한 노력이 필요하다.

[問 68~77] 다음 ( )안의 뜻풀이를 참고하여 제시된 漢字語를 漢字로 쓰시오.

(68) 학습(배워서 익힘)

(69) 운행(운전하여 다님)

(70) 근본(사물의 본질이나 본바탕)

(71) 하복(여름옷)

⑺ 단결(많은 사람이 마음과 힘을 한데 뭉침)

⑺ 개점(새로 가게를 내어 영업을 시작함)

⑺ 석양(저녁때의 햇빛)

⑺ 예절(예의와 범절)

⑺ 두목(패거리의 우두머리)

⑺ 성품(사람의 성질이나 됨됨이)

[問 78~82] 다음 ( )에 알맞은 漢字를 써서 四字成語를 완성하시오.

⑺ 百( )百中 : 백 번 쏘아 백 번 맞음

⑺ 萬( )不變 : 오랜 세월 동안 변하지 않음

⑻ ( )初至終 : 처음부터 끝까지

⑻ 一( )二鳥 : 한 가지 일을 하여 두 가지 이익을 거둠

⑻ 言語( )斷 : 어이가 없어 말을 할 수가 없음

[問 83~85] 다음 漢字와 뜻이 反對 또는 相對되는 漢字를 ( )안에 넣어 漢字語를 만드시오.

⑻ ( ) ↔ 冷   ⑻ 因 ↔ ( )

⑻ 先 ↔ ( )

[問 86~88] 다음 漢字와 뜻이 같거나 비슷한 漢字를 ( )안에 넣어 漢字語를 만드시오.

⑻ 靑 - ( )   ⑻ ( ) - 着

⑻ 談 - ( )

[問 89~91] 다음 漢字語와 讀音은 같으나 뜻은 제시된 풀이에 맞는 漢字語가 되도록 ( ) 안에 漢字를 쓰시오.

⑻ 正統 - 精( ) : 어떤 사물에 밝고 자세히 앎

⑼ 公路 - ( )勞 : 어떤 일에 힘쓴 공적

⑼ 同鄕 - 東( ) : 동쪽 방향

[問 92~94] 다음 漢字語의 뜻을 쓰시오.

⑼ 好感 ( )

⑼ 誤記 ( )

⑼ 減速 ( )

[問 95~97] 다음 漢字의 部首를 쓰시오.

⑼ 解 - ( )   ⑼ 煙 - ( )

⑼ 守 - ( )

[問 98~100] 다음 漢字의 略字(약자:획수를 줄인 漢字)를 쓰시오.

⑼ 戰 - ( )   ⑼ 體 - ( )

⑽ 當 - ( )

제6회 한자능력검정시험 4급Ⅱ 기출·예상문제

(社)한국어문회가 시행한 한자능력검정시험을 수험생들에 의해 재생한 것입니다.

[問 1~35] 다음 漢字語의 讀音을 쓰시오.

⑴ 交流	⑵ 談話	⑶ 滿員
⑷ 設置	⑸ 市街	⑹ 當然
⑺ 買收	⑻ 素材	⑼ 監督
⑽ 溫帶	⑾ 牧場	⑿ 逆順
⒀ 講義	⒁ 道德	⒂ 職務
⒃ 演技	⒄ 健康	⒅ 落葉
⒆ 密書	⒇ 藝術	㉑ 禁止
㉒ 良識	㉓ 博士	㉔ 增産
㉕ 吉凶	㉖ 旅程	㉗ 放火
㉘ 銃擊	㉙ 旗手	㉚ 路邊
㉛ 寫眞	㉜ 港口	㉝ 煖房
㉞ 理致	㉟ 病室	

[問 36~57] 다음 漢字의 訓과 音을 쓰시오.

㊱ 減	㊲ 怒	㊳ 未
㊴ 改	㊵ 單	㊶ 訪
㊷ 慶	㊸ 銅	㊹ 壁
㊺ 給	㊻ 兩	㊼ 師
㊽ 想	㊾ 眼	㊿ 志
(51) 盛	(52) 漁	(53) 請
(54) 細	(55) 走	(56) 統
(57) 消		

[問 58~67] 다음 문장에서 밑줄 친 漢字語를 漢字(正字)로 쓰시오.

⒅ 우리는 지난 역사를 통하여 많은 교훈을 얻었다.

⒆ 극장은 영화를 보려는 관객으로 가득 찼다.

⒇ 사람들은 각자의 이해관계에 따라 두편으로 갈렸다.

(61) 국민들은 한마음 한뜻으로 단결하여 난관을 극복했다.

(62) 그 회사는 품질 경연대회에서 1등을 하였다.

(63) 열심히 운동을 하여 질병을 예방하자.

(64) 어떤 일이든지 기본에 충실해야 좋은 결과를 얻을 수 있다.

(65) 어려울 때 용기 있는 사람만이 성공할 수 있다.

(66) 국토를 잘 가꾸어 후손에게 아름다운 강산을 물려주자.

(67) 아름다운 정원에는 철쭉꽃이 만발했다.

[問 68~77] 다음 ( )안의 뜻풀이를 참고하여 제시된 漢字語를 漢字(正字)로 쓰시오.

(68) 전선(전깃줄)

(69) 다복(복이 많음)

(70) 착석(자리에 앉음)

(71) 신선(새롭고 깨끗함)

⑺ 애정 (사랑하는 마음)

⑺ 연세 (‘ 나이’ 의 높임말)

⑺ 설명 (자세히 풀어서 밝힘)

⑺ 양지 (볕이 바로 드는 땅)

⑺ 주택 (사람이 사는 집)

⑺ 풍속 (바람이 부는 속도)

[問 78~82] 다음 ( )에 알맞은 漢字를 써서 四字成語를 완성하시오.

⑺ (　　)熱治熱 : 열로 열을 다스림.

⑺ 開(　　)休業 : 가게를 내어 영업하고 있으나 장사가 되지 않아 휴업과 같은 상태

⑻ 論功(　　)賞 : 세운 공을 논하여 상을 줌

⑻ 至誠(　　)天 : 지극한 정성에 하늘도 감동함

⑻ 實(　　)求是 : 사실을 토대로 진리를 탐구함

[問 83~85] 다음 漢字와 뜻이 反對(相對)되는 漢字를 넣어 漢字語를 완성하시오.

⑻ 物 ↔ (　　)　　　　⑻ 苦 ↔ (　　)

⑻ 終 ↔ (　　)

[問 86~88] 다음 漢字와 뜻이 같거나 비슷한 漢字를 넣어 漢字語를 완성하시오.

⑻ (　　) － 屋　　　⑻ 費 － (　　)

⑻ 起 － (　　)

[問 89~91] 다음 漢字語와 讀音은 같으나 뜻이 다른 漢字語가 되도록 ( )안에 漢字를 쓰시오.

⑻ 自制 － 子(　　)(남을 높여 그 아들을 이르는 말)

⑼ 急雨 － 級(　　)(같은 학급에서 배우는 벗)

⑼ 上古 － (　　)高(‘ 상업 고등학교’ 의 줄임말)

[問 92~94] 다음 漢字의 略字(약자:획수를 줄인 漢字)를 쓰시오.

⑼ 體 － (　　)　　　⑼ 發 － (　　)

⑼ 參 － (　　)

[問 95~97] 다음 漢字의 部首를 쓰시오.

⑼ 星 － (　　)　　　⑼ 努 － (　　)

⑼ 束 － (　　)

[問 98~100] 다음 漢字語의 뜻을 쓰시오.

⑼ 確信 (　　　　　　　　　)

⑼ 言爭 (　　　　　　　　　)

⑽ 悲報 (　　　　　　　　　)

제7회 한자능력검정시험 4급Ⅱ 기출·예상문제

(社)한국어문회가 시행한 한자능력검정시험을 수험생들에 의해 재생한 것입니다.

[問 1～35] 다음 漢字語의 讀音을 쓰시오.

(1) 到達   (2) 佛經   (3) 才藝

(4) 餘白   (5) 太極   (6) 都邑

(7) 禁止   (8) 孫婦   (9) 舊習

(10) 權勢   (11) 石橋   (12) 英雄

(13) 施設   (14) 聖恩   (15) 毒藥

(16) 圓形   (17) 草案   (18) 護衛

(19) 低利   (20) 風俗   (21) 統治

(22) 香水   (23) 貨物   (24) 論說

(25) 綠陰   (26) 深海   (27) 呼吸

(28) 總計   (29) 祭器   (30) 入宮

(31) 燈火   (32) 希求   (33) 申請

(34) 期限   (35) 發着

[問 36～57] 다음 漢字의 訓과 音을 쓰시오.

(36) 港   (37) 炭   (38) 壓

(39) 想   (40) 客   (41) 究

(42) 怒   (43) 績   (44) 舍

(45) 伐   (46) 眼   (47) 船

(48) 障   (49) 貯   (50) 景

(51) 擔   (52) 移   (53) 康

(54) 基   (55) 築   (56) 波

(57) 衆

[問 58～67] 다음 문장에서 밑줄 친 漢字語를 漢字(正字)로 쓰시오.

(58) 그는 이미 당대에 이름을 날린 사람이다.

(59) 철수는 마음먹었던 일을 오늘 결행하였다.

(60) 우리 방과 후에 축구시합을 하자.

(61) 출세의 첫 관문을 돌파하였다.

(62) 그 아이는 시운을 잘 타고 났다.

(63) 영호는 식성이 좋아서 무엇이든 잘 먹는다.

(64) 목공예를 하려면 여러 가지 공구가 필요하다.

(65) 그는 인복이 많아서 다른 사람의 도움을 잘 받는다.

(66) 남이 하지 않는 일을 하려면 용기가 필요하다.

(67) 장사를 잘 하려면 상법도 알아야 한다.

[問 68～77] 다음 (   )안의 뜻풀이를 참고하여 제시된 漢字語를 漢字(正字)로 쓰시오.

(68) 실신(정신을 잃음)

(69) 사가(역사를 연구하는 사람)

(70) 품질(상품의 성질)

(71) 순산(순조롭게 아이를 낳음)

(72) 전우(전투를 같이 하는 동료)

(73) 언약(말로 한 약속)

⑺ 임지(관리가 부임하는 지방)

⑺ 연세(나이)

⑺ 대승(큰 승리)

⑺ 절전(전기를 아낌)

[問 78~80] 다음 漢字와 뜻이 反對語가 되도록 ( )안에 알맞는 漢字(正字)를 써 넣으시오.

⑺ 前進 ↔ (　　　)退

⑺ (　　　)視 ↔ 輕視

⑻ 寒帶 ↔ (　　　)帶

[問 81~83] 다음 漢字와 뜻이 같거나 비슷한 漢字(正字)를 쓰시오.

⑻ 博 － (　　　)　　　⑻ 規 － (　　　)

⑻ 身 － (　　　)

[問 84~88] 다음 ( )에 알맞은 漢字(正字)를 써서 四字成語를 완성하시오.

⑻ (　　　)惡無道 : 성질이 거칠고 사나우며 도의심이 없음

⑻ 確固不(　　　) : 튼튼하고 굳어 흔들리거나 움직이지 아니함

⑻ 花容(　　　)態 : 꽃 같은 얼굴, 달 같은 자태의 뜻으로 아름다운 여인의 얼굴과 맵시를 이르는 말

⑻ (　　　)守空房 : 혼자서 지내는 것. 아내가 남편 없이 혼자 지내는 것

⑻ 特(　　　)列車 : 보통의 급행열차보다 더 빨리 달리는 열차

[問 89~91] 다음 漢字語와 讀音은 같으나 뜻은 제시된 풀이에 맞는 漢字語가 되도록 ( )안에 漢字(正字)를 쓰시오.

⑻ 科擧 － (　　　)去(지나간 때)

⑼ 直選 － 直(　　　)(곧은 선)

⑼ 市街 － 詩(　　　)(시와 가사)

[問 92~94] 다음 漢字의 略字(약자:획수를 줄인 漢字)를 쓰시오.

⑼ 兒 － (　　　)　　　⑼ 醫 － (　　　)

⑼ 傳 － (　　　)

[問 95~97] 다음 漢字의 部首를 쓰시오.

⑼ 布 － (　　　)　　　⑼ 益 － (　　　)

⑼ 血 － (　　　)

[問 98~100] 다음 漢字語의 뜻을 쓰시오.

⑼ 除雪 (　　　　　　　　　　)

⑼ 素服 (　　　　　　　　　　)

⑽ 細雨 (　　　　　　　　　　)

합격점수 : 70점
제한시간 : 50분

제8회 한자능력검정시험 4급Ⅱ 기출·예상문제

(社)한국어문회가 시행한 한자능력검정시험을 수험생들에 의해 재생한 것입니다.

[問 1~18] 다음 글에서 밑줄 친 單語 중 한글로 표기된 것은 漢字(正字)로, 漢字로 표기된 것은 한글로 고쳐 쓰시오.

○ 대개 언어란 참으로 신기하고 미묘한 것이어서 피차간 思想(1)이나 감정(2)을 전달하고 사무적인 대화를 교환할 수 있는 일종(3)의 도구(4)나 기호(5)가 될 뿐 아니라, 상호간의 정서나 심리도 전달하게 되어 상대편의 심성(6)에 어떤 영향을 준다. 그리하여 그로 하여금 무슨 形態(7)로든지 자각이나 반성을 할 수 있게 하는 계기를 마련하여 주는 힘을 지니고 있다.

○ 가장 오랜 일회적인 最初(8)의 사실(9)을 설명(10)하는 이야기들은 신화다. 동시에 과학(11)이다. 그들은 신화(12)의 체계 속에서 우주 현상과 자연 현상뿐만 아니라 바로 인간의 일까지도 설명할 수 있는 힘을 얻는다. 過去(13)의 사실을 설명하는데 그치는 것이 아니라 현재(14)의 사실을 理解(15)하고 (중략). 신화는 생활의 온갖 양식 속에서, 그리고 모든 가능한 표현 방법(16)으로 나타나고 또 傳授(17)된다. 이야기될 때에는 이야기하는 사람과 듣는 사람, 그리고 이야기 되는 시간과 장소 등 그때그때의 조건과 분위기에 따라 적당한 아름다운 말로 꾸며지기도 하고 다듬어지기도 한다. 曲調(18)에 실어서 노래하기도 한다.

[問 19~46] 다음 문장에서 밑줄 친 漢字語의 讀音을 쓰시오.

(19) 羊毛로 실을 짜다.
(20) 深海에서 사는 물고기.
(21) 달도 없는 暗黑 같은 밤.
(22) 마음씨가 純眞한 사람.
(23) 우편물을 發送하다.
(24) 공부를 열심히 해서 博士가 되었다.
(25) 폭포를 背景으로 사진을 찍었다.
(26) 어린이를 保護하자.
(27) 성곽을 築造하다.
(28) 사전에 準備를 철저히 하시오.
(29) 치과에 가서 蟲齒를 치료했다.
(30) 서로 協助하여 잘 해 봅시다.
(31) 문학은 언어의 藝術이다.
(32) 임금이 신하에게 密書를 보냈다.
(33) 운동을 하니 몸이 健康해 졌다.
(34) 敵將을 사로잡다.
(35) 공장의 施設이 좋아 졌다.
(36) 서울에 자주 往來하다.
(37) 공사하느라 임시 假橋를 가설했다.
(38) 대표로 뽑혀 黨權을 인수했다.
(39) 좋은 詩句를 몇 개 외웠다.
(40) 현재의 상황을 잘 認識하다.
(41) 상을 받아 대단히 榮光이다.
(42) 무대의 隊員들이 모두 모였다.
(43) 그 배우 演技가 많이 늘었더군.
(44) 暖帶 지방에서만 자라는 나무.
(45) 회사에서 經歷 사원을 뽑다.
(46) 자기는 潔白하다고 주장했다.

[問 47~68] 다음 漢字의 訓과 音을 쓰시오.

(47) 承　　　(48) 務　　　(49) 監

(50) 缺　　　(51) 恩　　　(52) 笑

(53) 圓　　　(54) 望　　　(55) 非

(56) 壓　　　(57) 處　　　(58) 香

(59) 雨　　　(60) 修　　　(61) 陰

(62) 味　　　(63) 麗　　　(64) 節

(65) 街　　　(66) 移　　　(67) 難

(68) 田

[問 69~77] 다음 문장에서 밑줄 친 漢字語를 漢字(正字)로 쓰시오.

(69) 굳은 신념을 가지다.

(70) 농촌으로 봉사 활동을 갔다.

(71) 조선시대에는 중국에 사신을 보냈다.

(72) 그는 풍운의 사나이다.

(73) 대학을 4년 만에 졸업하다.

(74) 네가 한 일은 네가 책임 져라.

(75) 아직 심사 결과는 모른다.

(76) 그는 매우 지적인 사람이다.

(77) 이 글의 필자는 누구인가?

[問 78~82] 다음 (　)안의 讀音에 해당하는 漢字(正字)를 써서 漢字語를 완성하시오.

(78) 文房四(우)　　　(79) (양)藥苦口

(80) 萬古不(변)　　　(81) 靑山(유)水

(82) (특)別活動

[問 83~85] 다음 漢字와 뜻이 反對 또는 相對되는 漢字(正字)를 (　)안에 넣어 글 속의 漢字語를 완성하시오.

(83) 강수량에 따라 (　　　)豊이 결정된다.

(84) 善(　　　)을 가려서 행동해라.

(85) 노력이 (　　　)落을 결정한다.

[問 86~88] 다음 漢字와 뜻이 같거나 비슷한 漢字(正字)를 (　)안에 넣어 글 속의 漢字語를 완성하시오.

(86) 기차가 10시에 到(　　　)했다.

(87) 학교 舍(　　　)에서 산다.

(88) (　　　)木이 울창한 숲

[問 89~91] 다음 漢字語와 讀音이 같은 漢字語가 되도록 (　)안에 漢字(正字)를 쓰되, 제시된 뜻에 맞추시오.

(89) 終端 － 宗(　　　) : 종교의 단체

(90) 好期 － 呼(　　　) : 날숨

(91) 求食 － (　　　)式 : 옛날 식

[問 92~94] 다음 漢字의 略字(약자:획수를 줄인 한자)를 쓰시오.

(92) 醫 － (　　　)　　　(93) 關 － (　　　)

(94) 德 － (　　　)

[問 95~97] 다음 漢字의 部首를 쓰시오.

(95) 督 － (　　　)　　　(96) 富 － (　　　)

(97) 陸 － (　　　)

[問 98~100] 다음 漢字語의 일반적인 뜻을 쓰시오.

(98) 素服 (　　　　　　　　　　)

(99) 滿月 (　　　　　　　　　　)

(100) 高聲 (　　　　　　　　　　)

제9회 한자능력검정시험 4급Ⅱ 기출·예상문제

(社)한국어문회가 시행한 한자능력검정시험을 수험생들에 의해 재생한 것입니다.

[問 1~10] 다음 글에서 밑줄 친 單語 중 한글로 표기된 것은 漢字(正字)로, 漢字로 표기된 것은 한글로 고쳐 쓰시오.

수필의 材料(1)는 생활 經驗(2), 자연(3) 觀察(4), 인간(5)성이나 사회 現狀(6)에 대한 새로운 발견(7) 등 무엇이나 좋을 것이다. 그 제재가 무엇이든지 간에 쓰는 이의 독특(8)한 個性(9)과 그 때의 심정(10)에 따라, '누에의 입에서 나오는 액이 고치를 만들 듯이' 수필은 써지는 것이다.

[問 11~40] 다음 문장에서 밑줄 친 漢字語의 讀音을 쓰시오.

⑾ 그가 드디어 病席에서 일어났다.

⑿ 난민들에게 식량을 配給하다.

⒀ 무용 競演 대회 개최

⒁ 한문에 通達한 사람

⒂ 인류 평화의 念願

⒃ 맡은 바 義務를 다하다.

⒄ 이사회에서 새 사업을 承認했다.

⒅ 보호 무역에 의한 수출 制約

⒆ 假聲으로 노래를 부르다.

⒇ 무더위에 따른 전력 수요의 急增

(21) 餘興을 즐기다.

(22) 吸水력이 좋다.

(23) 暗黑의 세계

(24) 남북 分斷의 아픔

(25) 상대를 武力으로 제압하다.

(26) 그가 든 예는 極端적이다.

(27) 서류가 具備되었다.

(28) 그는 나의 敵手가 되지 않는다.

(29) 남녀 交際

(30) 방해물을 除去하다.

(31) 童謠 부르기 대회

(32) 임금의 聖恩을 입다.

(33) 엉뚱한 말로 失笑를 자아내다.

(34) 우리 집 진돗개는 純種이다.

(35) 역세권에 位置한 아파트

(36) 逆境을 이겨낸 성공 이야기

(37) 얼굴도 識別할 수 없는 어둠

(38) 얼굴에 和色이 돌다.

(39) 체면치레하느라 虛勢를 부리다.

(40) 협상이 難航을 거듭하고 있다.

[問 41~62] 다음 漢字의 訓과 音을 쓰시오.

(41) 序　　(42) 留　　(43) 談

(44) 監　　(45) 賣　　(46) 省

(47) 士　　(48) 暖　　(49) 舉

(50) 量　　(51) 節　　(52) 寫

(53) 處　　(54) 牧　　(55) 面

(56) 帶　　(57) 選　　(58) 康

(59) 奉　　(60) 冬　　(61) 練

(62) 過

[問 63~77] 다음 문장에서 밑줄 친 漢字語를 漢字(正字)로 쓰시오.

(63) 불안한 마음

(64) 광선을 쬐다.

(65) 연설을 듣고 감동하였다.

(66) 방안에 온기가 남아있다.

(67) 인간은 만물의 영장이다.

(68) 며칠 묵을 숙소를 정했다.

(69) 도의적 책임을 지고 물러나다.

(70) 여러 각도로 문제를 검토하다.

(71) 부품 가격이 올랐다.

(72) 세계 10대 문화 유적

(73) 관계 당국의 발표

(74) 이 식당의 음식은 정갈하다.

(75) 양보만이 미덕은 아니다.

(76) 내 조카는 형부를 닮았다.

(77) 행복이 가득한 집

[問 78~82] 다음 ( )안에 알맞은 漢字(正字)를 써서 漢字語를 완성하시오.

(78) (청)風明月 : 맑은 바람과 밝은 달.

(79) 因(과)應報 : 좋은 일에는 좋은 결과가, 나쁜 일에는 나쁜 결과가 따름.

(80) 百(해)無益 : 해롭기만 하고 조금도 이로울 것이 없음.

(81) 起(사)回生 : 죽을 뻔하다가 다시 살아남.

(82) 敬老孝(친) : 어른을 공경하고 부모에게 효도함.

[問 83~85] 다음 漢字와 뜻이 反對 또는 相對되는 漢字(正字)를 ( )안에 넣어 글 속의 漢字語를 완성하시오.

(83) 陰(   )의 조화를 이룸.

(84) 吉(   )화복을 점치다.

(85) 인생의 (   )樂을 함께 하다.

[問 86~88] 다음 漢字와 뜻이 같거나 비슷한 漢字(正字)를 ( )안에 넣어 글 속의 漢字語를 완성하시오.

(86) 상사의 (   )令을 따름.

(87) (   )求 사항이 많음.

(88) 미래에 대한 希(   )을 가짐.

[問 89~91] 다음 漢字語와 讀音이 같은 漢字語가 되도록 ( )안에 漢字(正字)를 쓰되, 제시된 뜻에 맞추시오.

(89) 中隊 ― (   )大 : 매우 중요하고 큼.

(90) 單元 ― (   )員 : 어떤 단체에 속한 사람.

(91) 指導 ― 地(   ) : 지구를 평면에 나타낸 그림.

[問 92~94] 다음 漢字의 略字(약자:획수를 줄인 한자)를 쓰시오.

(92) 數 ― (   )   (93) 勞 ― (   )

(94) 關 ― (   )

[問 95~97] 다음 漢字의 部首를 쓰시오.

(95) 素 ― (   )   (96) 未 ― (   )

(97) 術 ― (   )

[問 98~100] 다음 漢字語의 일반적인 뜻을 쓰시오.

(98) 創業 (   )

(99) 惡習 (   )

(100) 退職 (   )

합격점수 : 70점
제한시간 : 50분

제10회 한자능력검정시험 4급Ⅱ 기출·예상문제

(社)한국어문회가 시행한 한자능력검정시험을 수험생들에 의해 재생한 것입니다.

[問 1~20] 다음 글에서 밑줄 친 單語 중 한글로 기록된 것은 漢字(正字)로 바꾸고, 漢字로 기록된 것은 그 讀音을 쓰시오.

○ 풍경화란 ⑴寫眞 같아도 ⑵興味가 없어지고, 너무 상상해서 그려도 ⑶현실에서 벗어난다. 겸재 정선은 이러한 ⑷極端에서 벗어나, 한국 ⑸산천의 뼈대와 ⑹精氣를 ⑺집약한 ⑻작품들을 ⑼完成해 내었다는 점에서 ⑽세상의 ⑾주목을 받기에 ⑿충분한 ⒀화가이다.

○ ⒁인간이 ⒂동물의 ⒃수장이 될 수 있었던 것은 ⒄직립 때문이었다. 똑바로 섬으로써 손을 자유롭게 ⒅사용할 수 있었고, 이에 따라 ⒆도구를 만들어서 맹수와 ⒇對敵할 수 있었다.

[問 21~45] 밑줄 친 漢字語의 讀音을 쓰시오.

⑵⑴ 謝恩 행사.

⑵⑵ 고무나무 水液으로 공을 만들다.

⑵⑶ 눈병으로 眼帶를 했다.

⑵⑷ 統計 수치가 잘못되었다.

⑵⑸ 絶壁에 서다.

⑵⑹ 業務에 충실하였다.

⑵⑺ 宗孫 노릇이 쉽지는 않다.

⑵⑻ 擔任 선생님.

⑵⑼ 꽃이 滿開하였다.

⑶⑴ 그는 破産 선고를 받았다.

⑶⑴ 결정을 保留하였다.

⑶⑵ 그는 해군 提督이 되었다.

⑶⑶ 權益 보호.

⑶⑷ 面接과 실기를 중시한다.

⑶⑸ 남향은 煖房에 유리하다.

⑶⑹ 부적절한 關係.

⑶⑺ 餘波에 시달렸다.

⑶⑻ 檢察 당국에서 조사하였다.

⑶⑼ 죄수를 監禁하였다.

⑷⑴ 멀리서 銃聲이 들렸다.

⑷⑴ 悲報를 들었다.

⑷⑵ 貯蓄 장려.

⑷⑶ 票決로 건의가 통과되었다.

⑷⑷ 節電 운동.

⑷⑸ 운영 經費를 절감하시오.

[問 46~67] 다음 漢字의 訓과 音을 쓰시오.

⑷⑹ 兩	⑷⑺ 努	⑷⑻ 布
⑷⑼ 麗	⑸⑴ 解	⑸⑴ 斗
⑸⑵ 脈	⑸⑶ 虛	⑸⑷ 牧
⑸⑸ 博	⑸⑹ 總	⑸⑺ 掃
⑸⑻ 訪	⑸⑼ 回	⑹⑴ 次
⑹⑴ 常	⑹⑵ 吸	⑹⑶ 呼
⑹⑷ 退	⑹⑸ 態	⑹⑹ 取
⑹⑺ 包		

[問 68~77] 밑줄 친 單語를 漢字(正字)로 쓰시오.

⑥⑧ 중국과 통상 조약을 맺었다.

⑥⑨ 육아 문제가 날로 심각하다.

⑺⑩ 객지에서 떠돈다.

⑺⑴ 기념할 만한 일이다.

⑺⑵ 행복한 사람들.

⑺⑶ 그는 민족사관이 투철하다.

⑺⑷ 구조가 독특하다.

⑺⑸ 교양 교육.

⑺⑹ 성격이 변질되었다.

⑺⑺ 음주 단속을 하였다.

[問 78~82] 다음 四字成語가 完成되도록 ( ) 속의 말을 漢字(正字)로 바꾸어 쓰시오.

⑺⑻ 多情多(감)

⑺⑼ (유)備無患

⑻⑩ (종)豆得豆

⑻⑴ 事(친)以孝

⑻⑵ 雨順(풍)調

[問 83~85] 다음 漢字와 뜻이 反對 또는 相對되는 漢字(正字)를 ( )안에 적어 자주 쓰이는 漢字語를 만드시오.

⑻⑶ (자)他가 공인하는 실력자.

⑻⑷ 번개는 陰(양) 전기의 방전으로 발생한다.

⑻⑸ 水(륙) 양면 공격에도 도시는 함락되지 않았다.

[問 86~88] 다음 漢字와 뜻이 같거나 비슷한 漢字(正字)를 ( )안에 적어 자주 쓰이는 漢字語를 만드시오.

⑻⑹ 교육을 통한 知(식)의 전달.

⑻⑺ (고)難을 극복하다.

⑻⑻ 한국 기업의 해외 進(출).

[問 89~91] 다음 漢字語와 同音語(讀音이 같은 말)가 되도록 ( )안에 알맞은 漢字(正字)를 쓰되, 제시된 뜻에 맞추시오.

⑻⑼ 童詩 － 同( ) : 같은 시기.

⑼⑩ 造船 － 朝( ) : 나라 이름.

⑼⑴ 講話 － 强( ) : 세력이나 힘을 더 튼튼하게 함.

[問 92~94] 다음 漢字의 略字(약자 : 획수를 줄인 한자)를 쓰시오.

⑼⑵ 醫 － ( ) ⑼⑶ 萬 － ( )

⑼⑷ 禮 － ( )

[問 95~97] 다음 漢字의 部首를 쓰시오.

⑼⑸ 素 － ( ) ⑼⑹ 求 － ( )

⑼⑺ 舍 － ( )

[問 98~100] 다음 漢字語의 뜻을 간단히 풀이 쓰시오.

⑼⑻ 廣野

⑼⑼ 再起

⑽⑩ 救命

합격점수 : 70점
제한시간 : 50분

제11회 한자능력검정시험 4급Ⅱ 기출·예상문제

(社)한국어문회가 시행한 한자능력검정시험을 수험생들에 의해 재생한 것입니다.

[問 1~25] 다음 글에서 밑줄 친 單語 중 한글로 표기된 것은 漢字(正字)로, 漢字로 표기된 것은 한글로 고쳐 쓰시오.

○ (1)制度가 (2)安定적으로 운영되려면 정책 결정 단계부터 (3)일선 (4)학교의 (5)教師와 학생과 학생 (6)부모의 목소리를 제대로 듣는 (7)原則이 지켜져야 한다. 교육현장의 목소리를 (8)외면하면 정책이 현실 문제를 풀어 가기는커녕 오히려 문제를 키우는 사례가 많다. 이를 위해선 정책 결정자나 교육 관료들이 다양한 국민의 (9)의견을 수렴하지 않은 채 폐쇄적으로 결정하는 (10)事例도 반복되어서는 안 된다.(중략) 입시 제도는 (11)政權의 교체와 (12)關係없이 유지될 수 있게 할 필요가 있다. 정치적 고려 대상이 되지 않게 하자는 취지다. 이를 위해 (13)각계 인사들이 참여하는 (14)獨立된 위원회가 입시제도를 경정하는 (15)方案도 검토할 만하다.

○ 이제 우리는 (16)開化期와 일제시대에 이루어졌던 우리 학자들의 국어 연구의 열정과 성과라는 좋은 (17)傳統을 살려 (18)賢明하게 국어 문제들을 (19)解決해 나아가야 할 것이다. 그리하여 우리의 생활 전역에 걸쳐서 – 문화, 정치, 사회의 모든 (20)활동에 있어서 결함이 없을 뿐 아니라 매우 훌륭한 국어를 가지도록 노력해야 할 것이다. 국어의 (21)理想은 (22)현실의 (23)필요를 (24)충족시켜 줄 뿐만 아니라 우리의 과학적 욕구와 (25)藝術적 욕구를 만족시켜 주는 명석하고도 아름다운 언어가 되는 데 있다.

[問 26~45] 다음 문장에서 밑줄 친 漢字語의 讀音을 쓰시오.

(26) 학생들에게 講演을 하다.
(27) 그 일에 協助해 주시오.
(28) 장미는 香氣가 좋다.
(29) 기구를 設置하다.
(30) 石炭을 연료로 쓰다.
(31) 나이가 들어 退職하다.
(32) 상장과 賞金을 받다.
(33) 餘分이 있으면 더 주세요.
(34) 효종 대왕의 北伐 계획.
(35) 친구와의 約束을 지키다.
(36) 국토의 동서를 가로지르는 山脈
(37) 낙엽이 空中에 떨어지다.
(38) 넓은 視野를 확보하라.
(39) 그것은 格式에 맞지 않는다.
(40) 야구는 球技 종목이다.
(41) 복지를 위해 稅收를 늘이다.
(42) 우리 擔任 선생님.
(43) 그는 善良한 시민이다.
(44) 고향에 急行 열차를 타고 가다.
(45) 공사 중이라 斷電한다고 한다.

[問 46~67] 다음 漢字의 訓과 音을 쓰시오.

(46) 落	(47) 虛	(48) 報
(49) 怒	(50) 打	(51) 望
(52) 難	(53) 處	(54) 昨
(55) 器	(56) 蟲	(57) 冷
(58) 減	(59) 治	(60) 博
(61) 壓	(62) 務	(63) 擧
(64) 笑	(65) 德	(66) 觀
(67) 麗		

[問 68~77] 다음 문장에서 밑줄 친 漢字語를 漢字(正字)로 쓰시오.

⑹ 설명 없이 통고만 하였다.

⑹ 추워서 화초를 온실에 넣다.

⑺ 제약회사에서 신약을 개발했다.

⑺ 방금 기차가 도착했다.

⑺ 오늘 오후에 만나자.

⑺ 재판할 때 판사가 입는 법복

⑺ 햇볕이 따뜻한 양지가 좋다.

⑺ 그건 당연한 일이다.

⑺ 이제 구습을 버리자.

⑺ 우리의 우정은 변치 않으리.

[問 78~82] 다음 ( )안의 讀音에 해당하는 漢字(正字)를 써서 漢字語를 완성하시오.

⑺ 燈火可(친)

⑺ 好(의)好食

⑻ 牧民心(서)

⑻ 自古(이)來

⑻ (금)始(時)初聞

[問 83~85] 다음 漢字와 뜻이 反對 또는 相對되는 漢字(正字)를 ( )안에 넣어 글 속의 漢字語를 완성하시오.

⑻ 曲( )을 묻지 아니함.

⑻ ( )終 군은 표정으로 일관함.

⑻ 일의 輕( )을 헤아림.

[問 86~88] 다음 漢字와 뜻이 같거나 비슷한 漢字(正字)를 ( )안에 넣어 글 속의漢字語를 완성하시오.

⑻ 굴곡이 많은 ( )路.

⑻ ( )備 서류를 갖춤.

⑻ 높은 眼( )의 소유자 .

[問 89~91] 다음 漢字語와 同音語(讀音이 같은 말)가 되도록 ( )안에 알맞은 漢字(正字)를 쓰되, 제시된 뜻에 맞추시오.

⑻ 未成 ─ ( )聲 : 좋은 목소리.

⑼ 市街 ─ 詩( ) : 시와 노래.

⑼ 早死 ─ ( )査 : 살펴보거나 찾아봄 .

[問 92~94] 다음 漢字의 略字(약자: 획수를 줄인 한자)를 쓰시오.

⑼ 質 ─ ( )   ⑼ 發 ─ ( )

⑼ 價 ─ ( )

[問 95~97] 다음 漢字의 部首를 쓰시오.

⑼ 砲 ─ ( )   ⑼ 勢 ─ ( )

⑼ 修 ─ ( )

[問 98~100] 다음 漢字語의 일반적인 뜻을 쓰시오.

⑼ 風波

⑼ 木船

⑽ 假名

4급Ⅱ 제1회 예상문제

① 창조 ② 과세 ③ 총무 ④ 기상 ⑤ 빈한 ⑥ 국제 ⑦ 수양 ⑧ 봉사 ⑨ 급류 ⑩ 단절 ⑪ 기관 ⑫ 심도 ⑬ 강조 ⑭ 지도 ⑮ 축재 ⑯ 공직 ⑰ 해결 ⑱ 계쟁 ⑲ 총독 ⑳ 풍성 ㉑ 절차 ㉒ 결석 ㉓ 두호 ㉔ 흑연 ㉕ 회원 ㉖ 상태 ㉗ 발포 ㉘ 훈련 ㉙ 수위 ㉚ 혈액 ㉛ 제설 ㉜ 전등 ㉝ 독파 ㉞ 통제 ㉟ 북두 ㊱ 본받을 효 ㊲ 베풀 설 ㊳ 해할 해 ㊴ 청할 청 ㊵ 인원 원 ㊶ 직분 직 ㊷ 웃을 소 ㊸ 다 총 ㊹ 나아갈 진 ㊺ 따뜻할 난 ㊻ 연구할 구 ㊼ 그늘 음 ㊽ 거느릴 통 ㊾ 낱 개 ㊿ 배 항 ⑤1 버금 차 ⑤2 찰 만 ⑤3 빽빽할 밀 ⑤4 줄기 맥 ⑤5 건널 제 ⑤6 세금 세 ⑤7 벽 벽 ⑤8 善 ⑤9 利 ⑥0 新 ⑥1 生 ⑥2 親 ⑥3 大氣 ⑥4 史記 ⑥5 反感 ⑥6 図 ⑥7 団 ⑥8 薬 ⑥9 日 ⑦0 臣 ⑦1 巾 ⑦2 品性 ⑦3 使者 ⑦4 着陸 ⑦5 速度 ⑦6 物色 ⑦7 見聞 ⑦8 奉養 ⑦9 運動服 ⑧0 必要 ⑧1 路上 ⑧2 自生 ⑧3 卒業 ⑧4 集結 ⑧5 國史 ⑧6 休養 ⑧7 陽地 ⑧8 失效 ⑧9 校歌 ⑨0 病弱 ⑨1 獨唱 ⑨2 重 ⑨3 惡 ⑨4 和 ⑨5 衣 ⑨6 具 ⑨7 界 ⑨8 무대나 장면에 나옴 ⑨9 장사하는 배 ⑩0 보고 익힘

4급Ⅱ 제2회 예상문제

① 수액 ② 여파 ③ 지동 ④ 착상 ⑤ 민속 ⑥ 소포 ⑦ 시혜 ⑧ 취득 ⑨ 독소 ⑩ 음해 ⑪ 조류 ⑫ 특권 ⑬ 열거 ⑭ 인화 ⑮ 조기 ⑯ 영장 ⑰ 담당 ⑱ 기립 ⑲ 시설 ⑳ 특혜 ㉑ 참배 ㉒ 호위 ㉓ 제창 ㉔ 오인 ㉕ 무한 ㉖ 가요 ㉗ 가로 ㉘ 정밀 ㉙ 부업 ㉚ 열강 ㉛ 고장 ㉜ 청구 ㉝ 연구 ㉞ 퇴출 ㉟ 동상 ㊱ 넓을 박 ㊲ 죽일 살 ㊳ 가질 취 ㊴ 낮을 저 ㊵ 막을 방 ㊶ 얻을 득 ㊷ 다를 타, 남 타 ㊸ 대적할 적 ㊹ 구슬 옥 ㊺ 고기 육, 살 육 ㊻ 고를 조 ㊼ 항구 항 ㊽ 집 궁 ㊾ 상상 ㊿ 권세 권 ⑤1 보배 보 ⑤2 발 전 ⑤3 성낼 노 ⑤4 펼 전 ⑤5 법할 벌 ⑤6 집 사 ⑤7 거짓 가 ⑤8 風 ⑤9 孝 ⑥0 天 ⑥1 行 ⑥2 知 ⑥3 養子 ⑥4 開校 ⑥5 數學 ⑥6 学 ⑥7 伝 ⑥8 소 ⑥9 衣 ⑦0 又 ⑦1 比 ⑦2 性格 ⑦3 品質 ⑦4 窓口 ⑦5 秋風 ⑦6 代筆 ⑦7 耳目 ⑦8 調和 ⑦9 注油 ⑧0 結果 ⑧1 發明 ⑧2 雲集 ⑧3 課題 ⑧4 消化 ⑧5 反感 ⑧6 見學 ⑧7 洗面 ⑧8 外界 ⑧9 不正 ⑨0 新鮮 ⑨1 對答 ⑨2 海 ⑨3 心 ⑨4 直 ⑨5 休 ⑨6 術 ⑨7 任, 當 ⑨8 공을 사용하는 운동경기 ⑨9 소송을 제기한 사람 ⑩0 계산을 마감함

4급Ⅱ 제3회 예상문제

① 경애 ② 최저 ③ 공연 ④ 기록 ⑤ 확정 ⑥ 죄상 ⑦ 요원 ⑧ 냉해 ⑨ 인용 ⑩ 궁성 ⑪ 난대 ⑫ 시인 ⑬ 대열 ⑭ 비리 ⑮ 절대 ⑯ 절벽 ⑰ 연설 ⑱ 쾌속 ⑲ 총선 ⑳ 목양 ㉑ 유념 ㉒ 수난 ㉓ 녹음 ㉔ 보고 ㉕ 충절 ㉖ 재화 ㉗ 본사 ㉘ 진전 ㉙ 단순 ㉚ 밀접 ㉛ 항해 ㉜ 서두 ㉝ 건축 ㉞ 과정 ㉟ 파산 ㊱ 지을 제 ㊲ 응할 응 ㊳ 금할 금 ㊴ 끌 제 ㊵ 그릇 기 ㊶ 할 위, 될 위 ㊷ 피 혈 ㊸ 의논할 의 ㊹ 더할 익 ㊺ 가난할 빈 ㊻ 덜 감 ㊼ 연기 연 ㊽ 양 양 ㊾ 쇠 철 ㊿ 줄 수 ⑤1 더할 증 ⑤2 본디 소, 흴 소 ⑤3 납(원숭이) 신 ⑤4 장수 장 ⑤5 붓 필 ⑤6 부를 호 ⑤7 머무를 정 ⑤8 草 ⑤9 實 ⑥0 死 ⑥1 不 ⑥2 四 ⑥3 使 ⑥4 同時 ⑥5 四苦 ⑥6 攵(攴) ⑥7 氵(水) ⑥8 阝(邑) ⑥9 会 ⑦0 発 ⑦1 実 ⑦2 明朗 ⑦3 休火山 ⑦4 風月 ⑦5 禁言 ⑦6 學窓 ⑦7 美術 ⑦8 植木日 ⑦9 參見 ⑧0 溫室 ⑧1 責任 ⑧2 廣場 ⑧3 溫氣 ⑧4 信奉 ⑧5 格言 ⑧6 惡筆 ⑧7 給料 ⑧8 參禮 ⑧9 直線 ⑨0 葉書 ⑨1 開始 ⑨2 答 ⑨3 卒, 兵 ⑨4 夫 ⑨5 音 ⑨6 告 ⑨7 數 ⑨8 어떤 인물의 생애와 활동을 적은 기록 ⑨9 구름처럼 많이 모임 ⑩0 물건이 귀함

4급Ⅱ 제4회 예상문제

① 배치 ② 정열 ③ 태종 ④ 계원 ⑤ 조총 ⑥ 이식 ⑦ 상점 ⑧ 부덕 ⑨ 연임 ⑩ 소제 ⑪ 수억 ⑫ 혈압 ⑬ 경계 ⑭ 접수 ⑮ 무예 ⑯ 풍운 ⑰ 박식 ⑱ 충치 ⑲ 배수 ⑳ 단독 ㉑ 흡수 ㉒ 삼억 ㉓ 담소 ㉔ 관직 ㉕ 기압 ㉖ 매표 ㉗ 웅비 ㉘ 재난 ㉙ 진퇴 ㉚ 미려 ㉛ 인출 ㉜ 녹두 ㉝ 답장 ㉞ 협조 ㉟ 해변 ㊱ 이을 접 ㊲ 이지러질 결 ㊳ 화할 협 ㊴ 성인 성 ㊵ 충성 충 ㊶ 달릴 주 ㊷ 가 변 ㊸ 가늘 세 ㊹ 지경 경 ㊺ 즈음 제, 사귈 제 ㊻ 법칙 률 ㊼ 절제할 제 ㊽ 새 조 ㊾ 모을 축 ㊿ 남을 여 ⑤1 아내 부, 며느리 부 ⑤2 맛 미 ⑤3 붙을 착 ⑤4 부를 창 ⑤5 이을 속 ⑤6 둥글 원 ⑤7 옮길 이 ⑤8 合 ⑤9 動 ⑥0 識 ⑥1 說 ⑥2 半 ⑥3 對韓 ⑥4 開花 ⑥5 價 ⑥6 明 ⑥7 近 ⑥8 凶 ⑥9 作 ⑦0 仕 ⑦1 會 ⑦2 言語 ⑦3 文字 ⑦4 表現 ⑦5 歷史 ⑦6 所重 ⑦7 方法 ⑦8 不足 ⑦9 多幸 ⑧0 形成 ⑧1 重要 ⑧2 去來 ⑧3 食言 ⑧4 民族 ⑧5 南海 ⑧6 先親 ⑧7 士氣 ⑧8 元日 ⑧9 友愛 ⑨0 團長 ⑨1 基本 ⑨2 최초의 사람 ⑨3 때를 정해 놓고 약속함 ⑨4 싸움에서 져서 도망감 ⑨5 齒 ⑨6 阝(阜) ⑨7 止 ⑨8 号 ⑨9 卆 ⑩0 古

4급Ⅱ 제5회 예상문제

① 증감 ② 가상 ③ 서열 ④ 죽도 ⑤ 단념 ⑥ 통화 ⑦ 고소 ⑧ 공덕 ⑨ 악재 ⑩ 농협 ⑪ 감사 ⑫ 현상 ⑬ 저축 ⑭ 논쟁 ⑮ 이주 ⑯ 정선 ⑰ 감찰 ⑱ 냉방 ⑲ 은혜 ⑳ 혈맥 ㉑ 성수 ㉒ 제시 ㉓ 연방 ㉔ 부활 ㉕ 신고 ㉖ 영웅 ㉗ 증축 ㉘ 진리 ㉙ 고결 ㉚ 나열 ㉛ 녹화 ㉜ 진가 ㉝ 자율 ㉞ 양호 ㉟ 배신 ㊱ 어려울 난 ㊲ 풍년 풍 ㊳ 쓸 소 ㊴ 등 등, 등잔 등 ㊵ 힘쓸 노 ㊶ 벌일 라 ㊷ 재주 예 ㊸ 순수할 순 ㊹ 지을 조 ㊺ 일어날 흥 ㊻ 쌓을 축 ㊼ 뭘 강 ㊽ 그르칠 오 ㊾ 펼 연 ㊿ 터럭 모 ⑤1 눈 안 ⑤2 지탱할 지 ⑤3 갚을 보, 알릴 보 ⑤4 물결 파 ⑤5 이를 지 ⑤6 전할 전 ⑤7 같을 여 ⑤8 名 ⑤9 果 ⑥0 相 ⑥1 來 ⑥2 有 ⑥3 家産 ⑥4 病死 ⑥5 歌手 ⑥6 干 ⑥7 十 ⑥8 竹 ⑥9 対 ⑦0 战 ⑦1 当 ⑦2 庭園 ⑦3 電線 ⑦4 開校 ⑦5 農夫 ⑦6 敎育 ⑦7 畫家 ⑦8 日課 ⑦9 偉大 ⑧0 午後 ⑧1 木手 ⑧2 育成 ⑧3 順番 ⑧4 面前 ⑧5 日記 ⑧6 正當 ⑧7 話頭 ⑧8 直球 ⑧9 賣店 ⑨0 開花 ⑨1 事實 ⑨2 客 ⑨3 夜 ⑨4 溫, 暖 ⑨5 體 ⑨6 識 ⑨7 空 ⑨8 손을 위로 올림 ⑨9 산에 오름 ⑩0 손님이 앉는 자리

4급Ⅱ 제6회 예상문제

① 벽화 ② 여객 ③ 연속 ④ 기구 ⑤ 정치 ⑥ 관세 ⑦ 흥미 ⑧ 수양 ⑨ 강당 ⑩ 혈통 ⑪ 현명 ⑫ 악대 ⑬ 관측 ⑭ 수혜 ⑮ 적선 ⑯ 상속 ⑰ 향배 ⑱ 신청 ⑲ 지장 ⑳ 풍속 ㉑ 포악 ㉒ 표정 ㉓ 선혈 ㉔ 논제 ㉕ 전승 ㉖ 허영 ㉗ 측량 ㉘ 양원 ㉙ 모포 ㉚ 침해 ㉛ 호응 ㉜ 속출 ㉝ 규제 ㉞ 개성 ㉟ 검산 ㊱ 독할 독 ㊲ 글귀 구 ㊳ 스승 사 ㊴ 어두울 암 ㊵ 허락할 허 ㊶ 마루(으뜸) 종 ㊷ 비롯할 창 ㊸ 거둘 수 ㊹ 칠 벌 ㊺ 논할 론, 말할 론 ㊻ 살필 찰 ㊼ 머무를 류 ㊽ 찰 한 ㊾ 씨 종 ㊿ 붉을 적 ⑤1 연고 고 ⑤2 갈 연 ⑤3 벼슬 관 ⑤4 거리 가 ⑤5 곳 처 ⑤6 볼 시 ⑤7 재 성 ⑤8 出 ⑤9 勝 ⑥0 學 ⑥1 始 ⑥2 聞 ⑥3 高度 ⑥4 高速 ⑥5 國歌 ⑥6 言 ⑥7 穴 ⑥8 手 ⑥9 旧 ⑦0 独 ⑦1 区 ⑦2 無事 ⑦3 動向 ⑦4 奉仕 ⑦5 交信 ⑦6 效(効)果 ⑦7 草綠 ⑦8 觀光 ⑦9 展望 ⑧0 多情 ⑧1 放學 ⑧2 擧手 ⑧3 兒童 ⑧4 急流 ⑧5 病席 ⑧6 相對 ⑧7 加工 ⑧8 健全 ⑧9 良書 ⑨0 在來 ⑨1 訓示 ⑨2 高 ⑨3 集 ⑨4 夕 ⑨5 實 ⑨6 句, 章 ⑨7 本 ⑨8 뛰어난 의견 ⑨9 통하여 지나감 ⑩0 앞날의 행복을 빎

4급Ⅱ 제7회 예상문제

① 밀접 ② 민속 ③ 이해 ④ 열심 ⑤ 고장 ⑥ 단어 ⑦ 음성 ⑧ 속담
⑨ 풍속 ⑩ 연결 ⑪ 현모 ⑫ 고유 ⑬ 창조 ⑭ 관계 ⑮ 성행 ⑯ 정도
⑰ 원인 ⑱ 무한 ⑲ 전시 ⑳ 저축 ㉑ 우기 ㉒ 소질 ㉓ 배치 ㉔ 개성
㉕ 사경 ㉖ 담임 ㉗ 권문 ㉘ 보화 ㉙ 가설 ㉚ 무난 ㉛ 만석 ㉜ 시월
㉝ 칠 타 ㉞ 시 시 ㉟ 마실 흡 ㊱ 시험할 험 ㊲ 정사 정 ㊳ 구리 동
㊴ 벌레 충 ㊵ 띠 대 ㊶ 집 택, 집 댁 ㊷ 얼굴 용 ㊸ 널 판 ㊹ 풀 해
㊺ 이를 조 ㊻ 한도 정 ㊼ 지킬 수 ㊽ 제사 제 ㊾ 마칠 종 ㊿ 거스를 역
51 깨뜨릴 파 52 變 53 業 54 問 55 自 56 反 57 自首 58 和合
59 失手 60 當 61 祖 62 山 63 冷 64 別 65 展 66 靑少年 67 主人
68 人格體 69 市民 70 未來 71 活動 72 生命 73 共同 74 責任
75 家庭 76 學校 77 社會 78 國家 79 人間 80 幸福 81 존중 82 권리
83 정의 84 성원 85 정신 86 조성 87 流水 88 夏服 89 不參 90 都邑
91 讀者 92 삼면이 바다인 큰 육지 93 꽃이 떨어짐 94 기별하여 알림
95 心 96 王(玉) 97 口 98 国 99 乞 100 価

4급Ⅱ 제10회 예상문제

① 법률 ② 준비 ③ 형태 ④ 호흡 ⑤ 회복 ⑥ 포용 ⑦ 독약 ⑧ 연대
⑨ 확인 ⑩ 지극 ⑪ 협상 ⑫ 비상 ⑬ 동제 ⑭ 미달 ⑮ 여정 ⑯ 예배
⑰ 강호 ⑱ 이치 ⑲ 과오 ⑳ 재단 ㉑ 창도 ㉒ 정지 ㉓ 무적 ㉔ 유실
㉕ 조율 ㉖ 휴식 ㉗ 사택 ㉘ 비화 ㉙ 접전 ㉚ 제전 ㉛ 내환 ㉜ 조림
㉝ 안대 ㉞ 응용 ㉟ 단오 ㊱ 항상 상, 떳떳할 상 ㊲ 잡을 조 ㊳ 쉴 식
㊴ 베풀 시 ㊵ 구할 구 ㊶ 쌀 포 ㊷ 슬플 비 ㊸ 받을 수 ㊹ 은혜 혜
㊺ 집 호, 문호 ㊻ 멜 담 ㊼ 사례할 사 ㊽ 버금 부 ㊾ 사나울 폭, 모질 포
㊿ 덜 제 51 홑 단 52 이을 승 53 정성 성 54 마디 절 55 일주 주, 주일 주
56 끊을 단 57 대포 포 58 良 59 耳 60 功 61 魚 62 別 63 鮮 64 地球
65 風速 66 門 67 月(肉) 68 ++(艸) 69 礼 70 医 71 来 72 到着 73 東窓
74 對話 75 自然 76 衣食住 77 愛國 78 號外 79 代價 80 友情 81 身命
82 筆記 83 手術 84 廣告 85 住宅 86 植樹 87 平等 88 先着 89 邑内
90 校庭 91 分身 92 京 93 勞 94 過 95 識 96 洋 97 立 98 공사를
마침 99 전쟁에서 짐 100 자기 혼자만 옳다고 믿고 행동하는 일

4급Ⅱ 제8회 예상문제

① 지령 ② 제주 ③ 가감 ④ 상가 ⑤ 상식 ⑥ 폭풍 ⑦ 결항 ⑧ 경쾌
⑨ 액체 ⑩ 권세 ⑪ 한계 ⑫ 직무 ⑬ 경주 ⑭ 승인 ⑮ 원탁 ⑯ 창호
⑰ 직책 ⑱ 원만 ⑲ 강구 ⑳ 부업 ㉑ 벽지 ㉒ 감독 ㉓ 목동 ㉔ 요금
㉕ 폭거 ㉖ 교제 ㉗ 시상 ㉘ 비축 ㉙ 보행 ㉚ 영식 ㉛ 명맥 ㉜ 약사
㉝ 방충 ㉞ 불쾌 ㉟ 충성 ㊱ 끊을 절, 온통 체 ㊲ 감독할 독 ㊳ 진 액
㊴ 깊을 심 ㊵ 참 진 ㊶ 편안 강 ㊷ 정할(깨끗할) 정 ㊸ 패할 패
㊹ 베 포, 펼 포 ㊺ 시험할 시 ㊻ 힘쓸 무 ㊼ 뜻 정 ㊽ 칠 목 ㊾ 모습 태
㊿ 호수 호 51 아닐 비 52 닦을 수 53 방 방 54 막을 장 55 표 표
56 둘 치 57 굳을 확 58 實 59 果 60 客 61 江 62 食 63 雨水 64 期
65 手動 66 戈 67 阝(阜) 68 酉 69 覎, 覩 70 楽 71 悪 72 一家 73
當然 74 意見 75 成功 76 同等 77 成長 78 後孫 79 必勝 80 白米
81 幸福 82 合格 83 景氣 84 才能 85 軍服 86 目前 87 醫術 88 開店
89 靑雲 90 水災 91 年歲 92 來 93 失 94 正 95 遠 96 話 97 歌 98 병
든 사람 99 강하게 침 100 죄의 종류

4급Ⅱ 제11회 예상문제

① 벽화 ② 개인 ③ 직접 ④ 민요 ⑤ 단원 ⑥ 궁중 ⑦ 공연 ⑧ 내용
⑨ 태도 ⑩ 일상 ⑪ 단오 ⑫ 대접 ⑬ 양면 ⑭ 전달 ⑮ 진실 ⑯ 경제
⑰ 무료 ⑱ 경기 ⑲ 과정 ⑳ 신라 ㉑ 고난 ㉒ 노력 ㉓ 창의 ㉔ 기록
㉕ 논리 ㉖ 녹음 ㉗ 소질 ㉘ 수신 ㉙ 문예 ㉚ 기준 ㉛ 복구 ㉜ 희망
㉝ 영상 ㉞ 해저 ㉟ 소득 ㊱ 근심 환 ㊲ 총 총 ㊳ 마을 부 ㊴ 끝 단
㊵ 볼 감 ㊶ 법 전 ㊷ 가게 점 ㊸ 다툴 쟁 ㊹ 끌 인 ㊺ 형상 상,
문서 장 ㊻ 찾을 방 ㊼ 가리킬 지 ㊽ 끊을 절 ㊾ 빌 허 ㊿ 나눌 배,
짝 배 51 등 배 52 성할 성 53 바랄 희 54 누를 압 55 쌓을 저
56 옳을 의 57 도울 조 58 決 59 場 60 過 61 空 62 種 63 東門
64 方位 65 時事 66 祖 67 文 68 民 69 在 70 和 71 童 72 人格
73 家庭 74 友愛 75 安樂 76 平和 77 現代 78 生活 79 不安 80 行動
81 自信 82 反省 83 幸福 84 成功 85 國産 86 觀客 87 雲海 88 風樂
89 敎養 90 公園 91 自足 92 한 집에서 같이 삼 93 다시 나타남
94 여행할 때 쓰는 돈 95 二 96 又 97 人 98 气 99 參 100 労

4급Ⅱ 제9회 예상문제

① 고궁 ② 감방 ③ 육친 ④ 장벽 ⑤ 결승 ⑥ 보고 ⑦ 청결 ⑧ 세밀
⑨ 축항 ⑩ 입법 ⑪ 보호 ⑫ 제보 ⑬ 만족 ⑭ 미개 ⑮ 벌금 ⑯ 총기
⑰ 부차 ⑱ 점원 ⑲ 직렬 ⑳ 역광 ㉑ 단식 ㉒ 침해 ㉓ 유임 ㉔ 살벌
㉕ 철칙 ㉖ 위성 ㉗ 과객 ㉘ 내방 ㉙ 독살 ㉚ 청순 ㉛ 운집 ㉜ 조기
㉝ 수지 ㉞ 경험 ㉟ 파격 ㊱ 노래 요 ㊲ 통달할 달 ㊳ 허물 죄
㊴ 부자 부 ㊵ 이을 련 ㊶ 고울 려 ㊷ 다스릴 치 ㊸ 깨우칠 경
㊹ 알 인 ㊺ 도장 인 ㊻ 날 비 ㊼ 높을 탁 ㊽ 보낼 송 ㊾ 풍속 속
㊿ 생각 상 51 물러날 퇴 52 지킬 위, 막을 위 53 도울 호 54 경사 경
55 은혜 은 56 뜻 지 57 무리 당 58 根 59 愛 60 所 61 窓 62 來
63 開放 64 市價 65 傳 66 日 67 王(玉) 68 口 69 兒 70 万 71 関
72 合宿 73 昨年 74 醫藥 75 南向 76 萬里 77 品格 78 道路
79 作定 80 感天 81 自身 82 公明 83 苦戰 84 表現 85 曲調
86 到來 87 筆者 88 人材 89 先頭 90 特性 91 時調 92 生, 活 93 害
94 成, 勝 95 用 96 過, 歷, 書 97 目 98 그 나라에 속한 바다
99 예의가 없음 100 예를 들어 보임

4급Ⅱ 제12회 예상문제

① 직접 ② 제명 ③ 소독 ④ 재산 ⑤ 비준 ⑥ 논설 ⑦ 절실 ⑧ 보은
⑨ 사례 ⑩ 건강 ⑪ 회수 ⑫ 선정 ⑬ 벌칙 ⑭ 감원 ⑮ 보화 ⑯ 방송
⑰ 시력 ⑱ 밀림 ⑲ 공방 ⑳ 통계 ㉑ 벽보 ㉒ 화물 ㉓ 연수 ㉔ 율동
㉕ 관찰 ㉖ 이해 ㉗ 전관 ㉘ 역류 ㉙ 영광 ㉚ 상벌 ㉛ 당쟁 ㉜ 암흑
㉝ 급소 ㉞ 허다 ㉟ 쇄도 ㊱ 빌축 ㊲ 호반 무 ㊳ 두량 ㊴ 절 사
㊵ 소리 성 ㊶ 쾌할 쾌 ㊷ 이치 ㊸ 부처 불 ㊹ 재물 화 ㊺ 박달나무 단
㊻ 어질 현 ㊼ 이를 치 ㊽ 헤아릴 측 ㊾ 극진할 극 ㊿ 준할 준
51 걸을 보 52 영화 영 53 돌아올 회 54 벌일 렬 55 높을 존
56 기록할 록 57 지날 경 58 秋 59 天 60 直 61 以 62 弱 63 首相
64 祖 65 低速 66 人 67 毋 68 飛 69 変 70 読 71 質 72 歷史
73 種族 74 祖上 75 各色 76 藥局 77 在宅 78 家具 79 效果 80 開發
81 水平線 82 韓服 83 約束 84 順風 85 服用 86 雨天 87 風向
88 半切 89 團束 90 所感 91 貴重 92 自 93 始 94 發 95 同 96 望
97 習 98 물고기의 종류 99 좋은 약 100 속도를 더함

4급 II 제13회 예상문제

① 유학 ② 주파 ③ 방목 ④ 응시 ⑤ 흉악 ⑥ 세밀 ⑦ 부흥 ⑧ 적색 ⑨ 단결 ⑩ 고시 ⑪ 지성 ⑫ 경찰 ⑬ 용량 ⑭ 지시 ⑮ 감금 ⑯ 관계 ⑰ 금연 ⑱ 담임 ⑲ 정련 ⑳ 장차 ㉑ 난제 ㉒ 착륙 ㉓ 표결 ㉔ 반응 ㉕ 배합 ㉖ 고난 ㉗ 도달 ㉘ 중생 ㉙ 소실 ㉚ 여념 ㉛ 사원 ㉜ 퇴치 ㉝ 완결 ㉞ 전성 ㉟ 증진 ㊱ 바탕 질 ㊲ 이 시, 옳을 시 ㊳ 회복할 복, 다시 부 ㊴ 무리 중 ㊵ 갈 왕 ㊶ 형세 세 ㊷ 한정 한 ㊸ 절 배 ㊹ 일어날 기 ㊺ 아닐 미 ㊻ 별 성 ㊼ 침노할 침 ㊽ 갖출 비, 막을 비 ㊾ 지킬 보 ㊿ 재물 재 ⑤① 시골 향 ⑤② 무리 대 ⑤③ 좋을 호 ⑤④ 인도할 도 ⑤⑤ 숯 탄 ⑤⑥ 대 죽 ⑤⑦ 향기 향 ⑤⑧ 感 ⑤⑨ 面 ⑥⓪ 英 ⑥① 調 ⑥② 名 ⑥③ 勇氣 ⑥④ 代理 ⑥⑤ 農期 ⑥⑥ 血 ⑥⑦ 日 ⑥⑧ 弓 ⑥⑨ 数 ⑦⓪ 広 ⑦① 礼 ⑦② 車線 ⑦③ 全體 ⑦④ 溫度 ⑦⑤ 家業 ⑦⑥ 洗手 ⑦⑦ 節約 ⑦⑧ 歲月 ⑦⑨ 戰場 ⑧⓪ 夕陽 ⑧① 親舊 ⑧② 高堂 ⑧③ 敬待 ⑧④ 良心 ⑧⑤ 客地 ⑧⑥ 勞使 ⑧⑦ 商術 ⑧⑧ 首席 ⑧⑨ 信任 ⑨⓪ 朗讀 ⑨① 分別 ⑨② 弟 ⑨③ 學 ⑨④ 順 ⑨⑤ 獨, 一 ⑨⑥ 目 ⑨⑦ 記 ⑨⑧ 오래 묵은 병 ⑨⑨ 떨어져 있는 섬 ⑩⓪ 사지 아니함

4급 II 제1회 기출·예상문제

① 창제 ② 순결 ③ 패배 ④ 사례 ⑤ 상태 ⑥ 수록 ⑦ 세수 ⑧ 강연 ⑨ 비보 ⑩ 유숙 ⑪ 권익 ⑫ 경비 ⑬ 신청 ⑭ 마차 ⑮ 정진 ⑯ 역경 ⑰ 절벽 ⑱ 양극 ⑲ 밀접 ⑳ 휴식 ㉑ 감시 ㉒ 청빈 ㉓ 계수 ㉔ 제압 ㉕ 경쾌 ㉖ 호응 ㉗ 흡연 ㉘ 난대 ㉙ 결여 ㉚ 웅비 ㉛ 여파 ㉜ 제독 ㉝ 연수 ㉞ 감속 ㉟ 호위 ㊱ 어두울 암 ㊲ 밝을 랑 ㊳ 어제 작 ㊴ 끝 단 ㊵ 가르칠 훈 ㊶ 한국 한 ㊷ 본받을 효 ㊸ 숯 탄 ㊹ 다툴 경 ㊺ 찰 만 ㊻ 공구 ㊼ 헤아릴 측 ㊽ 한도 정 ㊾ 버금 부 ㊿ 마루 종 ⑤① 나눌 반 ⑤② 바랄 희 ⑤③ 살 활 ⑤④ 김 기 ⑤⑤ 살 매 ⑤⑥ 건널 제 ⑤⑦ 법 전 ⑤⑧ 全體 ⑤⑨ 親舊 ⑥⓪ 當然 ⑥① 結果 ⑥② 必要 ⑥③ 幸福 ⑥④ 農夫 ⑥⑤ 節約 ⑥⑥ 植木日 ⑥⑦ 陽地 ⑥⑧ 角 ⑥⑨ 苦 ⑦⓪ 西 ⑦① 空 ⑦② 友 ⑦③ 家 ⑦④ 知 ⑦⑤ 姓 ⑦⑥ 使命 ⑦⑦ 獨立 ⑦⑧ 人類 ⑦⑨ 敎育 ⑧⓪ 實質 ⑧① 敬愛 ⑧② 發展 ⑧③ 根本 ⑧④ 責任 ⑧⑤ 奉仕 ⑧⑥ 別 ⑧⑦ 路 ⑧⑧ 省 ⑧⑨ 足 ⑨⓪ 陸 ⑨① 本, 始 ⑨② 佳 ⑨③ 儿 ⑨④ 田 ⑨⑤ 団 ⑨⑥ 変 ⑨⑦ 伝 ⑨⑧ 일찍 일어남 ⑨⑨ 왔다 갔다함 ⑩⓪ 해로운 벌레

4급 II 제2회 기출·예상문제

① 밀림 ② 불교 ③ 장군 ④ 사상 ⑤ 여정 ⑥ 만족 ⑦ 종부 ⑧ 연구 ⑨ 거래 ⑩ 기차 ⑪ 빈부 ⑫ 예식 ⑬ 산사 ⑭ 구단 ⑮ 측량 ⑯ 총선 ⑰ 간접 ⑱ 과속 ⑲ 작품 ⑳ 목장 ㉑ 암실 ㉒ 제조 ㉓ 항도 ㉔ 군수 ㉕ 기법 ㉖ 난방 ㉗ 동창 ㉘ 비용 ㉙ 건강 ㉚ 체육 ㉛ 안내 ㉜ 벌금 ㉝ 두목 ㉞ 빙원 ㉟ 배반 ㊱ 옮길 이 ㊲ 일어날 기 ㊳ 칠 타 ㊴ 가늘 세 ㊵ 바탕 질 ㊶ 이를 지 ㊷ 띠 대 ㊸ 보낼 송 ㊹ 남을 여 ㊺ 풀 해 ㊻ 붓 필 ㊼ 청할 청 ㊽ 생각할 념 ㊾ 다툴 경 ㊿ 물러날 퇴 ⑤① 낮 주 ⑤② 붙을 착 ⑤③ 물결 파 ⑤④ 그늘 음 ⑤⑤ 다스릴 치 ⑤⑥ 마실 흡 ⑤⑦ 낱 개 ⑤⑧ 祖上 ⑤⑨ 放學 ⑥⓪ 友情 ⑥① 動向 ⑥② 歷史 ⑥③ 開校 ⑥④ 班長 ⑥⑤ 溫度 ⑥⑥ 性格 ⑥⑦ 觀光 ⑥⑧ 約束 ⑥⑨ 對答 ⑦⓪ 首席 ⑦① 表現 ⑦② 兒童 ⑦③ 話術 ⑦④ 夏服 ⑦⑤ 成事 ⑦⑥ 幸運 ⑦⑦ 民族 ⑦⑧ 望 ⑦⑨ 休 ⑧⓪ 一, 獨 ⑧① 近 ⑧② 京 ⑧③ 客 ⑧④ 인원을 줄이다 ⑧⑤ 사지 않는다 ⑧⑥ 은혜를 갚다 ⑧⑦ 見 ⑧⑧ 食 ⑧⑨ 業 ⑨⓪ 前 ⑨① 面 ⑨② 告 ⑨③ 産 ⑨④ 化 ⑨⑤ 頁 ⑨⑥ 子 ⑨⑦ 行 ⑨⑧ 実 ⑨⑨ 区 ⑩⓪ 発

4급 II 제3회 기출·예상문제

① 충만 ② 강연 ③ 통치 ④ 열대 ⑤ 저속 ⑥ 경쟁 ⑦ 환자 ⑧ 약국 ⑨ 정진 ⑩ 행운 ⑪ 사업 ⑫ 장소 ⑬ 측량 ⑭ 기초 ⑮ 절약 ⑯ 주택 ⑰ 노기 ⑱ 금서 ⑲ 난류 ⑳ 승리 ㉑ 대응 ㉒ 인식 ㉓ 거수 ㉔ 감독 ㉕ 구직 ㉖ 다선 ㉗ 급보 ㉘ 흥미 ㉙ 도달 ㉚ 창작 ㉛ 재료 ㉜ 철로 ㉝ 시찰 ㉞ 결백 ㉟ 물가 ㊱ 무리 당 ㊲ 해 세 ㊳ 쓸 비 ㊴ 소리 성 ㊵ 빽빽할 밀 ㊶ 줄기 맥 ㊷ 권세 권 ㊸ 거느릴 령 ㊹ 잎 엽 ㊺ 팔 매 ㊻ 남을 여 ㊼ 받을 수 ㊽ 물러날 퇴 ㊾ 빌 허 ㊿ 베풀 설 ⑤① 생각 념 ⑤② 거리 가 ⑤③ 가 변 ⑤④ 등 배 ⑤⑤ 영화 영 ⑤⑥ 찾을 방 ⑤⑦ 머무를 류 ⑤⑧ 表情 ⑤⑨ 責任 ⑥⓪ 話法 ⑥① 平等 ⑥② 遠洋 ⑥③ 通過 ⑥④ 必要 ⑥⑤ 格式 ⑥⑥ 根本 ⑥⑦ 獨特 ⑥⑧ 見聞 ⑥⑨ 後孫 ⑦⓪ 宿食 ⑦① 衣服 ⑦② 畫室 ⑦③ 動向 ⑦④ 民度 ⑦⑤ 淸水 ⑦⑥ 傳說 ⑦⑦ 廣大 ⑦⑧ 石 ⑦⑨ 敎 ⑧⓪ 口 ⑧① 友 ⑧② 江 ⑧③ 中世 ⑧④ 人道 ⑧⑤ 觀戰 ⑧⑥ 童 ⑧⑦ 活 ⑧⑧ 庭 ⑧⑨ 外 ⑨⓪ 書 ⑨① 來 ⑨② 角 ⑨③ 宀 ⑨④ 心 ⑨⑤ 万 ⑨⑥ 参 ⑨⑦ 図 ⑨⑧ 이름을 부르다 ⑨⑨ 서울과 시골 ⑩⓪ 짧은 기간

4급 II 제4회 기출·예상문제

① 오입 ② 총량 ③ 차기 ④ 경비 ⑤ 위병 ⑥ 가상 ⑦ 난방 ⑧ 빈약 ⑨ 동궁 ⑩ 개성 ⑪ 존대 ⑫ 재기 ⑬ 정진 ⑭ 결함 ⑮ 암살 ⑯ 난민 ⑰ 온순 ⑱ 지령 ⑲ 인세 ⑳ 속세 ㉑ 사례 ㉒ 대포 ㉓ 제조 ㉔ 증축 ㉕ 수신 ㉖ 석탄 ㉗ 이송 ㉘ 선정 ㉙ 경보 ㉚ 안목 ㉛ 불화 ㉜ 방충 ㉝ 순모 ㉞ 보호 ㉟ 압제 ㊱ 끝 단 ㊲ 살필 찰 ㊳ 끊을 절 ㊴ 남을 여 ㊵ 줄 급 ㊶ 연구할 구 ㊷ 인도할 도 ㊸ 통달할 달 ㊹ 머무를 정 ㊺ 헤아릴 측 ㊻ 볼 시 ㊼ 금할 금 ㊽ 지경 경 ㊾ 빌 허 ㊿ 시골 향 ⑤① 감독할 독 ⑤② 거느릴 통 ⑤③ 가늘 세 ⑤④ 볼 감 ⑤⑤ 말 두 ⑤⑥ 거스릴 역 ⑤⑦ 이를 치 ⑤⑧ 效果 ⑤⑨ 使臣 ⑥⓪ 觀光 ⑥① 計算 ⑥② 告發 ⑥③ 流行 ⑥④ 變化 ⑥⑤ 奉仕 ⑥⑥ 運動 ⑥⑦ 德望 ⑥⑧ 家具 ⑥⑨ 代筆 ⑦⓪ 展開 ⑦① 廣場 ⑦② 格式 ⑦③ 高價 ⑦④ 着陸 ⑦⑤ 客席 ⑦⑥ 病室 ⑦⑦ 獨身 ⑦⑧ 決 ⑦⑨ 失 ⑧⓪ 風 ⑧① 太 ⑧② 弟 ⑧③ 凶 ⑧④ 過 ⑧⑤ 當 ⑧⑥ 淸 ⑧⑦ 習 ⑧⑧ 充 ⑧⑨ 養 ⑨⓪ 傳 ⑨① 敎 ⑨② 이른 아침 ⑨③ 손을 위로 들어 올림 ⑨④ 일을 끝냄 ⑨⑤ 寸 ⑨⑥ 言 ⑨⑦ 魚 ⑨⑧ 労 ⑨⑨ 悪 ⑩⓪ 実

4급 II 제5회 기출·예상문제

① 염원 ② 북극 ③ 감독 ④ 활어 ⑤ 악기 ⑥ 단순 ⑦ 건물 ⑧ 만수 ⑨ 이용 ⑩ 임무 ⑪ 목동 ⑫ 산맥 ⑬ 무상 ⑭ 사진 ⑮ 비고 ⑯ 설경 ⑰ 개별 ⑱ 낭보 ⑲ 세금 ⑳ 객차 ㉑ 옥상 ㉒ 방지 ㉓ 사원 ㉔ 항해 ㉕ 전달 ㉖ 도시 ㉗ 이주 ㉘ 성당 ㉙ 밀도 ㉚ 참가 ㉛ 결백 ㉜ 벌목 ㉝ 도입 ㉞ 권세 ㉟ 난류 ㊱ 섬 도 ㊲ 거리 가 ㊳ 무리 등 ㊴ 경사 경 ㊵ 머무를 류 ㊶ 맛 미 ㊷ 슬플 비 ㊸ 장사 상 ㊹ 어려울 난 ㊺ 갖출 구 ㊻ 고기잡을 어 ㊼ 고을 주 ㊽ 일어날 기 ㊾ 청할 청 ㊿ 충성 충 ⑤① 뜻 지 ⑤② 넓을 박 ⑤③ 어질 량 ⑤④ 덜 제 ⑤⑤ 눈 안 ⑤⑥ 스승 사 ⑤⑦ 얼음 빙 ⑤⑧ 出席 ⑤⑨ 說明 ⑥⓪ 歷史 ⑥① 友情 ⑥② 廣告 ⑥③ 約束 ⑥④ 財産 ⑥⑤ 見聞 ⑥⑥ 陸軍 ⑥⑦ 事業 ⑥⑧ 學習 ⑥⑨ 運行 ⑦⓪ 根本 ⑦① 夏服 ⑦② 團結 ⑦③ 開店 ⑦④ 夕陽 ⑦⑤ 禮節 ⑦⑥ 頭目 ⑦⑦ 性品 ⑦⑧ 發 ⑦⑨ 古 ⑧⓪ 自 ⑧① 石 ⑧② 道 ⑧③ 溫 ⑧④ 果 ⑧⑤ 後 ⑧⑥ 綠 ⑧⑦ 到 ⑧⑧ 話 ⑧⑨ 通 ⑨⓪ 功 ⑨① 向 ⑨② 좋게 여기는 감정 ⑨③ 잘못 기록함 ⑨④ 속도를 줄임 ⑨⑤ 角 ⑨⑥ 火 ⑨⑦ 宀 ⑨⑧ 战, 戰 ⑨⑨ 体 ⑩⓪ 当

4급Ⅱ 제6회 기출·예상문제

① 교류 ② 담화 ③ 만원 ④ 설치 ⑤ 시가 ⑥ 당연 ⑦ 매수 ⑧ 소재 ⑨ 감독 ⑩ 온대 ⑪ 목장 ⑫ 역순 ⑬ 강의 ⑭ 도덕 ⑮ 직무 ⑯ 연기 ⑰ 건강 ⑱ 낙엽 ⑲ 밀서 ⑳ 예술 ㉑ 금지 ㉒ 양식 ㉓ 박사 ㉔ 증산 ㉕ 길흉 ㉖ 여정 ㉗ 방화 ㉘ 총격 ㉙ 기수 ㉚ 노변 ㉛ 사진 ㉜ 항구 ㉝ 난방 ㉞ 이치 ㉟ 병실 ㊱ 덜 감 ㊲ 성낼 노 ㊳ 아닐 미 ㊴ 고칠 개 ㊵ 홑 단 ㊶ 찾을 방 ㊷ 경사 경 ㊸ 구리 동 ㊹ 벽 벽 ㊺ 줄 급 ㊻ 두 량 ㊼ 스승 사 ㊽ 생각 상 ㊾ 눈 안 ㊿ 뜻 지 51 성할 성 52 고기잡을 어 53 청할 청 54 가늘 세 55 달릴 주 56 거느릴 통 57 사라질 소 58 歷史 59 觀客 60 利害 61 團結 62 品質 63 運動 64 基本 65 勇氣 66 後孫 67 庭園 68 電線 69 多福 70 着席 71 新鮮 72 愛情 73 年歲 74 說明 75 陽地 76 住宅 77 風俗 78 以 79 店 80 行 81 感 82 事 83 心 84 樂 85 始 86 家 87 用 88 立 89 弟 90 友 91 商 92 体 93 発 94 参 95 日 96 力 97 木 98 확실히 믿음, 굳게 믿음 99 말다툼 100 슬픈 소식

4급Ⅱ 제7회 기출·예상문제

① 도달 ② 불경 ③ 재예 ④ 여백 ⑤ 태극 ⑥ 도읍 ⑦ 금지 ⑧ 손부 ⑨ 구습 ⑩ 권세 ⑪ 석교 ⑫ 영웅 ⑬ 시설 ⑭ 성인 ⑮ 독약 ⑯ 원형 ⑰ 초안 ⑱ 호위 ⑲ 저리 ⑳ 풍속 ㉑ 통치 ㉒ 향수 ㉓ 화물 ㉔ 논설 ㉕ 녹음 ㉖ 심해 ㉗ 호흡 ㉘ 총계 ㉙ 제기 ㉚ 입궁 ㉛ 등화 ㉜ 희구 ㉝ 신청 ㉞ 기한 ㉟ 발착 ㊱ 항구 항 ㊲ 숯 탄 ㊳ 누를 압 ㊴ 생각 상 ㊵ 손 객 ㊶ 연구할 구 ㊷ 성낼 노 ㊸ 이을 속 ㊹ 집 사 ㊺ 칠 벌 ㊻ 눈 안 ㊼ 배 선 ㊽ 막을 장 ㊾ 쌓을 저 ㊿ 별 경 51 멜 담 52 옮길 이 53 편안 강 54 터 기 55 쌓을 축 56 물결 파 57 무리 중 58 當代 59 決行 60 放課 61 關門 62 時運 63 食性 64 工具 65 人福 66 勇氣 67 商法 68 失神 69 史家 70 品質 71 順産 72 戰友 73 言約 74 任地 75 年歲 76 大勝 77 節電 78 後 79 重 80 溫 81 廣 82 法/則/式 83 體, 己 84 凶 85 動 86 月 87 獨 88 急 89 過 90 線 91 歌 92 児 93 医 94 伝 95 巾 96 皿 97 血 98 눈을 치움(치우는 일) 99 흰 옷 100 가는 비

4급Ⅱ 제8회 기출·예상문제

① 사상 ② 感情 ③ 一種 ④ 道具 ⑤ 記號 ⑥ 心性 ⑦ 형태 ⑧ 최초 ⑨ 事實 ⑩ 說明 ⑪ 科學 ⑫ 神話 ⑬ 과거 ⑭ 現在 ⑮ 이해 ⑯ 方法 ⑰ 전수 ⑱ 곡조 ⑲ 양모 ⑳ 심해 ㉑ 암흑 ㉒ 순진 ㉓ 발송 ㉔ 박사 ㉕ 배경 ㉖ 보호 ㉗ 축조 ㉘ 준비 ㉙ 충치 ㉚ 협조 ㉛ 예술 ㉜ 밀서 ㉝ 건강 ㉞ 적장 ㉟ 시설 ㊱ 왕래 ㊲ 가교 ㊳ 당권 ㊴ 시구 ㊵ 인식 ㊶ 영광 ㊷ 대원 ㊸ 연기 ㊹ 난대 ㊺ 경력 ㊻ 결백 ㊼ 이을 승 ㊽ 힘쓸 무 ㊾ 볼 감 ㊿ 이지러질 결 51 은혜 은 52 웃음 소 53 둥글 원 54 바랄 망 55 아닐 비 56 누를 압 57 곳 처 58 향기 향 59 비 우 60 닦을 수 61 그늘 음 62 맛 미 63 고울 려 64 마디 절 65 거리 가 66 옮길 이 67 어려울 난 68 밭 전 69 信念 70 奉仕 71 使臣 72 風雲 73 卒業 74 責任 75 結果 76 知的 77 筆者 78 友 79 良 80 變 81 流 82 特 83 凶 84 惡 85 當 86 着 87 宅 88 樹 89 團 90 氣 91 舊 92 医 93 関 94 德 95 目 96 宀 97 阝(阜) 98 흰 옷 99 보름달 100 큰 소리

4급Ⅱ 제9회 기출·예상문제

① 재료 ② 경험 ③ 自然 ④ 관찰 ⑤ 人間 ⑥ 현상 ⑦ 發見 ⑧ 獨特 ⑨ 개성 ⑩ 心情 ⑪ 병석 ⑫ 배급 ⑬ 경연 ⑭ 통달 ⑮ 염원 ⑯ 의무 ⑰ 승인 ⑱ 제약 ⑲ 가성 ⑳ 급증 ㉑ 여흥 ㉒ 흡수 ㉓ 암흑 ㉔ 분단 ㉕ 무력 ㉖ 극단 ㉗ 구비 ㉘ 적수 ㉙ 교제 ㉚ 제거 ㉛ 동요 ㉜ 성은 ㉝ 실소 ㉞ 순종 ㉟ 위치 ㊱ 역경 ㊲ 식별 ㊳ 화색 ㊴ 허세 ㊵ 난항 ㊶ 차례 서 ㊷ 머무를 류 ㊸ 말씀 담 ㊹ 볼 감 ㊺ 팔 매 ㊻ 살필 성, 덜 생 ㊼ 선비 사 ㊽ 따뜻할 난 ㊾ 들 거 ㊿ 헤아릴 량 51 마디 절 52 베낄 사 53 곳 처 54 칠 목 55 낯 면 56 띠 대 57 가릴 선 58 편안 강 59 받들 봉 60 겨울 동 61 익힐 련 62 지날 과 63 不安 64 光線 65 感動 66 溫氣 67 萬物 68 宿所 69 責任 70 角度 71 價格 72 世界 73 當局 74 食堂 75 美德 76 兄夫 77 幸福 78 淸 79 果 80 害 81 死 82 親 83 陽 84 凶 85 苦 86 命 87 要 88 望 89 重 90 團 91 圖 92 数 93 労 94 関 95 糸 96 木 97 行 98 사업을 시작함 99 나쁜 습관 100 현직에서 물러남

4급Ⅱ 제10회 기출·예상문제

① 사진 ② 흥미 ③ 現實 ④ 극단 ⑤ 山川 ⑥ 정기 ⑦ 集約 ⑧ 作品 ⑨ 완성 ⑩ 世上 ⑪ 注目 ⑫ 充分 ⑬ 畫家 ⑭ 人間 ⑮ 動物 ⑯ 首長 ⑰ 直立 ⑱ 使用 ⑲ 道具 ⑳ 대적 ㉑ 사은 ㉒ 수액 ㉓ 안대 ㉔ 통계 ㉕ 절벽 ㉖ 업무 ㉗ 종손 ㉘ 담임 ㉙ 만개 ㉚ 파산 ㉛ 보류 ㉜ 제독 ㉝ 권익 ㉞ 면접 ㉟ 난방 ㊱ 관계 ㊲ 여파 ㊳ 검찰 ㊴ 감금 ㊵ 총성 ㊶ 비보 ㊷ 저축 ㊸ 표결 ㊹ 절전 ㊺ 경비 ㊻ 두량 ㊼ 힘쓸 노 ㊽ 베/펼 포 ㊾ 고울 려 ㊿ 풀 해 51 말 두 52 줄기 맥 53 빌 허 54 칠 목 55 넓을 박 56 다 총 57 쓸 소 58 찾을 방 59 돌 회 60 버금 차 61 항상 상 62 마실 흡 63 부를 호 64 물러날 퇴 65 모습 태 66 가질 취 67 쌀 포 68 通商 69 育兒 70 客地 71 記念 72 幸福 73 史觀 74 獨特 75 敎養 76 變質 77 團束 78 感 79 有 80 種 81 親 82 風 83 自 84 陽 85 陸 86 識 87 苦 88 出 89 時 90 鮮 91 化 92 医 93 万 94 礼 95 糸 96 水 97 舌 98 넓은 들 99 다시 일어섬 100 목숨을 구함

4급Ⅱ 제11회 기출·예상문제

① 제도 ② 안정 ③ 一線 ④ 學校 ⑤ 교사 ⑥ 父母 ⑦ 원칙 ⑧ 外面 ⑨ 意見 ⑩ 사례 ⑪ 정권 ⑫ 관계 ⑬ 各界 ⑭ 독립 ⑮ 방안 ⑯ 개화기 ⑰ 전통 ⑱ 현명 ⑲ 해결 ⑳ 活動 ㉑ 이상 ㉒ 現實 ㉓ 必要 ㉔ 充足 ㉕ 예술 ㉖ 강연 ㉗ 협조 ㉘ 향기 ㉙ 설치 ㉚ 석탄 ㉛ 퇴직 ㉜ 상금 ㉝ 여분 ㉞ 북벌 ㉟ 약속 ㊱ 산맥 ㊲ 공중 ㊳ 시야 ㊴ 격식 ㊵ 구기 ㊶ 세수 ㊷ 담임 ㊸ 선량 ㊹ 급행 ㊺ 단전 ㊻ 떨어질 락 ㊼ 빌 허 ㊽ 갚을/알릴 보 ㊾ 성낼 노 ㊿ 칠 타 51 바랄 망 52 어려울 난 53 곳 처 54 어제 작 55 그릇 기 56 벌레 충 57 찰 랭 58 덜 감 59 다스릴 치 60 넓을 박 61 누를 압 62 힘쓸 무 63 들 거 64 웃음 소 65 큰 덕 66 볼 관 67 고울 려 68 通告 69 溫室 70 新藥 71 到着 72 午後 73 法服 74 陽地 75 當然 76 舊習 77 友情 78 親 79 衣 80 書 81 以 82 今 83 直 84 始 85 重 86 道 87 具 88 目 89 美 90 歌 91 調 92 質 93 発 94 価 95 石 96 力 97 人(亻) 98 바람과 파도 99 나무배 100 가짜 이름

■ **사단법인 한국어문회·한국한자능력검정회**

수험번호 □□□□ — □□ — □□□□ 성 명 □□□□□

주민등록번호 □□□□□□ — □□□□□□□ ※ 유성 사인펜, 붉은색 필기구 사용 불가.

※ 답안지는 컴퓨터로 처리되므로 구기거나 더럽히지 마시고, 정답 칸 안에만 쓰십시오.
   글씨가 채점란으로 들어오면 오답처리가 됩니다.

전국한자능력검정시험 4급Ⅱ 모의고사 답안지(1)

번호	답안란 정답	채점란 1검	채점란 2검	번호	답안란 정답	채점란 1검	채점란 2검	번호	답안란 정답	채점란 1검	채점란 2검
1				17				33			
2				18				34			
3				19				35			
4				20				36			
5				21				37			
6				22				38			
7				23				39			
8				24				40			
9				25				41			
10				26				42			
11				27				43			
12				28				44			
13				29				45			
14				30				46			
15				31				47			
16				32				48			

감 독 위 원	채 점 위 원 (1)		채 점 위 원 (2)		채 점 위 원 (3)	
(서명)	(득점)	(서명)	(득점)	(서명)	(득점)	(서명)

※ 뒷면으로 이어짐 ↓

※ 답안지는 컴퓨터로 처리되므로 구기거나 더럽히지 않도록 조심하시고 글씨를 칸 안에 정확히 쓰세요.

전국한자능력검정시험 4급Ⅱ 모의고사 답안지 (2)

번호	답안란 정답	채점란 1검	2검	번호	답안란 정답	채점란 1검	2검	번호	답안란 정답	채점란 1검	2검
49				67				85			
50				68				86			
51				69				87			
52				70				88			
53				71				89			
54				72				90			
55				73				91			
56				74				92			
57				75				93			
58				76				94			
59				77				95			
60				78				96			
61				79				97			
62				80				98			
63				81				99			
64				82				100			
65				83							
66				84							

■ 사단법인 한국어문회·한국한자능력검정회

수험번호 □□□□ － □□ － □□□□　　　성 명 □□□□□

주민등록번호 □□□□□□ － □□□□□□□　　※ 유성 사인펜, 붉은색 필기구 사용 불가.

※ 답안지는 컴퓨터로 처리되므로 구기거나 더럽히지 마시고, 정답 칸 안에만 쓰십시오.
　글씨가 채점란으로 들어오면 오답처리가 됩니다.

전국한자능력검정시험 4급Ⅱ 모의고사 답안지(1)

번호	답안란 정답	채점란 1검	2검	번호	답안란 정답	채점란 1검	2검	번호	답안란 정답	채점란 1검	2검
1				17				33			
2				18				34			
3				19				35			
4				20				36			
5				21				37			
6				22				38			
7				23				39			
8				24				40			
9				25				41			
10				26				42			
11				27				43			
12				28				44			
13				29				45			
14				30				46			
15				31				47			
16				32				48			

감 독 위 원	채 점 위 원 (1)		채 점 위 원 (2)		채 점 위 원 (3)	
(서명)	(득점)	(서명)	(득점)	(서명)	(득점)	(서명)

※ 뒷면으로 이어짐 ↓

■ 사단법인 한국어문회·한국한자능력검정회

※ 답안지는 컴퓨터로 처리되므로 구기거나 더럽히지 않도록 조심하시고 글씨를 칸 안에 정확히 쓰세요.

전국한자능력검정시험 4급Ⅱ 모의고사 답안지 (2)

번호	답안란 정답	채점란 1검	채점란 2검	번호	답안란 정답	채점란 1검	채점란 2검	번호	답안란 정답	채점란 1검	채점란 2검
49				67				85			
50				68				86			
51				69				87			
52				70				88			
53				71				89			
54				72				90			
55				73				91			
56				74				92			
57				75				93			
58				76				94			
59				77				95			
60				78				96			
61				79				97			
62				80				98			
63				81				99			
64				82				100			
65				83							
66				84							

■ 사단법인 한국어문회·한국한자능력검정회

수험번호 □□□□ ― □□ ― □□□□   성 명 □□□□□

주민등록번호 □□□□□□ ― □□□□□□□

※ 유성 사인펜, 붉은색 필기구 사용 불가.

※ 답안지는 컴퓨터로 처리되므로 구기거나 더럽히지 마시고, 정답 칸 안에만 쓰십시오.
글씨가 채점란으로 들어오면 오답처리가 됩니다.

전국한자능력검정시험 4급Ⅱ 모의고사 답안지(1)

번호	답안란 정답	채점란 1검	2검	번호	답안란 정답	채점란 1검	2검	번호	답안란 정답	채점란 1검	2검
1				17				33			
2				18				34			
3				19				35			
4				20				36			
5				21				37			
6				22				38			
7				23				39			
8				24				40			
9				25				41			
10				26				42			
11				27				43			
12				28				44			
13				29				45			
14				30				46			
15				31				47			
16				32				48			

감 독 위 원	채 점 위 원 (1)		채 점 위 원 (2)		채 점 위 원 (3)	
(서명)	(득점)	(서명)	(득점)	(서명)	(득점)	(서명)

※ 뒷면으로 이어짐 ↓

※ 답안지는 컴퓨터로 처리되므로 구기거나 더럽히지 않도록 조심하시고 글씨를 칸 안에 정확히 쓰세요.

전국한자능력검정시험 4급Ⅱ 모의고사 답안지 (2)

번호	정답	1검	2검	번호	정답	1검	2검	번호	정답	1검	2검
49				67				85			
50				68				86			
51				69				87			
52				70				88			
53				71				89			
54				72				90			
55				73				91			
56				74				92			
57				75				93			
58				76				94			
59				77				95			
60				78				96			
61				79				97			
62				80				98			
63				81				99			
64				82				100			
65				83							
66				84							

■ 사단법인 한국어문회·한국한자능력검정회

수험번호 ☐☐☐☐ — ☐☐ — ☐☐☐☐　　　성 명 ☐☐☐☐☐

주민등록번호 ☐☐☐☐☐☐ — ☐☐☐☐☐☐☐　　※ 유성 사인펜, 붉은색 필기구 사용 불가.

※ 답안지는 컴퓨터로 처리되므로 구기거나 더럽히지 마시고, 정답 칸 안에만 쓰십시오.
　 글씨가 채점란으로 들어오면 오답처리가 됩니다.

전국한자능력검정시험 4급Ⅱ 모의고사 답안지(1)

번호	정 답	1검	2검	번호	정 답	1검	2검	번호	정 답	1검	2검
	답 안 란	채점란			답 안 란	채점란			답 안 란	채점란	
1				17				33			
2				18				34			
3				19				35			
4				20				36			
5				21				37			
6				22				38			
7				23				39			
8				24				40			
9				25				41			
10				26				42			
11				27				43			
12				28				44			
13				29				45			
14				30				46			
15				31				47			
16				32				48			

감 독 위 원	채 점 위 원 (1)		채 점 위 원 (2)		채 점 위 원 (3)	
(서명)	(득점)	(서명)	(득점)	(서명)	(득점)	(서명)

※ 답안지는 컴퓨터로 처리되므로 구기거나 더럽히지 않도록 조심하시고 글씨를 칸 안에 정확히 쓰세요.

전국한자능력검정시험 4급Ⅱ 모의고사 답안지(2)

번호	정답	1검	2검	번호	정답	1검	2검	번호	정답	1검	2검
49				67				85			
50				68				86			
51				69				87			
52				70				88			
53				71				89			
54				72				90			
55				73				91			
56				74				92			
57				75				93			
58				76				94			
59				77				95			
60				78				96			
61				79				97			
62				80				98			
63				81				99			
64				82				100			
65				83							
66				84							

사단법인 한국어문회·한국한자능력검정회

수험번호 □□□□ – □□ – □□□□   성 명 □□□□□

주민등록번호 □□□□□□ – □□□□□□□   ※ 유성 사인펜, 붉은색 필기구 사용 불가.

※ 답안지는 컴퓨터로 처리되므로 구기거나 더럽히지 마시고, 정답 칸 안에만 쓰십시오.
　글씨가 채점란으로 들어오면 오답처리가 됩니다.

전국한자능력검정시험 4급Ⅱ 모의고사 답안지 (1)

번호	정답	1검	2검	번호	정답	1검	2검	번호	정답	1검	2검
1				17				33			
2				18				34			
3				19				35			
4				20				36			
5				21				37			
6				22				38			
7				23				39			
8				24				40			
9				25				41			
10				26				42			
11				27				43			
12				28				44			
13				29				45			
14				30				46			
15				31				47			
16				32				48			

감 독 위 원	채 점 위 원 (1)		채 점 위 원 (2)		채 점 위 원 (3)	
(서명)	(득점)	(서명)	(득점)	(서명)	(득점)	(서명)

※ 뒷면으로 이어짐 ↓

※ 답안지는 컴퓨터로 처리되므로 구기거나 더럽히지 않도록 조심하시고 글씨를 칸 안에 정확히 쓰세요.

전국한자능력검정시험 4급II 모의고사 답안지 (2)

번호	답안란 정답	채점란 1검	2검	번호	답안란 정답	채점란 1검	2검	번호	답안란 정답	채점란 1검	2검
49				67				85			
50				68				86			
51				69				87			
52				70				88			
53				71				89			
54				72				90			
55				73				91			
56				74				92			
57				75				93			
58				76				94			
59				77				95			
60				78				96			
61				79				97			
62				80				98			
63				81				99			
64				82				100			
65				83							
66				84							

■ 사단법인 한국어문회·한국한자능력검정회　■

수험번호 □□□□ － □□ － □□□□　　성 명 □□□□□

주민등록번호 □□□□□□ － □□□□□□□　　※ 유성 사인펜, 붉은색 필기구 사용 불가.

※ 답안지는 컴퓨터로 처리되므로 구기거나 더럽히지 마시고, 정답 칸 안에만 쓰십시오.
글씨가 채점란으로 들어오면 오답처리가 됩니다.

전국한자능력검정시험 4급II 모의고사 답안지 (1)

번호	답안란 정답	채점란 1검	채점란 2검	번호	답안란 정답	채점란 1검	채점란 2검	번호	답안란 정답	채점란 1검	채점란 2검
1				17				33			
2				18				34			
3				19				35			
4				20				36			
5				21				37			
6				22				38			
7				23				39			
8				24				40			
9				25				41			
10				26				42			
11				27				43			
12				28				44			
13				29				45			
14				30				46			
15				31				47			
16				32				48			

감 독 위 원	채 점 위 원 (1)		채 점 위 원 (2)		채 점 위 원 (3)	
(서명)	(득점)	(서명)	(득점)	(서명)	(득점)	(서명)

※ 답안지는 컴퓨터로 처리되므로 구기거나 더럽히지 않도록 조심하시고 글씨를 칸 안에 정확히 쓰세요.

전국한자능력검정시험 4급Ⅱ 모의고사 답안지 (2)

번호	정 답	1검	2검	번호	정 답	1검	2검	번호	정 답	1검	2검
49				67				85			
50				68				86			
51				69				87			
52				70				88			
53				71				89			
54				72				90			
55				73				91			
56				74				92			
57				75				93			
58				76				94			
59				77				95			
60				78				96			
61				79				97			
62				80				98			
63				81				99			
64				82				100			
65				83							
66				84							

■ 사단법인 한국어문회·한국한자능력검정회

수험번호 □□□□ — □□ — □□□□　　성 명 □□□□□

주민등록번호 □□□□□□ — □□□□□□□　　※ 유성 사인펜, 붉은색 필기구 사용 불가.

※ 답안지는 컴퓨터로 처리되므로 구기거나 더럽히지 마시고, 정답 칸 안에만 쓰십시오.
　글씨가 채점란으로 들어오면 오답처리가 됩니다.

전국한자능력검정시험 4급II 모의고사 답안지(1)

번호	답안란 정답	채점란 1검	채점란 2검	번호	답안란 정답	채점란 1검	채점란 2검	번호	답안란 정답	채점란 1검	채점란 2검
1				17				33			
2				18				34			
3				19				35			
4				20				36			
5				21				37			
6				22				38			
7				23				39			
8				24				40			
9				25				41			
10				26				42			
11				27				43			
12				28				44			
13				29				45			
14				30				46			
15				31				47			
16				32				48			

감 독 위 원	채 점 위 원 (1)		채 점 위 원 (2)		채 점 위 원 (3)	
(서명)	(득점)	(서명)	(득점)	(서명)	(득점)	(서명)

※ 뒷면으로 이어짐 ↓

※ 답안지는 컴퓨터로 처리되므로 구기거나 더럽히지 않도록 조심하시고 글씨를 칸 안에 정확히 쓰세요.

전국한자능력검정시험 4급II 모의고사 답안지 (2)

번호	답안란 정답	채점란 1검	채점란 2검	번호	답안란 정답	채점란 1검	채점란 2검	번호	답안란 정답	채점란 1검	채점란 2검
49				67				85			
50				68				86			
51				69				87			
52				70				88			
53				71				89			
54				72				90			
55				73				91			
56				74				92			
57				75				93			
58				76				94			
59				77				95			
60				78				96			
61				79				97			
62				80				98			
63				81				99			
64				82				100			
65				83							
66				84							

한자능력
검정시험

특허 : 제10-0636034호
발명의 명칭 : 한자학습교재
발명특허권자 : 백상빈

초판 발행 2006년 5월 10일
2 판 발행 2009년 2월 25일
3 판 발행 2012년 5월 10일
4 판 발행 2014년 1월 15일
5 판 발행 2015년 1월 15일
6 판 발행 2020년 1월 1일
7 판 발행 2025년 1월 1일

엮은이 백상빈 · 김금초
발행인 백상빈

주소 │ 서울특별시 영등포구 도림동 283-5
전화 │ (02) 843-1246
등록 │ 제 05-04-0211

도서
출판 능 률 원